준주성범

준주성범

1964년 8월 5일 교회 인가
1955년 6월 20일 초판 1쇄 펴냄
1997년 3월 15일 개정 1판 1쇄 펴냄
2011년 10월 5일 개정 2판 1쇄 펴냄
2020년 10월 18일 개정 3판 1쇄 펴냄
2025년 5월 30일 개정 3판 5쇄 펴냄

지은이 · 토마스 아 켐피스
옮긴이 · 윤을수   윤문 · 박동호
펴낸이 · 정순택
펴낸곳 · 가톨릭출판사
편집 겸 인쇄인 · 김대영
편집 · 김지영, 강서윤, 김지현, 박다솜
디자인 · 양주연, 강해인, 이경숙, 정호진
마케팅 · 임찬양, 안효진, 황희진, 노가영

본사 · 서울특별시 중구 중림로 27
등록 · 1958. 1. 16. 제2-314호
전자우편 · edit@catholicbook.kr
전화 · 1544-1886(대표번호)
지로번호 · 3000997

ISBN 978-89-321-1734-8 00230

값 15,000원

성경 ⓒ 한국천주교중앙협의회, 2005

이 책의 한국어판 저작권은 (재)천주교서울대교구 가톨릭출판사에 있습니다.
저작권법에 의해 한국 내에서 보호를 받는 저작물이므로 무단 전재와 무단 복제를 금합니다.

가톨릭의 모든 도서와 성물, 디지털 콘텐츠를 '가톨릭북플러스'에서 만나 보실 수 있습니다.
http://www.catholicbookplus.kr | (02)6365-1888(구입 문의)

ISBN 978-89-321-1734-8

준주성범

그리스도를 본받아

토마스 아 켐피스 지음 | 윤을수 옮김 | 박동호 윤문

가톨릭출판사

차례

제1권 정신생활에 유익한 훈계

제1장 세상의 헛된 것을 버리고 그리스도를 본받음 • 15

제2장 자신을 겸손히 낮춤 • 18

제3장 진리의 길을 따름 • 21

제4장 슬기롭게 행동함 • 27

제5장 성경을 읽음 • 28

제6장 절제하지 않는 사욕을 극복함 • 30

제7장 헛된 희망과 교만을 피함 • 31

제8장 지나친 우정을 피함 • 34

제9장 순명과 복종 • 35

제10장 무익한 이야기를 피함 • 37

제11장 성덕에의 열망과 평화를 구함 • 39

제12장 역경의 이로움 • 42

제13장 유혹에 맞섬 • 44

제14장 경솔한 판단을 피함 • 50

제15장 애덕으로 수행한 과업 • 52

제16장 남의 과실을 참음 • 54

제17장 수도 생활 • 57

제18장 거룩한 교부들의 모범 • 59

제19장 훌륭한 수도자의 수업 • 63

제20장 고요함과 침묵을 사랑함 • 69

제21장 절실한 통회심 • 75

제22장 인간의 불행에 대한 성찰 • 79

제23장 죽음에 대한 성찰 • 85

제24장 심판과 죄의 벌 • 91

제25장 우리의 생활을 개선하려는 열망 • 98

제2권 내적 생활로 인도하는 훈계

제1장 명상 – 내적 행동거지 • 109

제2장 겸손 • 115

제3장 사람 안에 있는 선함과 평화 • 117

제4장 순결과 순박 • 120

제5장 자신을 살핌 • 122

제6장 어진 양심의 즐거움 • 125

제7장 예수님을 모든 것 위에 사랑함 • 128

제8장 예수님과 친밀히 지냄 • 131

제9장 위로를 찾지 못할 때 • 135

제10장 하느님의 은총에 대한 감사 • 142

제11장 예수님의 십자가에 대한 사랑 • 147

제12장 왕도인 거룩한 십자가 • 151

제3권 내적 위로에 대하여

제1장 충실한 영혼에게 이르시는 그리스도의 내적 말씀 • 167

제2장 소리 없이 내적으로 말씀하시는 진리 • 168

제3장 하느님의 말씀은 겸손을 다하여 들어야 함 • 171

제4장 진실하고 겸손하게 하느님 대전에서 생활함 • 177

제5장 천상적 사랑의 놀라운 효과 • 181

제6장 사랑을 하는 사람을 시험함 • 187

제7장 은총을 겸손으로 감춤 • 192

제8장 하느님 앞에 자기를 천히 생각함 • 197

제9장 모든 것의 최종 목적인 하느님 • 200

제10장 세속을 떠나 하느님을 섬기는 기쁨 • 203

제11장 마음의 원의를 조절함 • 207

제12장 사욕과 싸우며 인내심을 키움 • 210

제13장 예수 그리스도의 모범을 따라 겸손하게 순명함 • 214

제14장 선행에 교만하지 않도록 하느님의 심판을 살핌 • 216

제15장 좋아하는 모든 일에 취할 태도 • 220

제16장 하느님께만 구할 참다운 위로 • 223

제17장 모든 걱정을 하느님께 맡김 • 226

제18장 그리스도의 표양을 따라 현세의 곤궁을 즐겨 참음 • 228

제19장 모욕을 참음과 참된 인내의 증거 • 231

제20장 나약함과 현세의 고역 • 234

제21장 모든 선과 은혜를 초월하여 하느님 안에서 평안히 쉼 • 238

제22장 하느님의 풍부한 은혜를 생각함 • 244

제23장 평화를 얻는 데 필요한 네 가지 사항 • 249

제24장 남의 생활을 부질없이 살피는 것을 피함 • 254

제25장 마음의 평화를 보존하며 완덕에 나아가는 방법 • 256

제26장 독서보다 겸손한 기도로 얻을 영혼의 자유 • 260

제27장 최상선을 얻는 데 방해가 되는 사사로운 사랑 • 263

제28장 비판하는 사람들의 말에 대하여 • 266

제29장 고통을 당할 때 어떻게 하느님을 부르고 찬미할 것인가 • 268

제30장 하느님께 도움을 구하고 은총이 올 때를 기다림 • 270

제31장 조물주를 얻기 위하여 피조물을 하찮게 봄 • 275

제32장 자신을 이기고 모든 탐욕을 끊음 • 279

제33장 영혼의 불안, 우리의 최종 의향을 하느님께로 향하게 함 • 282

제34장 사랑하는 사람은 모든 것에 하느님만을 맛들임 • 284

제35장 현세에는 시련이 없을 수 없음 • 287

제36장 사람들의 헛된 판단 • 290

제37장 마음의 자유를 위해 자신을 완전히 끊어 버림 • 293

제38장 주의하여 처신하고 위험 중에 하느님께 의탁함 • 296

제39장 어떤 일에든 당황하지 않음 • 298

제40장 사람에게는 선도 없고, 영광으로 삼을 것이 없음 • 299

제41장 세상의 모든 허영을 멸시함 • 304

제42장 평화를 사람에게 두지 않음 • 305

제43장 세속적 헛된 지식 • 307

제44장 바깥일에 마음을 두지 않음 • 310

제45장 모든 사람을 다 믿을 수 없음 • 312

제46장 비난을 당할 때 하느님께 의탁함 • 317

제47장 영생을 얻기 위하여 모든 어려운 일을 감수함 • 321

제48장 영원한 날과 현세의 곤궁 • 324

제49장 영원한 생명을 위해 용맹히 싸우는 사람에게 허락된 행복 • 330

제50장 위로가 없을 때 하느님께 의탁함 • 337

제51장 위대한 일에 힘이 부족하면 작은 일에 전력함 • 344

제52장 위로보다 벌 받는 것을 마땅하게 생각함 • 345

제53장 세상에 맛들이는 사람에게는 하느님의 은총이 내리지 않음 • 349

제54장 본성과 은총의 작용이 서로 다름 • 352

제55장 본성의 부패와 은총의 효력 • 359

제56장 자기를 끊고 십자가를 지고 그리스도를 따름 • 364

제57장 과실이 있다고 낙심하지 않음 • 368

제58장 심오한 문제와 하느님의 은밀한 판단을 탐구하지 않음 • 371

제59장 하느님께만 모든 희망과 믿음을 둠 • 380

제4권 존엄한 성체성사에 대하여

영성체를 권함 • 387

제1장 공경을 다하여 그리스도를 영함 • 388

제2장 성체에 드러나는 하느님의 위대한 어지심과 사랑 • 398

제3장 자주 영성체함은 매우 유익함 • 403

제4장 신심으로 영성체하는 사람은 많은 축복을 받음 • 408

제5장 성체성사의 고귀함과 사제의 지위 • 413

제6장 영성체하기 전에 할 수업에 대한 질문 • 416

제7장 자기 양심을 살피고 죄를 고치기로 결심함 • 417

제8장 그리스도의 십자가 상 제사와 우리 자신을 하느님께 맡김 • 421

제9장 자신을 하느님께 바치고 모든 이를 위해 기도함 • 423

제10장 영성체를 함부로 빼먹지 않음 • 428

제11장 신심을 기르려면 주님의 성체와 말씀이 필요함 • 433

제12장 성체를 영하는 사람은 착실히 예비를 해야 함 • 440

제13장 신심 있는 영혼은 그리스도와 결합하기를 원함 • 444

제14장 신심 있는 사람들의 성체에 대한 열성 • 448

제15장 신심의 은혜는 겸덕과 자기를 끊음으로 얻음 • 450

제16장 곤궁함을 그리스도께 드러내어 은총을 구함 • 453

제17장 그리스도의 성체를 영하려는 지극한 사랑과 간절한 원의 • 456

제18장 성체성사를 호기심으로 연구하지 말고, 겸손하게 그리스도를 본받음 • 460

제1권
정신생활에 유익한 훈계

제1장 세상의 헛된 것을 버리고
그리스도를 본받음

1 "나를 따르는 이는 어둠 속을 걷지 않고 생명의 빛을 얻을 것"(요한 8,12)이라고 주님께서 말씀하셨다. 이는 우리에게 깨우침을 주시는 그리스도의 말씀이다. 우리가 진정으로 광명을 받아 깨닫고 마음의 눈이 멀지 않으려면 그리스도의 삶과 행실을 본받아야 한다. 그러므로 예수 그리스도의 일생을 묵상하는 것이야말로 우리에게는 가장 중요한 과제다.

2 그리스도의 거룩한 가르침은 모든 성인들의 교훈을 초월하므로, 그리스도의 정신을 갖춘 이는 그리스도의 가르침 속에 숨어 있는 만나를 맛볼 것이다. 많은 사람이 그리스도의 정신을 지니지 못하였기에 복음 말씀을 자주 들으면서도 감동하지 못한다. 그러므로 그리스도의 말씀을 충분히 알아듣고 이에 맛들이려면

자신의 생활이 그리스도의 생활과 일치되도록 힘써야 한다.

3 삼위일체에 관한 고상한 교리를 가르치더라도 겸손하지 않아 삼위일체이신 하느님의 마음을 거스른다면 무슨 유익함이 있겠는가? 웅변으로 성인이나 의인이 되는 것은 결코 아니다. 성덕을 가꾸며 살아야만 하느님의 사랑을 받는다. 통회가 무엇인지 해석하고 설명할 수 있는 것보다 차라리 통회하는 정신을 갖기를 바란다. 네가 성경을 다 알고 모든 철학자의 이론을 다 안다고 해도 하느님의 사랑과 은총이 없다면 그 모든 지식이 무슨 소용이 있겠는가? 하느님을 사랑하고 그분을 섬기는 것 외에는 "허무로다, 허무! 모든 것이 허무로다!"(코헬 1,2) 현세를 경계하며 하느님 나라를 사모하는 것이야말로 가장 높은 지혜다.

4   그러므로 소멸하고야 말 재물을 찾으며 그 재물에 희망을 두는 것은 헛된 일이다. 존경받기를 갈구하거나 높은 지위를 꾀하는 것도 헛된 일이다. 후에 큰 벌을 받을 육신의 욕구를 좇는 것도 헛된 일이다. 오래 살기만 원하고 착하게 살 생각을 하지 않는 것도 헛된 일이다. 현세의 생활에만 골몰하고 장차 올 후세를 미리 생각하지 않는 것도 헛된 일이다. 잠깐 사이에 지나가 버릴 것을 사랑하고 영원한 즐거움이 있는 곳을 향해 발걸음을 내딛지 않는 것도 헛된 일이다.

5   "눈은 보아도 만족하지 못하고 귀는 들어도 가득 차지 못한다."(코헬 1,8)라는 격언을 기억하라. 이 세상 사물을 사랑하는 마음을 없애고 무형한 것을 찾아 나서기 위해 힘써라. 세상 것을 사랑하는 마음을 따르게 되면 결국 양심을 더럽히고 하느님의 은총을 잃게 된다.

제2장 자신을 겸손히 낮춤

1 알고자 하는 마음을 갖는 것은 사람의 본성이다. 그러나 하느님을 두려워하는 마음이 없다면 지식이 무슨 소용이 있겠는가? 해와 달과 별이 도는 길을 익히며 연구하는 교만한 학자보다는 하느님을 섬기는 촌백성이 분명히 더 낫다. 자신을 아는 사람은 스스로를 낮추며 사람이 하는 칭찬을 즐기지 않는다. 세상 모든 것을 다 안다고 해도 사랑이 없으면, 나의 행실을 보고 심판하실 하느님 대전에서 그것이 무슨 도움이 되겠는가?

2 너무 지나치게 알려 하지 마라. 바로 거기서 수없이 많은 분심거리가 생기고 수없이 많이 속게 된다. 지식이 많은 사람들은 남에게 유식하게 보이려 하고 지혜롭다는 칭찬을 듣고 싶어 한다. 그런 마음을 갖고 있다면 아는 것이 아무리 많다 해도 영혼에는 아무런 유익함을 주지 못하며, 때로는 해롭기까지 하다. 자

신의 영혼을 구하는 데 도움이 되는 것은 제쳐 놓고 다른 일에 몰두하는 사람은 정말로 미련하다. 그럴듯하게 들리는 말들이 수없이 많이 있지만 정작 영혼에 만족을 주는 말은 없다. 착한 행실이야말로 정신을 새롭게 하고, 깨끗한 양심이야말로 하느님에 대한 신뢰심을 가져다준다.

3 더 많이 알고 더 깊게 알수록 더 거룩하게 살지 않는다면, 그만큼 더 엄한 심판을 받을 것이다. 그러므로 네가 무슨 기술이 있고 무슨 지식이 있다고 자랑하지 마라. 오히려 네가 습득한 지식을 두려워하라. 네가 스스로 많이 아는 것 같고 모든 것을 잘 이해하는 것 같은 생각이 들어도 아직 모르는 것이 많이 남아 있다는 것을 잊지 마라. '오만한 생각을 하지 말고 오히려 두려워하라.'(로마 11,20 참조) 차라리 네가 모르는 것을 인정하라. 너보다 박학하고, 너보다 법에 익숙한 사람

이 많은데 어찌 네가 남보다 낫다고 생각하는가? 유익함을 알고 배우고자 한다면 남이 너를 몰라주고 하찮게 여기는 것을 오히려 더 좋아해야 한다.

4 가장 고상하고 유익한 지식은 자신을 참되게 알고 자신을 낮추는 데 있다. 자신에 대해서는 아무것도 생각하지 않고, 다른 사람에 대해서는 항상 좋고 고상한 것만을 생각하는 것이 곧 지혜며 완덕이다. 다른 사람이 드러나게 죄를 짓거나 나쁜 일을 하는 것을 보았더라도 네가 그보다 낫다고 생각하지 마라. 네가 지금의 착한 처지에 얼마 동안이나 놓여 있을지 아무도 모르기 때문이다. 사람은 누구나 약하다. 그러나 너보다 더 약한 사람은 아무도 없다는 것을 잊지 마라.

제3장 진리의 길을 따름

1· 사라지는 형상이나 현란한 이론이 아니라, 진리를 진리 그 자체로 배우는 사람은 행복하다. 사람이 만든 이론과 주장은 우리를 속이기 마련이고, 우리가 보는 것 역시 모든 것의 일부분에 불과하다. 분명하지도 않은 일에 대해 수많은 말로 논증하는 것이 네게 무슨 도움이 되겠는가? 그런 이론을 몰랐다고 해서 심판 때에 책망을 받을 리는 결코 없다. 유익하고 요긴한 것은 소홀히 대하고, 호기심으로 무익한 일에만 마음을 쏟는다면, 얼마나 어리석은 짓이겠는가? 그것은 마치 눈이 있지만 아무것도 보지 못하는 것과 같다.

2· 만물의 유類와 종별을 따지는 것이 우리에게 무슨 도움이 되겠는가? 영원하신 말씀을 듣는 사람은 그런 일에 마음을 빼앗기지 않는다. "한처음에 말씀이 계셨다. 말씀은 하느님과 함께 계셨는데 말씀은 하느

님이셨다. …… 모든 것이 그분을 통하여 생겨났고 그분 없이 생겨난 것은 하나도 없다. 그분 안에 생명이 있었으니 그 생명은 사람들의 빛이었다."(요한 1,1-4) 누구도 이 말씀이 없으면 아무것도 알아듣지 못하고 바르게 판단하지도 못한다. 모든 것을 이 말씀 하나로 생각하고, 이 말씀 하나로 향하고, 이 말씀 하나를 통해서만 보는 사람은 마음이 동요하지도 않으며 하느님 안에서 영원히 평화로울 수 있다. 오, 진리이신 하느님! 영원한 애덕으로 저를 당신과 하나가 되게 하여 주소서. 저는 많이 읽고 많이 듣는 것이 싫습니다. 제가 찾고 원하는 것은 모두 당신께 있습니다. 주님 대전에는 모든 학자가 침묵할 것이며 우주의 만물이 잠잠할 것입니다. 그러므로 주님께서만 제게 말씀하여 주십시오.

3 누구든지 정신을 집중하고 마음을 단순하게 할수록 그만큼 힘들이지 않고 많은 것을 깊이 있게

깨닫게 된다. 이는 하늘로부터 오는 총명의 빛을 받기 때문이다. 마음이 정결하고 순직하고 항구하면 아무리 일이 많아도 정신이 산만해지지 않는데, 이는 모든 것을 하느님을 공경하기 위하여 행할 뿐, 자신을 위하여 사사로운 이익을 찾지 않기 때문이다. 네 마음에 있는 절제되지 않는 욕망보다 너를 방해하고 성가시게 구는 것이 또 있겠는가? 착하고 신심이 깊은 사람은 겉으로 행할 일을 마음속으로 먼저 계산한다. 또 무슨 일을 하더라도 사욕으로 기울어지려는 욕망을 따르지 않을 뿐만 아니라, 오히려 바른 이성의 명령을 따른다. 자신을 이기려고 하는 싸움보다 더 맹렬한 싸움이 어디 있겠는가? 그러므로 우리는 날마다 자기 자신을 용감하게 극복하고, 선善으로 더 가까이 나아가려고 힘써야 한다.

4 이 세상에서 추구하는 덕에는 그 어느 것이든 간에 어느 정도의 결함을 가지고 있고, 우리가 연구하는 것에도 얼마간의 애매함이 있을 수밖에 없다. 학문을 깊이 연구하는 것보다는 너를 겸손하게 낮출 줄 아는 것이 하느님께로 가는 확실한 길이다. 그렇지만 학문 자체를 탓하는 것도, 사물에 대한 연구와 지식이 나쁘다는 것도 아니다. 학문 자체는 좋은 것이며 실제로도 하느님께서 마련하신 것이기 때문이다. 다만 학문을 연구하기보다 양심에 따라 착하게 생활하고 덕을 닦으며 살아가는 것을 더 훌륭하게 여겨야 한다는 뜻이다. 많은 사람이 착하게 살기보다도 지식을 쌓으려고만 힘쓰다 보니 자주 일을 그르치거나 아무런 결실도 맺지 못한다. 혹 결실이 있다 해도 하찮은 것에 지나지 않는다.

5   사람들이 허황된 일에 기울이는 그 열정을 자신들의 악습을 뿌리 뽑고 덕행을 닦는 데 썼다면 사람들 사이에 이처럼 비참한 일은 생기지 않았을 것이다. 심판 날에 심문당할 것은 우리가 무엇을 읽었는지가 아니라 무엇을 행했는지에 관한 것이다. 그때에는 무엇을 배웠는지를 묻지 않고 얼마나 열심히 살았는지를 물을 것이다. 네가 잘 알고 있는 그 많은 학자들과 지식인들은 살아 있을 때 박학함으로 명성이 자자했는데, 지금 어디에 있는가? 그들의 자리는 벌써 다른 사람들이 다 차지했으며, 그들을 기억해 주는 사람이 단 한 명이라도 있는지 모르겠다. 그들이 살아 있는 동안에는 위대한 것처럼 우러러보더니, 지금 와서는 그들에 대하여 말하는 사람조차 없다.

6   오, 세상의 영화는 얼마나 빨리 지나가 버리는가! 세상 지식을 많이 아는 것만큼이나 하느님을 향한

제3장 진리의 길을 따름 25

생활에 열정을 기울였다면 얼마나 좋았겠는가! 그랬다면 참진리를 공부했을 것이요, 참진리를 찾았을 것이다. 세상에 얼마나 많은 사람들이 헛된 학문 때문에 망하는지 보아라. 그들은 하느님을 섬기는 것에 그다지 관심을 기울이지 않는다. 그들은 겸손하게 살려 하지 않고, 다만 훌륭한 사람으로 돋보이기 위해 애를 쓰지만 결국 헛된 일이 되고 만다. 진정으로 위대한 사람은 애덕을 많이 쌓은 사람이다. 진정으로 높은 사람은 자신을 작게 보고, 세상의 모든 존귀한 영예를 덧없는 것으로 보는 사람이다. 진정으로 슬기로운 사람은 그리스도를 얻기 위하여 세상의 모든 것을 "쓰레기로"(필리 3,8) 여기는 사람이다. 진정으로 유식한 사람은 자기의 뜻을 버리고 하느님의 성스러운 뜻을 따르는 사람이다.

제4장 슬기롭게 행동함

1. 무슨 말이든지 다 믿을 것도 아니요, 마음속에서 무슨 충동이 생겼다고 즉시 그대로 할 것도 아니다. 하느님의 뜻을 생각하여 매사를 주의 깊게 준비해야 할 것이다. 그러나 애석하게도 우리는 남을 착하다고 하기보다 그르다고 믿고 말하기가 일쑤다. 우리는 그렇게 연약하다. 그러나 완덕에 이른 사람은 남의 말을 쉽사리 믿지 않는데, 그는 사람들이 연약하여 악으로 잘 기울어지고, 말실수도 하기 쉽다는 것을 알고 있기 때문이다.

2. 무슨 일을 하든지 조급히 굴지 않고, 자기의 주장만을 고집하여 내세우지 않는 것은 큰 지혜다. 다른 이의 말을 분별없이 믿지 않고, 들은 말이나 자기가 믿는 것을 즉시 다른 사람에게 옮기지 않는 것도 큰 지혜다. 지혜롭고 또 양심이 바른 사람에게 가서 가르침

을 청하여라. 너의 생각을 고집하기보다는, 너보다 더 훌륭한 사람에게 가서 배우도록 힘써라. 착하게 살아야 하느님의 뜻에 맞는 지혜로운 사람이 될 것이며, 좋은 경험을 많이 하게 될 것이다. 사람이 스스로 자기를 낮추어 생각할수록, 또 하느님께 더 잘 순종할수록 모든 일에서 지혜로워질 것이며 평화롭게 살 것이다.

제5장 성경을 읽음

1 성경을 읽는 것은 진리를 찾기 위해서지 문장을 따지기 위해서가 아니다. 성경을 읽을 때는 성경을 쓴 그 정신으로 읽어야 한다. 자신에게 유익한 것을 찾기 위해서 성경을 읽는 것이지, 다른 사람에게 성경에 대한 지식을 드러내려고 읽는 것이 아니다. 고상하고 심오한 서적을 읽는 것과 같은 정성으로 마음을 다하여 성경을 읽어야 한다. 성경을 쓴 저자의 권위를 따

지지 마라. 그의 문학적 기술이 탁월하든 그렇지 못하든 상관치 말고, 오로지 진리를 사랑하는 마음으로 읽어야 한다. 누가 어떤 말씀을 하셨는지 찾지 말고, 무엇을 말씀하셨는지에 주의를 기울여라.

2 사람은 죽어 사라져도 "주님의 진실하심 영원하여라."(시편 117,2) 하느님께서는 사람에 대하여 여러 가지 방법으로 우리에게 말씀하신다. 우리는 호기심을 가지고 성경을 읽기 때문에 자주 해를 입는다. 그대로 읽어 나가도 좋을 것을 알아들으려 하고 해석하려 한다. 성경을 읽어 유익해지려면 겸손한 마음으로 순박하고 성실하게 읽어라. 그리고 남에게 성경에 대해 박식하다는 말을 들으려는 마음을 절대로 갖지 마라. 잘 아는 사람에게 물어보고 성인들의 말씀에 귀 기울여라. 성현들이 비유를 들어 해석한 것은 아무 뜻 없이 한 것이 아니니 이를 가벼이 여겨서는 안 된다.

제6장 절제하지 않는 사욕을 극복함

1 사람은 너무 많은 것을 탐할 때 불안함을 느낀다. 교만한 사람과 인색한 사람은 한순간도 평안히 지낼 수가 없다. 마음으로 가난하고 겸손한 사람은 평화롭게 산다. 자신에 대하여 온전하게 죽지 않은 사람은 머지않아 시련을 당하며, 사소하고 하찮은 일에도 걸려 넘어진다. 마음이 약하여 육신의 노예가 되어 쾌락에 기울어진 사람은 세속의 모든 욕망을 끊어 버리는 것을 대단히 어려워한다. 그런 사람은 세속적 쾌락이 사라지면 슬퍼하고, 누가 그를 반대하면 쉽게 분노한다.

2 그러나 그 욕망을 충족시키면 즉시 양심이 그를 보채어 괴롭힌다. 마음의 평화에 아무런 도움이 되지 않는 사욕을 따랐기 때문이다. 마음의 참된 평화는 사욕을 극복함으로써 얻을 수 있는 것이지, 결코 그 사욕을 채우는 것으로 이루어지는 것이 아니다. 그러므

로 평화는 육신의 노예가 된 사람의 마음에 있는 것이 아니고, 바깥일에만 몰두하는 사람의 마음에 있는 것도 아니며, 오직 열심히 영적 생활을 하는 사람의 마음에만 있는 것이다.

제7장 헛된 희망과 교만을 피함

1. 사람이나 다른 피조물을 신뢰하는 것은 헛된 일이다. 예수 그리스도를 사랑하는 마음으로 다른 사람에게 봉사하며, 다른 사람 눈에 가난한 사람으로 보이는 것을 부끄러워하지 말아야 한다. 너는 너 자신을 신뢰하지 말고 하느님만을 신뢰하여라. 또한 네가 할 수 있는 것만 해라. 그러면 하느님께서 너의 좋은 지향을 헤아리시고 너를 도우실 것이다. 너는 네 지식도 믿지 말고 어떠한 현세의 기술도 믿지 말고, 오직 하느님의 은총에만 의지해야 한다. 하느님께서는 겸손한 사람을

도우시고, 스스로를 믿는 사람을 낮추시기 때문이다.

2   네게 재물이 많이 있다고 그것을 영광으로 삼지도 말고, 권력이 있는 친구가 있다고 그것을 대단하게 생각지도 말고, 오직 모든 것을 주시고 모든 것 위에 당신 자신을 내어 주고자 하시는 하느님을 모시는 것만을 영광으로 생각해야 한다. 너는 네 몸이 건강하고 아름답다고 자랑하지 마라. 네 몸은 사소한 병으로도 썩고 악취를 풍길 것에 불과한 것이다. 어떤 일을 훌륭하게 잘한다고, 혹은 어떤 특별한 재주가 있다고 자만하지 말아야 한다. 너한테 있는 타고난 그 좋은 모든 것들은 사실 다 하느님께서 주신 것이다. 그 좋은 것들 때문에 하느님과 결합하지 못할까 오히려 두려워해야 한다.

3 네가 다른 사람보다 나은 줄로 생각지 말아야 한다. 사람의 마음속에 무엇이 있는지를 샅샅이 아시는 하느님 앞에서 네가 남만 못할까 두려워해야 한다. 네가 무슨 좋은 일을 했다고 교만하지 말아야 한다. 하느님의 판단은 사람의 판단과 같지 않아서, 사람이 좋다고 판단하는 것 때문에 하느님과 결합하지 못할 수도 있기 때문이다. 네게 어떤 좋은 것이 있다면 남들에게는 더 좋은 것이 있는 것으로 생각하여 겸손한 마음을 잃지 않도록 해야 한다. 네가 다른 모든 사람 아래에 너를 둔다면 어떠한 해도 입지 않겠지만, 너를 한 사람 위에라도 높게 두면 커다란 해를 입을 것이다. 겸손한 사람에게는 항상 평화가 있으나, 교만한 사람의 마음에는 분노와 질투심이 자주 일어난다.

제8장 지나친 우정을 피함

1 '아무에게나 네 마음을 드러내지 마라.'(집회 8,19 참조) 하느님을 두려워하는 지혜로운 사람에게 네 사정을 말하라. 젊은 사람들과 세상 사람들과의 교제는 드물게 하라. 부자들에게 아첨하지 말고 대관들과 교제하기를 좋아하지 마라. 겸손하고 순진한 사람들과 사귀고 신심 있고 행실이 착한 사람들과 사귀어라. 그리고 건설적인 일에 대하여 이야기하라. 어떤 여인과도 너무 친하게 지내지 말고 모든 착한 여인들을 하느님께 의탁하라. 오직 하느님과 그분 주위의 천사들과 친하게 지내고 사람들에게 주목받는 것을 피해라.

2 모든 사람을 다 사랑해야 하지만 지나친 우정은 유익할 것이 없다. 교제하기 전에는 평판이 좋았을 것으로 보이던 사람도 대면하여 보면 그렇지 못한 경우가 흔히 있다. 또한 남에게 잘해 주어 그의 마음을

즐겁게 해 주려다가 도리어 자신의 결점이 드러나 그와 불화를 겪는 경우도 있다.

제9장 순명과 복종

1. 제멋대로 살지 않고 윗사람에게 순명하면서 사는 것은 매우 장한 일이다. 윗사람 노릇을 하며 사는 것보다 어른에게 순명하면서 지내는 것이 훨씬 더 안전하다. 많은 사람들이 애덕으로 순명하기보다는 억지로 순명하기 때문에 순명을 괴롭게 여기고 이에 대해 조금씩 원망하기 시작한다. 하느님을 위하여 자기를 낮추고 온전한 마음으로 순명하기 전에는 마음의 자유를 얻지 못할 것이다. 이리저리 다 돌아다녀 보아라. 윗사람에게 겸손하게 순명치 않고는 안도를 얻지 못할 것이다. 많은 사람들이 어디를 가면 더 낫겠다고 생각하여 자리를 옮기지만 마침내 스스로 속았

음을 깨닫게 된다.

2 누구나 다 자신의 뜻을 이루려 하고 자기와 생각이 같은 사람에게 기울어진다. 그러나 하느님께서 우리 가운데에 계신다면 우리는 평화를 보존하기 위하여 우리의 뜻을 양보할 필요가 있다. 누가 그리 지혜로워 모든 것을 완전히 알 수 있겠는가? 그러므로 네 신념을 과도히 믿지 말고 다른 사람의 의견을 기쁜 마음으로 들을 생각을 하여라. 네 의견이 좋다 해도 하느님을 위하여 그 의견을 버리고 다른 사람의 의견을 따르면 거기서 많은 이득을 얻을 것이다.

3 남에게 자신의 의견을 피력하는 것보다 남의 의견을 듣고 받아들이는 것이 더 안전하다는 말을 자주 들었다. 자신의 의견이 좋은 경우도 있으나, 다른 사람의 의견에 상당한 이유가 있고 까닭이 있음에도 불

구하고 이에 따르기를 거부한다면, 이는 교만과 고집의 표본일 뿐이다.

제10장 무익한 이야기를 피함

1 너는 될 수 있으면 사람들 사이의 소란을 피하도록 하라. 세상일에 대한 논란에 휩싸이면 제아무리 순진한 생각을 갖고 있다 하더라도 적지 않게 마음의 혼란을 겪을 것이 분명하기 때문이다. 우리는 쓸데없는 것에 사로잡혀 나쁜 것에 물들기가 쉽다. 내가 전에 한 일을 생각할 때면 차라리 그때 말을 안 하고 그 사람들과 상종하지 않았으면 더 좋았으리라는 생각이 든다. 그런데도 우리는 왜 이렇게 자주 서로 무익한 이야기를 하는 것을 즐길까! 쓸데없는 말을 하지 않으면 양심에 상처를 받지 않아도 될 일이 매우 많다는 것을 알면서도 말이다! 우리가 말을 주고받는 것을 즐기는

것은 서로 많은 말을 함으로써 위로를 찾고자 함이요, 여러 가지 번잡한 생각으로 지친 마음을 쉬게 하고자 함이다. 우리가 즐겨 말하고 또 즐겨 생각하는 것은 우리가 많이 사랑하는 것, 많이 원하는 것 혹은 우리에게 거슬리는 일들이다.

2 그러나 슬프게도 우리는 쓸데없이, 또는 공연히 말을 많이 하는데, 이러한 행동은 하느님께서 주시는 내적 위로를 실질적으로 차단한다. 그러므로 시간을 헛되이 보내지 않도록 주의하고 기도해야 한다. 말해야 할 적절하고 유익할 때가 오면 이로움을 가져올 내용을 말하라. 나쁜 습관이 있고 영적 발전에 무관심하면 말을 삼가지 못한다. 그렇지만 영적 상태에 대해 경건한 마음으로 이야기하는 것은, 특히 마음과 정신이 하느님 안에서, 서로 통한 친구들 사이에서 나눈 대화는, 완덕으로 나아가는 데 많은 도움이 된다.

제11장 성덕에의 열망과 평화를 구함

1 남의 말과 행동에 참견하지 않고 또 우리와 상관없는 일에 관계하지 않는다면 많은 평화를 누릴 수 있을 것이다. 남의 일에 간섭하고 바깥일을 찾으면서 안으로 마음을 다스리는 일에는 소홀히 하는 사람이 어떻게 오랫동안 평화를 누릴 수 있겠는가? 순진한 사람들은 행복하다. 그들은 마음껏 평화를 즐길 것이기 때문이다.

2 많은 성인들이 어떻게 그리 완전했으며, 관상적 생활을 할 수 있었는가? 그것은 성인들이 자기 자신을 온전히 극복하여 모든 세속적 욕망을 없애는 데 힘써 온전한 마음으로 하느님께 정을 붙이고 자유롭게 자기를 다스릴 수 있었기 때문이다. 우리는 우리의 사욕과 환상에 과도하게 사로잡히고 사라질 일에 대하여 너무 많이 근심하고 걱정한다. 또한 한 가지 악습이라

도 완전히 극복하려 하지 않고 날마다 나아지려는 갈망에 타오르지 않는다. 그래서 우리는 냉랭하고 무관심한 채로 있다.

3 우리가 욕망을 완전히 끊고 마음의 번잡함을 없앤다면 하느님의 일에 맛들일 수도 있고 천상적 관상을 경험할 수도 있을 것이다. 우리에게 가장 크고 유일한 장애물은 우리가 욕망과 그릇된 열정에서 자유롭지 않다는 것과 성인들이 걸어간 완덕의 길을 따르려 하지 않는다는 것이다. 그래서 우리는 조그마한 역경에 직면하여도 너무 쉽게 실망하며 사람들로부터 위로를 받으려 한다.

4 그러나 우리가 전장의 용맹한 사람들처럼 곤경에 대항하여 맞서려 한다면, 하늘에 계신 하느님께서 반드시 우리를 지탱해 주실 것이다. 싸워서 이길 기

회를 주시는 하느님께서는 당신 은총에 의지하며 싸우는 사람을 기꺼이 도와주려 하시기 때문이다. 외적인 규정에 의존하여 완덕의 진보를 이루려 한다면 우리의 신심은 오래지 않아 끝장나고 말 것이다. 그러니 그릇된 욕망으로부터 자유로워져 마음의 평화를 얻을 수 있는 근본적인 노력을 기울이자.

5 매년 악습 하나씩만 뿌리 뽑는다면 오래지 않아 분명히 완전한 사람이 될 것이다. 그렇지만 그러한 서원을 한 지 여러 해가 된 오늘에도 입회入會 초보다 더 낫지도, 더 조촐치도 못한 경우를 자주 보게 된다. 우리의 열정이 날로 커지고 날로 진보가 되었어야 하지만, 지금에 와서는 처음 가졌던 뜨거운 마음의 한 부분이나마 보존하고 있다면 그것을 크나큰 다행으로 생각한다. 처음에 조금만 힘쓴다면 후에는 모든 것을 힘들이지 않고 즐겁게 행할 수 있으련만!

6 오랫동안 하던 것을 버리기도 어렵지만 자기 의지를 거슬러 나아가기는 더욱 어렵다. 네가 작고 가벼운 것도 이길 수 없다면 어떻게 더 어려운 일을 이겨 나갈 수 있겠는가? 유혹이 있거든 처음부터 끊어 버리고, 좋지 못한 습관은 처음부터 익히지 마라. 점점 더 큰 악으로 빠져들게 될까 봐 두렵다. 훌륭한 생활이 자신에게는 평화를 가져다주고, 다른 이들에게는 기쁨을 가져다준다는 것을 생각한다면, 영성의 진보에 대하여 더 많은 관심을 기울이게 될 것이다.

제12장 역경의 이로움

1 가끔은 시련과 역경을 당하는 것이 유익하다. 우리가 당하는 시련과 역경은 우리가 귀양살이 중에 있다는 것과 세속 일에 희망을 두지 말아야 한다는 것을 잊지 않게 해 주기 때문이다. 가끔 우리는 우리를

반대하는 사람 때문에, 혹은 잘못한 일이 없고 잘못 생각한 게 없는데도 남이 우리를 잘못 판단하는 경우 때문에 괴로워하는데 이러한 괴로움 역시 우리에게 유익하다. 그런 일은 겸손한 마음을 갖게 하고, 허영심을 드러낼 위험을 피하는 데 도움이 되기 때문이다. 사람들이 우리를 하찮게 생각하고, 겉모습만을 보고 신뢰하려 하지 않는다면, 우리는 자연히 우리의 마음을 보시는 하느님을 더 찾으려 할 것이다.

2 그러므로 사람은 하느님께만 온전히 의탁하여 사람들이 주는 위안을 찾지 않도록 해야 한다. 선한 뜻을 지닌 사람이 고통이나 시련을 당하거나 악한 생각으로 괴롭게 되면, 하느님의 도우심이 얼마나 자기에게 필요한지를 깨닫게 되고, 하느님 없이는 사소한 선善이라도 행할 수 없다는 것을 분명하게 알게 된다. 이러한 경우에 사람은 근심하여 슬피 울고 자기의 불쌍한 처지

를 생각하며 기도하고, 오래 살기보다는 차라리 죽을 때가 어서 와 그 괴로움에서 벗어나 그리스도와 함께 생활하기를 원한다. 그는 완전하고 충만한 평화와 안전을 이 세상에서는 찾을 수 없다는 것을 깨닫게 된다.

제13장 유혹에 맞섬

1. 우리가 세상에 있는 동안에는 고통과 유혹으로부터 벗어날 수 없다. 욥기에도 "인생은 땅 위에서 고역이요."(7,1)라고 했다. 그러므로 누구든지 유혹으로부터 자신을 지켜야 한다. 그리고 우리를 속이려는 악마에게 기회를 주지 않도록 깨어 기도하며 살펴야 한다. '우리의 적대자 악마가 으르렁거리는 사자처럼 누구를 삼킬까 하고 찾아 돌아다니기'(1베드 5,8 참조) 때문이다. 유혹을 한 번도 당하지 않을 만큼 거룩하고 완전한 사람은 없다. 유혹으로부터 완전히 자유로운 사람은

아무도 없다.

2. 유혹이 비록 성가시고 심각한 것일지라도 유용할 때가 많은데, 이는 우리가 유혹을 통해서 겸손해지고 정화되며 교훈을 얻을 수 있기 때문이다. 성인들은 모두 다 많은 유혹과 시련 중에 지냈으며 그런 가운데 진보했다. 그러나 유혹과 시련에 맞설 수 없었던 사람들은 타락하거나 떨어져 나갔다. 유혹과 시련이 없을 만큼 거룩한 수도회도 없고, 그렇게 은밀한 곳도 없다.

3. 사람이 세상에 사는 동안에는 유혹에서 결코 안전할 수 없는데, 이는 유혹이 바로 우리 안에서 나오는 것이며 사람은 죄 중에 태어났기 때문이다. 하나의 유혹이나 시련이 지나가면 다른 유혹이나 시련이 또 온다. 우리는 원래의 은총 상태를 잃어버렸기 때문에 항상 고통받을 일이 있다. 많은 사람이 유혹에서 도

망치려 하다가 더 깊이 빠져들기도 한다. 유혹은 피한다고 해서 간단하게 피해지는 것이 아니다. 우리는 오직 인내하고 참으로 겸손한 태도를 지님으로써 모든 원수들보다 더 강해질 수 있다.

4 유혹의 뿌리를 뽑지 않고 겉으로만 피하는 사람은 많은 진보를 보지 못할 것이다. 그뿐만 아니라 오래지 않아 피했던 유혹이 다시 돌아올 것인데, 그 유혹은 그전보다 더 강할 것이다. 너는 너 자신의 힘으로 번거롭고, 부적절하며, 모질게 유혹을 물리치는 것이 아니라, 하느님의 도우심으로 천천히, 조금씩, 오랫동안 참아 가면서 유혹을 이겨 내야 한다. 유혹을 당하게 되면 자주 훈계를 청하고, 유혹을 당하는 사람을 보거든 엄하게 대하지 말고, 너도 이러한 경우에 처한다면 남에게서 위로받기를 원할 것임을 생각하여 그를 많이 위로해 주어라.

5 모든 유혹의 시초는 마음이 흔들리고 하느님께 그다지 큰 신뢰를 두지 않는 데 있다. 키가 없는 배가 물결을 따라 이리저리 흘러가듯이, 사람도 마음이 약하여 자기가 정한 뜻을 버리면 여러 가지로 유혹을 받게 된다. 불은 쇠를 단련시켜 주고 유혹은 의인을 강하게 한다. 스스로 똑바로 서 있을 수 있는지 알지 못하는 우리에게 유혹은 가끔 우리가 무슨 일을 하고 있는지 보여 준다. 무엇보다도 우리는 유혹이 시작되는 때를 특별히 경계해야 한다. 원수가 마음의 문 안으로 들어서지 못하게 함은 물론, 들어오려고 문을 두드릴 때 문 밖에서 대항하면 매우 쉽게 이길 수 있기 때문이다. 그러므로 어떤 사람(오비디우스)이 말하기를 "시초에 막아라. 오래 지체하여 병이 중해지면 약을 준비해도 이미 늦으리라."라고 했다. 처음에는 단순한 생각만 마음에 들어오고, 그다음에는 맹렬한 상상이 일어나고, 그 후에는 쾌락이 생기고, 잇따라 악한 충동이 일어나고, 마침

내는 이를 승낙한다. 이와 같이 원수를 처음에 대적하지 않으면 많은 원수가 완전히 들어오게 된다. 그리고 유혹을 당하면서 오랫동안 대적하지 않으면 성전聖戰에 게을렀던 만큼 사람은 날로 더 약해지고, 사람을 거스르는 원수는 점점 더 강해진다.

6 어떤 이는 입회 시초에 큰 유혹으로 고통을 겪고, 어떤 이는 마지막에 큰 유혹의 고통을 당한다. 또 어떤 이는 거의 일평생 유혹 때문에 곤란을 당하고, 어떤 이는 매우 가볍게 유혹의 고통을 당한다. 이는 사람마다의 지위와 공로를 헤아리시고, 뽑힌 이들의 구원을 위하여 모든 것을 미리 섭리하신 하느님의 지혜와 정의에 따른 것이다.

7 그러므로 우리가 유혹을 겪을 때 실망할 것이 아니라 오히려 하느님께 더 열심히 기도해야 할 것

이니, 하느님은 우리가 곤란을 당할 때면 어느 때나 잘 도와주시며, 또한 바오로 사도의 말씀대로 '하느님께서는 우리에게 능력 이상으로 시련을 겪게 하지 않으시고 시련과 함께 그것을 벗어날 길도 마련해 주실 것'(1코린 10,13 참조)이기 때문이다. 그러므로 우리는 유혹을 당할 때나 시련을 겪을 때 우리의 영혼을 항상 하느님의 손 아래로 낮추어야 할 것이다. 하느님은 마음으로 겸손한 이를 구하시고 들어 올리시기 때문이다.

8 유혹을 겪어 보고 시련을 당해 보아야 자신이 얼마나 진보했는지 알게 되고, 공로도 더 얻고 덕행이 잘 드러나게 된다. 아무 어려움이 없을 때 헌신적이고 성실한 것은 어려운 일이 아니다. 오히려 역경을 당하면서도 잘 참아 나갈 때 많이 진보할 수 있을 것이다. 어떤 사람은 큰 유혹에는 넘어가지 않으나 매일 작은 유혹에는 자주 넘어간다. 그는 사소한 시련에

자기가 넘어지는 것을 보고 스스로 겸손하게 되고, 더 나아가 큰 유혹 앞에서 자기 자신의 힘에 의지하지 않는 겸손을 배우게 된다.

제14장 경솔한 판단을 피함

1. 눈을 돌려 너 자신을 살피되, 남의 행위를 판단하지 않도록 주의하라. 사람이 남을 판단하는 데서는 헛된 수고를 하고 자주 잘못을 하고 쉽게 죄를 범하지만, 자기를 판단하고 자기를 살피는 데서는 오히려 중요한 유익함을 얻기 때문이다. 우리는 무엇이든 흔히 우리가 바라는 대로 판단한다. 그래서 사사로운 느낌 때문에 있는 그대로 관찰하지 못하는 경우가 많다. 우리가 열망하는 것이 하느님만을 향한 것이라면, 다른 사람의 견해가 우리와 대치되더라도 쉽게 동요되어서는 안 된다.

2\. 우리는 흔히 우리 안에 숨어 있는 무언가에, 혹은 우리 밖에 있는 무언가에 이끌리곤 한다. 많은 사람이 자신도 모르는 사이에 자기가 하는 일에서 자기 자신을 찾는다. 바라고 좋아하는 대로 일이 이루어지면 마음의 평화를 얻지만, 원하는 대로 되지 않으면 곧 번민하여 슬퍼한다. 친구나 동료, 수도자들 사이에 혹은 경건한 사람들 사이에 자주 분열이 생기는 것은 각 사람의 의견이 다르고 느낌이 다르기 때문이다.

3\. 오래된 습관은 끊기가 어렵다. 누구나 제 생각에서 벗어나기를 원하지 않는다. 네가 예수 그리스도께 순명하는 덕을 따르지 않고 너의 지식과 재주를 따르려 하면 하느님께서 주시는 은총의 빛을 매우 드물게 또는 늦게 받을 것이다. 하느님께서는 우리가 당신께 온전히 순종하기를 원하시고, 당신에 대한 뜨거운 사랑으로 인간적 지혜를 넘어서기를 원하신다.

제15장 애덕으로 수행한 과업

1　세상의 무슨 일을 위하여, 또는 어떤 사람을 사랑하기 위하여 악한 일을 하지 마라. 그러나 도움이 필요한 사람을 위해서라면 좋은 일을 하던 중이라도 중지해야 할 때가 있고, 더 좋은 일을 위해서 이를 변경해야 할 때도 있다. 이런 경우 좋은 일을 하지 않는 것이 아니라, 도리어 더 좋은 일을 꾀하는 것이다. 사랑이 없는 형식적인 행위는 아무런 가치가 없다. 그러나 애덕으로 하는 일은 아무리 작고 사소한 일이라도 결실을 충분히 맺을 것이다. 이는 하느님께서 사람이 한 행위 그 자체가 아니라 사랑을 갖고 한 일을 더 중하게 여기시기 때문이다.

2　사랑이 많은 사람이 일을 많이 한다. 또한 한 가지 일이라도 잘하는 사람이 일을 많이 한다. 자기 이익을 채우기보다도 공동선에 기여하는 사람이 일을

잘하는 사람이다. 애덕으로 하는 것처럼 보이기는 하지만 실상은 자신의 욕구를 충족시키는 일에 지나지 않는 경우도 있다. 즉, 일을 본성에 따라서 하기도 하고, 자기 의지로만 하려고도 하고, 어떤 보상을 바라면서 하기도 하고, 결국 자기 이익을 위한 동기가 없는 경우는 거의 없다.

3 반면에 참되고 완전한 애덕을 갖춘 사람은 무슨 일에든지 자기를 찾지 않고 다만 하느님의 영광이 드러나기만 원한다. 게다가 이런 사람은 아무에게도 질투심을 내지 않으니 이는 자기의 사사로운 즐거움을 갈망하지도 않으며 또 자신에 대해서 스스로 만족하려고도 하지 않기 때문이다. 그는 다만 무엇보다도 하느님의 더 큰 영광만을 갈망한다. 그는 좋은 것이 있으면 그것을 사람에게 돌리지 않고 전적으로 하느님께만 돌리는데, 만물이 그 근원이신 하느님으로부터 나왔으며,

또 하느님 안에서 축복받은 모든 이들이 그 극진한 복락을 누리고 있음을 알고 있기 때문이다. 오! 참된 사랑의 불 한 덩어리만 있다면 세상의 모든 것이 허황됨을 확실히 깨달으련만!

제16장 남의 과실을 참음

1. 자기에게 또는 남에게 고치지 못할 과실이 있다면 그는 하느님께서 달리 마련하실 때까지 인내를 갖고 기다려야 할 것이다. 이렇게 하는 것이 네가 너를 단련하고 인내하는 법을 배우는 데 더 나은 줄로 생각하여라. 시련도 없고 인내도 없다면 너의 공로는 그리 크게 헤아릴 바가 못 될 것이기 때문이다. 그렇지만 그 같은 어려움에서도 충심으로 잘 참아 나갈 수 있도록 하느님께서 너를 도우시기를 간절히 기도해야 한다.

2 누가 만일 네게 한두 번 훈계를 듣고도 고치지 않는다면 그와 다투지 말고 오직 하느님께 그 사정을 다 맡겨 하느님의 뜻과 영광이 하느님의 모든 종들 안에서 드러나도록 하라. 왜냐하면 하느님께서는 악을 선으로 바꿀 줄 아는 분이시기 때문이다. 너는 남의 과실과 연약함이 어떠한 것이든지 그것을 끈기 있게 참는 법을 배워라. 너도 다른 사람이 견뎌야 할 많은 결점을 갖고 있기 때문이다. 너도 너 자신을 마음대로 못하여 원하는 대로 하지 못하는데 어찌 다른 사람이 네 뜻대로 되기를 바랄 수 있겠는가? 우리는 남들이 완전한 사람이 되기를 희망하면서도 우리 자신의 허물은 고치지 않는다.

3 우리는 남을 엄히 꾸짖어 그의 과실을 고치기를 원하나, 우리 자신을 꾸짖어 우리의 과실을 고치려 하지는 않는다. 다른 사람들이 마음대로 행동하고

주제넘게 요구하여 우리를 불쾌하게 만든다고 생각하지만, 우리도 청하려는 것을 거절당하면 불쾌히 여긴다. 다른 사람은 규칙으로써 구속을 받아야 한다고 하면서도 우리는 조금도 구속받으려 하지 않는다. 이렇게 우리가 자신을 헤아리는 것처럼 다른 사람을 헤아리는 경우는 매우 드물다. 모든 사람이 다 완전하다면 하느님 때문에 다른 사람으로부터 고통을 받을 일이 어디 있겠는가.

4 그러나 하느님께서는 적절하게 조처하시어 우리로 하여금 '서로 남의 짐을 져 줄'(갈라 6,2 참조) 것을 배우게 하셨는데, 이는 결점이 없는 사람이 없고, 짐이 없는 사람이 없고, 스스로 만족하는 사람이 없고, 스스로 충분히 지혜로운 사람이란 없기 때문이다. 그러니 우리는 서로 참고, 서로 위로하고, 서로 도와주고, 서로 가르쳐 주고, 서로 훈계하는 것이 마땅할 것이다. 누가

얼마만한 덕행이 있는지는 역경을 당할 때에 잘 드러나며, 역경은 사람을 연약하게 하는 것이 아니라 그 사람의 됨됨이를 드러내 줄 뿐이다.

제17장 수도 생활

1. 남과 화목하고 평화롭게 지내기를 원하거든, 많은 일에서 자신의 뜻을 접는 법을 배워야 한다. 수도원이나 어느 단체에 살면서 불평 없이 지내고, 죽을 때까지 착실하고 항구하게 나아가는 것은 결코 작은 일이 아니다. 그러한 곳에서 착하게 살고 행복하게 삶을 마치는 사람은 축복받은 사람이다. 네가 제대로 서 있고 또 완전함을 추구하며 살려거든, 세상에 있는 것이 마치 귀양 중에 있고 순례 중에 있는 것처럼 생각하고 너를 다스려야 한다. 네가 열심히 경건하게 살려거든, 그리스도를 위하여 미련한 사람처럼 되어야 한다.

2 수도복을 입고 삭발을 한다고 해서 사람이 크게 바뀌는 것은 아니다. 참다운 수도자가 되려면 삶을 바꾸고 모든 욕망을 완전히 끊어 버려야 한다. 오로지 하느님만을 찾고 또 자기 구령救靈을 도모해야 함에도 다른 것을 찾는 사람은 번민과 곤란밖에 아무것도 얻지 못하리라. 스스로 가장 작은 사람이 되거나 모든 이의 종이 되도록 힘쓰지 않는 사람은 오랫동안 평화를 보존할 수 없으리라.

3 네가 이곳에 온 것은 지배하러 온 것이 아니요, 섬기러 온 것이다. 고통을 참아 받으며 일을 하라고 너를 이곳에 부른 것이지, 한가히 살거나 쓸데없는 이야기를 하며 시간을 허비하라고 부른 것이 아니다. 그러므로 이곳에서는 금을 불가마에 넣어 단련하듯이 사람을 단련한다. 하느님을 위하여 온전한 마음으로 자기를 낮추려는 열망을 지니지 않는다면 아무도

이곳에서 머물 수 없다.

제18장 거룩한 교부들의 모범

1 거룩한 교부들의 열렬한 표양을 보라. 그들에게서는 참다운 완덕과 경건함이 빛난다. 이를 통해 우리의 행하는 바가 얼마나 보잘것없으며 아무것도 아닌지를 깨닫게 될 것이다. 슬프다, 우리의 생활을 성인들의 삶과 비교한다면……. 그리스도의 벗과 성인들은 주림과 목마름, 추위와 헐벗음 중에 수고하면서, 몸이 고달프게 일하면서, 밤을 새워 가면서, 엄격하게 재를 지키면서, 기도하고 거룩히 묵상하면서, 많은 박해와 모욕을 당하면서 주님을 섬겼다.

2 사도들과 순교자들과 증거자들과 동정녀들, 그리고 그 밖에 모든 그리스도의 발자취를 따른 이들

이 얼마나 많으며 또한 그들은 얼마나 큰 고생을 하였는가! 그들은 영원한 생명을 얻기 위하여 이 세상에서의 자신을 미워하였다. 오! 거룩한 교부들은 광야에서 얼마나 엄하고 절제 있는 생활을 하였는가! 얼마나 크고 오랜 유혹으로 고통을 겪었는가! 얼마나 자주 원수에게 부대꼈으며, 하느님께는 얼마나 또 자주 간절하게 기도를 드렸으며, 얼마나 엄하게 매일 재를 지켰으며, 영적 완덕에 나아가는 데 얼마나 열중하였으며 얼마나 정성을 다하였는가! 악습을 제어하고자 얼마나 맹렬한 싸움을 하였는가! 또 그들의 지향은 얼마나 바르고 순전하게 하느님께만 향하였는가! 그들은 낮에는 일을 하고 밤에는 오랫동안 기도하였으며 일하는 중에라도 묵상을 그치지 않았다.

3 그들은 모든 시간을 유익하게 보냈으며, 하느님께 바치는 모든 시간을 너무나 짧게 여겼고, 신묘

한 묵상 중에 신락神樂을 누릴 때에는 육신에 필요한 음식까지 잊어버렸다. 모든 재물과 지위와 영예와 친구와 친척들을 다 떠나 세상의 것을 가지려 하지 않았고, 생명에 필요한 것이나 겨우 취하며, 필요한 경우라도 육신을 돌보는 것을 원하지 않았다. 그러므로 그들은 세속적인 가치로 보기에는 가난했으나 은총과 덕행 면으로는 매우 부요한 이들이었다. 겉으로는 매우 궁핍했으나 속으로는 하느님의 은총과 위로로 풍요로웠다.

4. 그들은 세상과는 멀었지만 하느님께는 가까웠고 그분의 친근한 벗이 되었다. 그들은 스스로를 아무것도 아닌 것으로 생각하고 이 세상도 그들을 하찮게 보았으나, 하느님의 눈에는 귀하고 사랑스러운 이들이었다. 항상 참된 겸손 중에 살았고, 오로지 순명만 하며 살았다. 또한 사랑과 인내를 가지고 살았고, 날마다 완덕의 길로 나섰으며, 이 모든 것으로 인해 하느님께로

부터 위대한 사랑을 받았다. 그들은 모든 수도자들에게 아름다운 표양이 되어 완덕의 길로 우리를 재촉하는데, 이 힘은 우리를 게으르게 하려는 냉담자의 힘보다 훨씬 크다.

5 거룩한 수도원이 창설되는 시초에는 모든 수도자들의 열정이 얼마나 대단하였는가! 그들이 기도를 얼마나 열심히 바쳤으며, 덕행을 닦는 데 얼마나 열중하였으며, 얼마나 엄격히 규칙을 지켰는가! 모든 수도자들이 스승의 지도를 얼마나 잘 존중하고 이에 순종하였던가! 그들이 남겨 놓고 간 유적遺跡은 아직도 그들이 얼마나 거룩하였고 완전하였는가를 증명해 준다. 그들은 이와 같이 용감히 싸워 세속을 정복하였다. 그러나 지금의 우리는 규칙이나 범하지 않으면 장한 줄로 알고, 맡은 임무를 잘 참아 가며 행하면 대단한 일이나 하는 줄로 여긴다.

6 우리는 얼마나 게으르며 얼마나 임무를 소홀히 하는가! 우리는 얼마나 빠르게 원래 있던 열정을 잃어버리고 게을러져 살기에도 염증을 내는가! 너는 신심 있는 이들의 행적을 많이 보았으니, 부디 덕행의 길에 나아가는 발걸음이나 멈추지 마라.

제19장 훌륭한 수도자의 수업

1 훌륭한 수도자들의 생활은 모든 덕행으로 충만해야 할 것이다. 밖으로 드러나는 것과 같이 안으로도 그리해야 한다. 사실, 밖으로 드러나는 것보다는 안에 있는 것이 더 나아야 한다. 우리의 안을 살피시는 분은 하느님이시니 그분을 어디서든지 온 힘을 다하여 공경해야 할 것이요, 그 대전에서 천사들같이 깨끗하게 지내야 할 것이다. 우리는 오늘 처음 수도원에 입회한 것처럼 매일 우리의 뜻한 바를 새롭게 하고 열정을 가

지며, 다음과 같이 하느님께 기도해야 할 것이다. "주 하느님, 제 뜻한 바를 행하고 당신을 섬기는 이 거룩한 일을 잘 할 수 있도록 저를 도와주소서. 또 제가 오늘까지 한 것은 아무것도 아니오니, 오늘 이제 완전히 시작하는 은혜를 주소서."

2 우리 마음의 결심에 따라 진보가 이루어질 것이니 완덕을 갈망하는 이는 반드시 삼가 주의해야 한다. 굳은 결심을 한 사람도 빈번하게 실패하는데, 뜻을 세우는 일도 별로 없고, 있다 해도 건성으로 결심한 사람은 어떻게 되겠는가? 뜻한 바를 실행치 못하게 되는 데는 여러 가지 이유가 있다. 우리가 일과 중에 작은 것이라도 소홀히 하게 되면 거기에서 중대한 결손이 생기듯이 완덕을 갈망하고 실천함에도 그러하다. 의인들은 서원을 지키려 할 때 자기의 지혜에 기대지 않고 하느님 은총에 의지하며, 또 무엇을 하든지 항상 하느님

께 의탁한다. 하느님의 길은 사람의 길과 같지 않다. 사람은 뜻을 둘 뿐이고 하느님께서 마련하여 이루시기 때문이다. 진인사盡人事하고 대천명待天命해야 한다.

3 우리는 때때로 경건함을 유지하기 위해서 혹은 다른 사람을 도와주려다 일과를 소홀히 하게 되는데, 이는 쉽게 보충될 수 있다. 그렇지만 싫증이 난다고, 혹은 게으른 생각으로 아무렇지도 않게 일과를 소홀히 하게 되면, 이는 심각한 과실이요, 거기서 해를 입을 것이다. 우리 힘이 닿는 데까지 힘쓰자. 그렇게 하더라도 많은 일에서 잘못하는 것이 있을 것이다. 그럴지라도 항상 한 가지를 확실히 정해서 나아가야 할 것이다. 특히 우리에게 몹시 걸림돌이 되는 죄들에 대해서는 각별히 싸워 나아가야 할 것이다. 우리는 밖의 일과 안의 일을 다 같이 살피고 정돈해 놓아야 한다. 둘 다 완덕에 중요하기 때문이다.

4 계속해서 정신을 집중할 수 없거든, 적어도 가끔은 집중하여라. 하루 동안 적어도 아침이나 저녁에 한 번은 반성하여라. 아침에는 뜻을 세우고 저녁에는 네가 한 일을 살펴보아라. 오늘 하루 동안 말은 어떠했고, 생각은 어떠했고, 행동은 어떠했는지 살펴보아라. 너의 하루 일과 중에 하느님과 남의 마음을 상하게 한 적이 있을지도 모르기 때문이다. 마귀의 공격에 맞서도록 무장하라. 그리고 네가 선호하는 것을 제어하라. 그러면 모든 육욕을 쉽게 막을 수 있을 것이다. 지나치게 한가히 있지 말고 책을 보든지, 글을 쓰든지, 기도하든지, 묵상하든지, 공동선을 위한 일을 하든지 무엇인가를 행하라. 그러나 육체적 훈련은 분별해서 해야 하며, 다른 사람이 한다고 무작정 따라 해서는 안 된다.

5 공동으로 하는 일이 아니면 겉으로 드러내지 말아야 하는데, 개인적인 일들은 사적으로 하는 것

이 더 낫기 때문이다. 게다가 사사로이 하는 일은 민첩히 잘하면서 공동체의 기도는 게을리하지 않도록 주의해야 한다. 네가 반드시 할 일과 맡은 직무를 완전히 정성껏 다 마쳤다면, 그러고도 시간이 남을 때 네가 바라던 일을 하라. 모든 사람이 같은 일을 할 수 없으니 어떤 사람에게는 이것이 더 낫고 어떤 사람에게는 저것이 더 낫다. 마찬가지로 때에 따라 그 뜻에 맞는 일이 있으니 어떤 것은 축일에 하기가 좋고, 어떤 것은 여느 날에 하기가 좋다. 유혹을 당할 때 필요한 일이 있고, 평화롭고 안온한 때에 좋은 일이 있으며, 슬플 때 적합한 일이 있다. 어떤 일들은 하느님 안에서 즐겁게 지낼 때 필요하다.

6 주요한 축일에 즈음해서는 수련을 더욱 새롭게 하며 더욱 열심히 성인들의 전구를 구해야 한다. 어떤 특정 축일과 다른 축일 사이에는 마치 우리가 이

세상을 떠나 영원한 세상으로 건너가야 할 것처럼 우리의 목적을 유지해야 한다. 연중 시기에는 마치 오래지 않아 하느님 대전에 나아가서 우리 수고의 값을 받을 것처럼 모든 규칙을 더 엄격하게 지키고, 더 거룩한 생활을 하면서 우리 자신을 조심스럽게 준비해야만 한다.

7 만일 이 복된 때가 미루어지거든 우리가 아직도 완전하게 준비하지 못했으며, "장차 우리에게 계시될 영광"(로마 8,18)을 받기에 아직도 자격이 모자란 줄로 믿자. 그동안 우리의 최후를 더욱 힘써 잘 준비하자. 루카 복음에서 예수님은 "행복하여라, 주인이 와서 볼 때에 깨어 있는 종들! 주인은 자기의 모든 재산을 그에게 맡길 것이다."(루카 12,37.44)라고 말씀하셨다.

제20장 고요함과 침묵을 사랑함

1 여유를 가질 수 있는 적당한 때를 찾아라. 그리고 자주 하느님의 은혜를 묵상하라. 호기심거리는 무엇이든 버려라. 취미거리보다는 마음을 감동하게 할 만한 것들을 읽어라. 무익한 담화를 하지 말고 필요 없는 왕래를 끊고 헛된 소문과 쓸데없는 말을 듣지 않게 되면 묵상하기에 적절하고 충분한 시간이 있을 것이다. 수많은 위대한 성인들은 사람들과의 교제를 될 수 있는 대로 피하고, 피정을 하면서 하느님을 섬기는 일을 택했다.

2 어떤 사람(세네카)이, "내가 사람들과 상종할 때마다 항상 전만 못하여 돌아왔노라."라고 했다. 우리도 오래 이야기를 나눈 후에는, 그런 경험을 자주 한다. 말을 아예 하지 않는 것이 말을 많이 하지 않는 것보다 쉽다. 집에 머물러 있는 것이 밖에 있으면서 자기

를 온전하게 지키는 것보다 쉽다. 그러므로 내적 영성 생활에 뜻을 둔 사람은 많은 군중을 피하여 예수님과 함께 지내야 한다. 누구든지 무명의 생활을 즐기지 않으면 남의 눈앞에 안전하게 나설 수 없다. 누구든지 침묵을 즐기지 않으면 말에 실수를 하지 않을 수 없다. 누구든지 기꺼이 남의 다스림을 받으려 하지 않는다면 안전하게 자신을 다스릴 수 없다. 누구든지 잘 순명할 줄 모르면 적절하게 명령을 내릴 수도 없다.

3 누구든지 자신의 착한 양심을 증명할 수 없으면 안심하고 즐거워하지 못한다. 그러나 성인들은 안전히 살면서도 하느님을 두려워하는 마음이 가득하였다. 그들은 놀라운 덕행을 하고 많은 은총을 받았지만 그렇다고 덜 조심하거나 덜 겸손하지 않았다. 악인들이 안심하는 것은 교만과 자존심으로부터 나오는 것이니 마지막에는 스스로 속았음을 깨닫게 된다. 네가

아무리 착한 수도자로 보이고 신심 있는 은수자로 보일지라도 결코 이 세상에서는 완전히 안심하고 살 수 있다고 믿지 마라.

4. 흔히 남들보다 낫다고 평가받는 사람들은 자신을 지나치게 믿어서 큰 위험을 당하곤 한다. 그러므로 많은 사람을 위해서는 유혹이 있는 것이 오히려 도움이 되며, 자주 시련을 겪는 것도 필요한데, 이는 자신을 지나치게 믿어 교만해지고 심지어는 지나치게 자신에게만 열중하여 외적인 안락함을 쫓게 될 수 있기 때문이다. 사람이 만일 지나가는 현세의 낙을 한 번도 찾지 않고, 한 번도 세속 일에 상관하지 않는다면 그의 양심은 얼마나 맑겠는가! 사람이 만일 헛된 근심을 다 버리고 영혼에 유익한 것들과 거룩한 것들만 생각하고 하느님만을 신뢰한다면 그 평화와 고요함은 얼마나 위대할까!

5 누구든지 끊임없이 통회하지 않으면 천상으로부터 오는 위로를 받기에 합당치 않다. 네가 진심으로 통회하기를 원하거든 "잠자리에서도 마음속으로 생각하며 잠잠하여라."(시편 4,5) 하신 말씀같이, 네 방에 들어가 세상의 모든 번잡함을 피하라. 네가 밖에서 자주 잃어버린 것을 그 안에서 찾을 수 있을 것이다. 방에 항상 머물면 방에 머물기가 좋아지고, 방에 머물러 있지 않으면 방에 머물기에 염증이 난다. 네가 입회할 때부터 힘써 방에 잘 머무르면, 결국 네 방은 사랑하는 벗이 될 것이요, 달고 단 위로가 될 것이다.

6 침묵과 고요함 가운데서 신심 있는 영혼은 발전하고 성경의 심오한 진리들을 배운다. 침묵과 고요 가운데 슬픔과 통곡의 눈물로 밤마다 자기를 씻고 정화한다. 세상의 모든 번잡함으로부터 멀리 떨어져 있을수록 그만큼 더욱 조물주와 가까워진다. 그러니 하느

님과 하느님의 거룩한 천사들은 아는 이들과 친구를 떠나는 사람에게 가까이 다가갈 것이다. 자신의 구원을 소홀히 하며 기적을 행하는 것보다는 숨어 살며 자기 구원에 참여하는 것이 낫다. 수도자가 좀처럼 밖에 나가지 않고, 남의 눈에 보이기를 피하고, 사람들을 볼 뜻을 갖지 않는 것은 칭송할 만하다.

7 네가 소유하기에 부당한 것을 무엇 하러 보려 드는가? '세상은 지나가고 세상의 욕망도 지나간다.' (1요한 2,17 참조) 육체의 욕망으로 인해 우리는 이리저리 끌려다니지만, 그 시간이 지나고 보면 그와 같이 한 것이 네게 양심의 짐을 더하고 정신을 산란케 한 것밖에 무엇이 남는가? 즐거이 나갔던 것이 근심 중에 돌아오게 되고, 밤 늦도록 즐겨 논 것이 새벽에 슬픔거리가 된다. 즉 육체의 모든 쾌락은 단맛으로 시작하지만 후회와 죽음으로 끝난다. 자기 방에서 찾을 수 없는 것을 어

찌 다른 데서 찾을 수 있겠는가? 천지와 그 안의 만물을 보라. 이 모든 것은 만들어진 것에 불과하다.

8 어디를 가면 하늘 아래 있는 것에서 영원한 것을 볼 수 있다고 생각하는가? 네가 만족할 수 있을 것이라 생각하나 그렇게 만족할 경지에는 이르지 못할 것이다. 네가 모든 것을 다 본다 할지라도 그것이 허무한 환상이 아니면 무엇이겠는가? 눈을 하늘로 들어 하느님께 향하고 네 죄와 소홀함을 뉘우쳐 기도하라. 헛된 사물은 헛된 사람들에게 버려두고 하느님께서 네게 명하신 것에 마음을 두어라. 네 안의 문을 잠그고 네가 사랑하는 예수님을 불러라. 그분과 같이 네 방 안에서 살아라. 다른 데서는 그만한 평화를 얻지 못할 것이다. 네가 밖에 나가지 않고 또 이러저러한 세상의 풍설을 듣지 않았으면, 크나큰 평화 속에 살았을 것이다. 그러나 네가 바깥의 소식을 즐겨 듣곤 하기 때문에 마음의

번민을 겪게 되는 것이다.

제21장 절실한 통회심

1. 완덕에 도달할 뜻이 있거든, 하느님을 두려워하며 살아야 하고, 너무 많은 자유를 쫓지 말고, 자신의 감정을 다스리고, 헛된 즐거움을 피해야 한다. 통회는 타락으로 잃어버린 축복이 들어오도록 문을 열어 준다. 자신의 귀양살이 처지와 자신의 영혼에 가해지는 많은 위험들을 깊이 생각하고 묵상하는 사람이 이 세상에서 완전하게 행복할 수 있다는 것이 과연 가능한 일이겠는가.

2. 자신의 결점을 가볍게 여기거나 이에 대해 무감각함으로써 영혼이 참된 통회를 느끼지 않고, 마땅히 슬퍼해야 할 때에도 오히려 헛된 웃음을 주는 일

에 자주 빠져든다. 하느님을 두려워하는 마음과 양심의 평화에 기초하지 않는 자유는 어떤 것이든 참된 것이 아니며, 기쁨 또한 진정한 것이 될 수 없다. 온갖 분심거리를 멀리 피할 수 있으며 거룩한 통회에 집중할 수 있는 사람은 복되다. 자기의 양심을 더럽히거나 거북하게 할 만한 모든 것을 피하고 버리는 사람은 복되다. 용감하게 싸워라. 습관은 습관으로 극복된다. 네가 사람들을 가만히 놔두면, 그들도 네가 하고자 하는 일을 하도록 놔둘 것이다.

3 너는 다른 사람들의 일에 관여하여 바쁘게 지내지 말고, 장상들의 일에 참견하지 마라. 네 눈은 무엇보다도 항상 먼저 너를 살피며, 모든 친구들을 훈계하기보다는 자신을 먼저 훈계하여야 한다. 남에게 호감을 못 받는다고 근심치 말고, 하느님의 종으로서 신심 있는 수도자가 되는 것이 가장 중대한 일인 만큼, 너

자신을 제대로 주의 깊게 살피지 않는 것이야말로 심각한 일임을 생각하라. 이 세상에 있는 동안 위로를 받지 못하고 특히 육체적 안락함을 누리지 못하는 것이 더 유익하고 안전하다. 하느님의 위로를 받지 못하거나 매우 드물게 받는다면, 이는 우리의 잘못이다. 진심으로 통회하는 일에 힘쓰지 않고 쓸모없는 바깥 사물에서 오는 만족을 완전히 끊어 버리지 않기 때문이다.

4 너는 하느님께서 주시는 위안을 받기에 부당하고 더욱 많은 고난을 당하는 것이 당연한 줄로 생각하라. 사람이 완전히 통회하게 되면 세상만사가 거북하고 싫어진다. 착한 사람은 항상 아파하고 울 일들이 많다. 이는 자기를 살펴보고 남을 살펴봐도 괴로움 없이 생활하는 사람이 이 세상에는 없다는 사실을 알기 때문이다. 또 사람이 주의를 기울여 자신을 살필수록 더욱 아파하게 된다. 마땅히 아파하고 진정으로 통회해야 할

것은 우리의 죄악과 악습이니, 우리가 그것에 묻혀 천상의 것을 잘 묵상하지 않기 때문이다.

5 네가 오래 살 궁리를 하는 것보다 지상에서의 죽음을 더 자주 생각한다면 생활을 개선하려고 분명 더 노력할 것이다. 네가 지옥이나 연옥에서 장차 당할 벌을 진심으로 묵상한다면, 노동과 힘겨움을 자발적으로, 그리고 끈기 있게 참을 것이며 험한 생활을 무서워하지 않을 것이다. 그러나 그러한 생각이 마음속까지 이르지 못하고 세상의 유희를 아직도 사랑하기 때문에 우리는 이 냉담하고 나태한 상태를 벗어나지 못하고 있다.

6 너무나도 자주 무력해지는 우리의 영혼 때문에 우리의 가련한 육신이 경솔히 반항하는 것이다. 그러니 겸손하게 하느님께 기도하여 통회의 정신을 빌며 시편 저자의 말과 같이 "당신께서는 백성에게 눈

물의 빵을 먹이시고 눈물을 마시게 하였습니다."(시편 80,6 참조)라고 하라.

제22장 인간의 불행에 대한 성찰

1. 네가 하느님께로 향하지 않으면, 네가 어디에 있든지 어디로 가든지 불행할 뿐이다. 그러니 네가 원하고 바라는 대로 되지 않는다고 실망할 이유가 어디 있겠는가? 자기가 하고 싶은 대로 다 하는 사람이 누가 있는가? 나도 그렇지 못하고 너도 그렇지 못하며 살아 있는 사람으로서 그러한 이는 하나도 없다. 세상에 있는 사람이라면 임금이나 교황일지라도 걱정이나 괴로움이 없을 수 없다. 그러면 남보다 좀 낫게 지낸다는 사람은 누구인가? 바로 하느님을 위하여 고통을 참을 줄 아는 사람이다.

2 무력하고 허약한 많은 사람들은 다음과 같이 말한다. "보라, 저 사람은 얼마나 행복한 생활을 하는가? 저 사람은 얼마나 재물이 많고 위대하며, 얼마나 세력이 있고 존귀한가?" 그러나 너는 천상의 부귀를 살펴보라. 그러면 그들이 말하는 세상 모든 부귀가 아무것도 아니란 것을 깨달을 것이다. 그런 것들은 확실하지도 않으며 사람의 마음을 거북하게만 할 뿐이니, 세상 것을 차지하고 있으면 번민과 두려운 마음이 그칠 새가 없다. 세상 것을 풍부히 가진다고 해서 그것이 사람에게 행복을 주는 것은 아니다. 아주 조금 갖고 있어도 그것으로 충분하다. 세상에 사는 것은 고통이다. 사람이 영적으로 살려고 하면 할수록 이 세상에서 살아가는 것이 더욱 괴롭게 느껴진다. 그런 이는 인성人性의 타락인 결함을 더 잘 깨닫고 더 잘 보기 때문이다. 먹고, 마시고, 깨어 있고, 자고, 쉬고, 노동을 하며, 그 외의 육신 생명에 필요한 것들에 얽매이는 것조차 경건한 사

람에게는 큰 고역이요 매우 큰 괴로움이다. 그런 사람은 그와 같은 일들에서 기꺼이 벗어나서 모든 죄로부터 자유로워질 수 있다.

3 실제로 내적 인간은 육신이 필요로 하는 것 때문에 이 세상에서 매우 어려워한다. 그래서 예언자는 가능하다면 육신의 요구에서 자유롭게 해 달라고 간절하게 기도하며 "제 마음의 곤경을 풀어 주시고 저를 고난에서 빼내 주소서."(시편 25,17)라고 하였다. 그러나 자기의 처참한 불행을 알지 못하는 사람에게는 화가 있으리라. 이 가련하고 타락한 생활을 사랑하는 사람에게도 화가 있으리라. 실제로 어떤 사람들은 일을 하거나 구걸을 해야 간신히 필요한 것을 얻을 수 있다. 그러나 그들은 이 가련하고 타락한 생활을 얼마나 사랑하는지, 만일 세상에서 영원히 살 수만 있다면 하느님의 나라를 위한 일에 대해서는 조금도 생각지 않을 것만 같다.

4 어리석고 마음에 신앙이 없는 자들! 그들은 이처럼 세상일에 빠져 육체의 것 외에는 아무것도 사랑하지 않기에 정말로 불쌍하다. 마지막 날 자기들이 사랑한 것이 얼마나 하찮고 값싼 것인지 깨닫고 슬퍼하게 될 것이기 때문이다. 하느님의 성인들과 그리스도의 모든 신심 있는 벗들은 육신을 즐겁게 하는 것과 현세에서 인기 있는 것들을 찾지 않았다. 그들의 모든 희망과 목표는 오로지 영원히 지속되는 행복뿐이었다. 그들의 모든 갈망은, 영구하고 보이지 않는 세상을 향해 있었는데, 그것은 보이는 것을 사랑하는 것이 저급한 세상으로 그들을 끌어내리게 하지 않도록 하기 위해서였다. 형제여, 영적 생명을 추구하려는 마음을 잃지 마라. 아직도 기회는 있으며 너의 시간은 지나가지 않았다.

5 너는 어찌 결심한 바를 내일로 미루는가? 일어나라. 즉시 시작하며 다음과 같이 말하라. "지금이

내가 행할 때요, 지금이 내가 싸울 때요, 지금이 나의 생활을 고치는 데 매우 적당한 시기다." 살기가 어렵고 고통 중에 있을 때가 공로를 세울 때인 줄로 알라. 네가 쉬게 되기 전에는 반드시 불과 물을 지나야 할 것이다. 네가 용기를 내어 너를 이기지 않으면 네 악습을 이기지 못하리라. 우리가 이 유약한 육신을 짊어지고 있는 동안에는 죄로부터 자유로워질 수도 없고 근심과 슬픔 없이 살 수도 없다. 우리가 아무 불행 없이 편히 지낼 수 있으면 오죽이나 좋으련만, 우리는 죄악으로 말미암아 결백함을 잃음으로써 참된 복까지도 잃어버렸다. 그러므로 이 악이 지나갈 때까지, 그리고 생명이 죽음을 없앨 때까지, 인내를 가지고 하느님의 자비를 기다려야만 한다.

6 인간의 본성은 어찌 그리 연약하여 악습으로 끝없이 기울어지는지! 너는 오늘 네 죄를 고하고,

내일 또다시 그 죄를 범한다. 지금은 주의하겠다고 결심하나, 한 시간 후에는 아무 결심도 하지 않은 듯이 행동한다. 이와 같이 연약하고 항구치 못한 우리는 스스로를 대단하게 여겨서는 안 될 것이다. 우리가 하느님의 은총을 통해 오랫동안 많은 수고를 다하여 얻은 것도 이를 소홀히 하여 순식간에 잃어버릴 수 있다. 그렇게 빨리 열의가 없어진다면 결국 우리는 무엇이 되겠는가?

7 참다운 거룩함이 없는 생활을 하면서 평화와 안위 속에서 휴식을 찾으려 한다면 그런 우리에게 화가 있으리라! 그러므로 훌륭한 수련자들의 경우처럼, 바른 생활 규칙과 관련하여 다시 한 번 가르침을 받는 것과, 앞으로 개선하고 영적으로 성장할 희망이 있는지를 살피는 것이 유익할 것이다.

제23장 죽음에 대한 성찰

1 이곳에서의 너의 삶은 곧 끝날 것이다. 그러니 지금 네가 어떠한 처지에 있는지 살펴보라. 우리는 오늘 살아 있으나 내일 죽으며, 곧 잊힌다. 눈앞에 보이지 않게 되면 마음에서도 쉽게 잊힌다. 오! 사람의 마음은 어찌 그리 아둔하고 완고한가! 지금 순간만 생각하고 장래 일은 미리 준비하지 않는다. 그러므로 네 모든 행동과 생각을 함에 있어 바로 오늘 죽을 것처럼 하고 있어라. 네 양심이 평안하다면 죽음을 그렇게 무서워하지 않을 것이다. 죽음을 무서워하는 것보다는 죄를 피하는 것이 더 낫다. 오늘 준비가 다 되어 있지 않는데 어떻게 내일 준비가 되어 있겠느냐? 내일은 불확실한 날이다. 네게 내일이 있을 것이라고 어떻게 알 수 있겠는가?

2 우리가 이와 같이 개과천선하는 일이 적은데 오래 사는 것이 무엇이 좋은가? 오래 사는 것이 항상 좋은 것은 아니다. 오히려 오래 살면 죄만 쌓이기 십상이다. 이 세상에서 단 하루라도 잘 살았다면 그것이 나을 것이다. 많은 사람들이 흔히 입회한 지 몇 년 되었다고 헤아리나, 그들 대부분이 별로 거룩해지지 않았음을 보게 된다. 죽는 것이 그렇게 두렵다면 아마도 오래 사는 것이 더 위험할지 모르겠다. 자기의 죽을 시간을 항상 눈앞에 두고 매일 죽음을 준비하는 사람은 복되다. 네가 한 번이라도 사람이 죽는 것을 보았거든, 너도 그와 같은 길을 지나가리라는 것을 생각하라.

3 아침이 되거든 저녁때까지 살 수 없을지도 모른다고 생각하고, 저녁때가 되거든 내일 아침을 볼 것이라고 스스로 확신하지 마라. 그러니 너는 죽음이 어느 때 너를 찾든지 항상 준비되어 있어야 한다. 많은

사람이 준비 없이 갑자기 죽는다. '네가 생각지도 않은 때에 사람의 아들도 올 것'(마태 24,44; 루카 12,40 참조)이기 때문이다. 마지막 순간을 맞이하게 되면 지나간 일생에 대하여 전혀 달리 생각할 것이며 소홀히, 그리고 게을리 지낸 것을 매우 후회할 것이다.

4 죽음의 때에 찾고자 하는 삶의 모습대로 지금 살려고 하는 사람은 얼마나 행복하며 슬기로운가! 세상을 철저히 가볍게 여기고, 덕행으로 나아갈 활기찬 원의를 품고, 수고하며, 보속하고, 기꺼이 순명하고, 자기를 이기고, 그리스도를 사랑하는 뜻으로 어떤 어려움이든 참아 견디는 것들, 그런 것들이 행복한 죽음에 대한 기대를 가져다줄 것이다. 건강할 때 훌륭한 일들을 많이 할 수 있다. 병이 들면 무엇을 할 수 있겠는가? 병중에 나아지거나 진보하는 이는 드물다. 마찬가지로 순례를 많이 하는 사람이 거룩해지는 경우도 드물다.

5 친구나 친척에게 기대지 말고, 네 영혼 돌보는 일을 나중으로 미루지 마라. 사람들은 네가 생각하는 것보다 더 빨리 너를 잊기 때문이다. 다른 사람의 도움에 의지하기보다 지금 시간이 있을 때 미리 준비하고 스스로의 공을 세워 놓는 것이 더 낫다. 너 자신의 행복을 지금 돌보지 않으면, 네가 죽은 후 누가 너를 위하여 힘써 주겠는가? '지금이 바로 매우 은혜로운 때이며 지금이 바로 구원의 날이다.'(2코린 6,2 참조) 지금이 바로 그때다. 그러나 슬프다. 지금이 더 좋은 방법으로 영원한 생명을 얻을 수 있는 때인데도 너는 그렇게 이 시간을 보내지 않으니 말이다. 단 한 시간만이라도, 단 하루만이라도 고치고 싶은 때가 올 것이다. 그런데 네가 그때 그러한 것을 얻을지 모르겠다.

6 사랑하는 이여, 네가 항상 죽음을 두려워하고 곧 죽음을 당할 것처럼 생각하고 있다면, 얼마나 큰

위험을 피하며 얼마나 큰 두려움을 피할 수 있는지 보도록 하여라. 죽을 때를 무서워하기보다 오히려 즐거워할 수 있도록, 지금 그렇게 살기를 도모하라. 지금 세상에서 죽는 것을 배우면 그리스도와 함께 살기 시작할 것이다. 모든 것을 하찮게 여기는 것을 지금 익히면 그리스도께로 자유롭게 나아갈 것이다. 지금 보속하며 너의 육신을 책벌하면 확실한 신념을 가지게 될 것이다.

7 어리석은 이여, 단 하루라도 더 살 것을 확신하지도 못하면서 어찌 오래 살 계획을 세우느냐? 얼마나 많은 사람들이 오래 살 생각을 하다가 갑자기 죽었는가? 누구는 칼에 맞아 죽고, 누구는 높은 데서 떨어져 목이 부러져 죽고, 누구는 먹다가 죽고, 누구는 놀다가 최후를 맞이하였다는 것을 너는 얼마나 자주 들었느냐? 어떤 이는 불에 타 죽고, 어떤 이는 군도軍刀에 맞아 죽고, 어떤 이는 염병으로 죽고, 어떤 이는 강도한테 죽었

다. 이와 같이 모든 사람은 죽음으로 끝을 맺으니, 사람의 생명은 그림자와 같이 순식간에 사라진다.

8 네가 죽은 다음에 누가 너를 기억하며, 누가 너를 위해 기도해 주겠는가? 사랑하는 이여, 무엇이든지 할 만한 것이 있으면 지금 하라. 네가 언제 죽을지 모르고, 또한 죽은 후 사정이 어떻게 될지도 모르기 때문이다. 시간이 있을 때 너 자신을 위하여 불멸하는 재물을 쌓아 놓아라. 네 영혼을 구하는 일 외에는 아무것도 생각지 마라. 하느님의 일만 신경 써라. 너 자신을 위하여 하느님의 성인들을 공경하고 그들의 행위를 본받음으로써 그들을 벗 삼아라. 이 세상을 하직하는 날에 '너는 그들의 영접을 받으며 영원한 집으로 들어가게 될 것이다.'(루카 16,9 참조)

9\. 너는 스스로를 이 세상을 지나는 순례자와 나그네로 여겨 세상의 모든 일에 상관치 마라. 네 마음을 아무 거리낌 없이 자유로이 보존하여 하느님께 두어라. '이 땅 위에는 우리를 위할 영원한 도성이 없기'(히브 13,14 참조) 때문이다. 매일 그분만을 바라보고 기도하고 탄식하고 슬퍼하며, 사후에 네 영혼이 행복하게 주님의 품으로 갈 수 있게 하라. 아멘.

제24장 심판과 죄의 벌

1\. 너는 모든 일의 끝을 생각하여라. 지엄한 판관 앞에 신문당할 것을 생각하여라. "그는 자기 눈에 보이는 대로 판결하지 않고 자기 귀에 들리는 대로 심판하지 않으리라."(이사 11,3) 오! 불쌍하고 미련한 죄인아, 분노한 사람의 얼굴을 보고도 무서워 떠는 네가, 너의 모든 잘못을 아시는 하느님께는 무엇이라 대답할 것

인가? 너는 어찌 심판의 날을 미리 준비하지 않고 있느냐? 그날에는 누가 너를 변호하여 주지도 않을 것이요, 제외시켜 주지도 못할 것이니, 이는 누구나 다 각자의 짐을 지고 있기 때문이다. 이 세상에서야 수고하면 이익을 보고, 울면 들어주고, 탄식하면 보아 주고, 통회하면 보속하고 정화하지만 그날에는 그 모든 것이 불가하다.

2 남이 나를 모욕하더라도 자기가 받은 모욕보다 자기를 모욕한 사람의 불행을 더 아파하고, 자기를 반대하는 사람을 위하여 기도하고 진심으로 그 잘못들을 용서해 주고, 남에게 용서를 청할 것이 있으면 지체치 않고 청하고, 분노를 드러내기보다 쉽게 자비를 베풀고, 자주 자기를 엄히 다스려 육신을 영혼에 완전히 복종케 하고, 참을성이 많은 사람은 세상이 그에게 위대한 구원을 가져오는 유익한 연옥이 된다. 이 세상을 떠

날 때 보속거리를 남겨 두는 것보다는 지금 죄를 보속하고 악습을 없애는 것이 낫다. 진실로 우리는 육신에 대한 절제 없는 사랑으로 말미암아 스스로 속고 있다.

3 저 불이 우리의 죄 말고 무엇을 태우겠는가? 지금 네가 너를 아껴 네 육신을 섬길수록 후에 엄한 벌을 당할 것이요, 불에 탈 것들만 더 많이 지니게 될 것이다. 사람은 범한 죄에 대해서 무겁게 벌을 받을 것이다. 거기서는 게을렀던 사람들은 불에 달군 채찍으로 맞을 것이요, 탐욕스럽던 사람들은 목마르고 주리는 고통을 당할 것이다. 음란하고 쾌락을 좋아하던 사람들은 뜨거운 역청과 냄새나는 유황 속에 잠길 것이요, 질투하던 사람들은 괴로움을 견디지 못하고 미친개와 같이 날뛰며 울부짖을 것이다.

4 어느 악습이든지 그에 상응하는 형벌이 있을 것이다. 거기서는 교만한 사람들은 부끄러움에 싸일 것이요, 인색한 사람들은 몹시 궁핍해질 것이다. 거기서 한 시간 벌 받는 것이, 여기서 몇 년 동안 큰 벌을 당하는 것보다 더하다. 이곳은 그래도 가끔 일을 쉴 때가 있고, 친구들의 위로도 있으나 거기서 벌 받는 사람들은 쉴 새가 없고 아무 위로도 없다. 심판 날에 성인들과 더불어 안심하고 서 있으려거든 지금 네 죄를 깊이 생각하고 울어라. "그때에 의인은 커다란 확신을 가지고 자기를 괴롭힌 자들 앞에, 자기의 노고를 경멸한 자들 앞에 나설 것이다."(지혜 5,1) 지금 남들의 비판을 받고 겸손하게 자신을 낮춘 사람은 그때에는 오히려 심판하기 위해 일어설 것이다. 그때에는 가난하고 겸손하던 사람이 크게 안심할 것이나 교만하던 사람은 어디서든지 두려움을 면치 못할 것이다.

5 그때에는 그리스도 때문에 미련하고 하찮게 되기 위해 애쓰던 사람이 사실은 세상에서 가장 지혜로웠던 사람이었음이 드러날 것이다. 그때에는 인내심을 갖고 참았던 그 어떤 시련도 즐겁게 여기게 될 것이다. "모든 불의는 그 입을 다문다."(시편 107,42) 그때에는 신심이 있던 사람이라면 누구나 다 즐거워할 것이요, 정성을 다해 살지 않았던 사람이라면 누구나 다 걱정할 것이다. 그때에는 육신의 고통을 달게 받은 것이 육신의 쾌락을 즐긴 것보다 더 기쁠 것이다. 그때에는 남루한 의복이 빛나고, 값진 의복이 빛을 잃을 것이다. 그때에는 세상의 황금 궁궐이 그립지 않고, 가난한 오막살이가 더 좋아 보일 것이다. 그때에는 온 세상을 휘두를 만한 능력을 행사하기보다는 끝끝내 참았던 것이 더 유익하리라. 그때에는 세속의 모든 재주를 다 부린 것보다는 겸손하게 순명한 것이 더 찬미를 받을 것이다.

6 그때에 우리가 즐거워할 것은 훌륭한 철학이 아니라 깨끗하고 착한 양심일 것이다. 그때에 값지게 나갈 것은 세상의 모든 보물이 아니라 재물을 하찮게 여기는 마음일 것이다. 그때에 위로가 될 것은 훌륭한 요리를 먹은 것이 아니라 경건하게 기도한 것일 것이다. 그때에는 오랫동안 이야기하고 많은 말을 한 것보다 침묵을 잘 지킨 것이 더 기쁠 것이다. 그때에 가치가 있을 것은 아름답게 꾸민 많은 말이 아니라 거룩하게 일한 것일 것이다. 그때에 우리 마음에 들게 될 것은 세상의 온갖 쾌락을 누린 것이 아니라 생활을 규율 있게 하고 엄격히 보속한 것일 것이다. 그때에 큰일로 곤란을 면하려거든 조그마한 일에 참는 법을 지금 배워라. 네가 후에 무엇을 할 수 있는지 여기서 먼저 시험해 보라. 지금 이렇게 조그마한 것도 참지 못하면서 영원한 벌을 어떻게 참을 것인가? 지금은 조금만 괴로워도 참지 못하면서 지옥 벌을 어떻게 참을 것인가? 두 가지

즐거움을 모두 누릴 수는 없으니 세상에서 쾌락을 누리고 또 후세에 그리스도와 더불어 다스리는 것은 있을 수 없는 일이다.

7 네가 오늘날까지 영광과 쾌락 중에 살았다 하자. 이 시간에 죽는다면 그 모든 것이 네게 무슨 소용이 있겠는가? 그러니 주님을 사랑하고 그분을 섬기는 것 말고는 모든 것이 헛된 것이다. 하느님을 온전한 마음으로 사랑하는 사람은 죽음도, 형벌도, 심판도, 지옥도 무섭지 않다. 그에게는 완전한 사랑이 있어 안심하고 하느님께로 나아갈 수 있기 때문이다. 죄짓는 것을 아직도 사랑하는 이가 죽음과 심판을 두려워하는 것은 전혀 이상한 일이 아니다. 그러나 네가 하느님을 사랑하여 죄를 피해야 하는데 그렇게 못하겠거든, 적어도 지옥에 대한 두려움 때문에라도 죄를 피하는 것이 좋다. 하느님을 두려워하는 마음이 적은 사람은 그다지

오랫동안 착하게 살 수가 없을 것이며 머지않아 마귀의 올가미에 걸리고 말 것이다.

제25장 우리의 생활을 개선하려는 열망

1 너는 하느님을 섬기는 데 부지런하고 또 조심하여라. 그리고 '무엇 하러 여기 왔는가, 무엇 하러 세속을 떠났는가?'를 자주 생각하여라. 하느님을 위해 살고, 영적 인간이 되기 위해서가 아닌가? 그러므로 완전해지는 데 열중하라. 그리한다면 곧 네 수고는 보상을 받을 것이며, 또한 네가 죽을 시간에 너에게는 두려움이나 괴로움이 내리지 않을 것이다. 지금 조금만 수고하면 많이 쉬게 될 것이다. 아니, 영원한 즐거움을 누릴 것이다. 네가 끊임없이 행실에 충실하면, 하느님은 의심 없이, 성실히, 또 후하게 네게 갚으실 것이다. 게을러지거나 교만해지지 않음으로써 구원을 얻겠다는

희망을 가지더라도 자만하지 마라.

2 어떤 사람이 두려워하는 마음과 바라는 마음이 같이 들어 번민하여 어쩔 줄을 모르다가, 한번은 심히 근심하며 성당 제대 앞에 무릎을 꿇고 기도했다. 그러다가 '오! 내가 끝까지 항구하게 될 것인지만 안다면!' 하고 생각했다. 그때 하느님께서 "네가 그것을 안다면 무엇을 하겠느냐? 그때 하고자 하는 것을 지금 행하라. 그러면 안심하며 잘 지내리라."라고 하시는 말씀을 들었다. 그 즉시 그는 위로를 받고 기운을 얻어 하느님의 거룩한 뜻에 자기를 맡겼고 모든 걱정스러운 번뇌가 멈췄다. 그는 다시는 자기의 장래에 대해 부질없이 알려 하지 않고 대신 모든 일을 시작하고 마칠 때 무엇이 선하고 무엇이 하느님 마음에 들며 무엇이 완전한 것인지를 분별했을 뿐이었다(로마 12,2 참조).

3 "주님을 신뢰하며 선을 행하고 이 땅에 살며 신의를 지켜라."(시편 37,3) 하고 예언자는 말하였다. 많은 사람이 자기 생활을 발전시키지 못하고, 열성을 가지고 자기를 고치지 못하는 한 가지 이유는 고난을 지겨워하고 싸우기를 수고롭게 여기기 때문이다. 그러므로 하기가 어렵고 마음에 들지 않는 일일수록 더욱 분발하려고 애쓰는 사람은 다른 사람보다 더 빨리 덕행으로 나아간다. 자신을 이기고 자신의 뜻을 굽히는 데에 탁월한 사람이 어려운 일들을 통해 더 큰 발전을 하고 더 큰 은총을 받기 때문이다.

4 누구나 다 직면하고 극복해야 할 어려움을 갖고 있다. 진정 근면하고 성실한 사람이, 차분하나 덕행에 대해서는 관심이 적은 사람보다 비록 더 격정적일지라도 더 큰 진보를 이룰 것이다. 우리의 일생을 새롭게 하는 데에 특히 도움이 되는 것 두 가지가 있으니,

악한 본성으로 인해 생겨난 악습에서 힘차게 벗어나는 것과 필요한 은총들을 얻으려고 열심히 일하는 것이다. 또한 네가 남의 잘못으로 인해 자주 불쾌하거든 이를 극복하고 이러한 잘못으로부터 너 자신을 지키는 법도 배워라.

5 모든 일에서 너의 발전을 꾀하라. 좋은 표양을 보거나 들으면 그것을 본받을 마음을 가져라. 남이 어떤 잘못을 하는 것을 보거든 너도 그처럼 하지 않도록 주의하고, 전에 너도 그렇게 한 일이 있거든 바로 힘써 고쳐라. 네가 남을 살피는 것과 같이 남도 너를 살핀다. 열심하고 경건하며 순하고 규칙을 잘 지키는 형제들을 보는 것은 얼마나 유익하고 좋은가! 그러나 제 성소에 합당한 일을 하지 않고 부당하게 멋대로 사는 형제들을 보는 것은 그 얼마나 불편하며 거북한가! 제 성소의 직무를 수행하지도 않으면서 자기에게 맡겨지지

도 않은 일에 상관하려는 것은 또 얼마나 해로운가!

6 네가 작정한 결심과 뜻을 기억하고 그리스도께서 십자가에 못 박히신 것을 생각하라. 그리스도의 일생을 생각해 보아라. 하느님의 길을 따른 지 오래 되었으면서도 그리스도를 닮으려 애쓰지 않았다면 참으로 부끄러운 일이다. 주님의 거룩한 일생과 수난을 주의를 기울여 정성껏 묵상하는 수도자는 그 묵상 가운데 모든 유익하고 필요한 것을 풍성하게 얻을 것이며, 예수님 외에 다른 더 좋은 무언가를 찾을 필요를 느끼지 않을 것이다. 오! 만일 십자가에 달리신 예수님께서 우리 마음에 오신다면 우리는 얼마나 빨리, 또 충분하게 배울 것인가!

7 열심히 사는 수도자는 자기가 명받은 모든 일을 잘 받아들이고 잘 수행한다. 그러나 자신에게 주

어진 일을 소홀히 하고 냉담한 수도자는 곤란에 곤란을 겪고 사방에서 역경을 당한다. 수도회 안에서는 위로가 없고 수도회 밖에서는 위로받는 것이 금지되어 있기 때문이다. 규칙을 벗어나 사는 수도자는 크게 타락할 위험이 있다. 만만하고 쉬운 것만 찾는 수도자는 항상 곤경을 겪으며 살 수밖에 없는데, 항상 자기 마음에 들지 않는 것이 있기 때문이다.

8 수도회 규칙을 충실히 지키는 다른 많은 수도자들이 어떻게 행동하는지 보라. 밖에는 거의 나가지 않고, 고요히 살며, 가난하게 먹으며, 거칠게 입으며, 일을 많이 하고, 말은 적게 하며, 오랫동안 깨어 있고, 일찍 일어나며, 기도는 많이 하고, 독서는 자주 하며, 모든 실천을 통하여 자기를 엄하게 지킨다. 카르투시오 수도회 수도자들과 시토회 수도자들과 그 외에 다른 여러 수도원의 수사, 수녀들이 하느님을 찬송하기

위하여 밤마다 일어나는 것을 생각하라. 그렇게 많은 수도자들이 벌써 주님을 찬송하기 시작했는데, 네가 성무를 소홀히 한다면 이 얼마나 부끄러운 일인가?

9 우리가 온 마음과 목소리로 우리 주 하느님을 찬송하는 것 외에 다른 할 일이 하나도 없다면 얼마나 행복하겠는가! 네가 먹고 마시며 잠잘 필요도 없다면, 항상 하느님을 찬송하고 영적 공부에만 힘쓸 수 있다면, 육신을 돌보아야 하는 지금 처지보다 훨씬 더 행복할 것이다. 우리가 그런 일을 할 필요가 없다면, 그래서 다만 영혼의 신령한 음식만 먹을 수 있게 된다면 얼마나 좋겠는가! 그러나 우리는 이러한 위로를 드물게, 그것도 맛만 볼 뿐이다.

10 사람이 세상사를 통해 위로를 찾지 않는 경지에 이르면, 하느님을 완전히 맛들이게 되고,

그때에는 어떠한 일을 겪든지 완전히 만족하게 된다. 그때에는 어떤 일이 성공적으로 잘 되었다고 호들갑스럽게 즐거워하지 않을 것이요, 제대로 일이 되지 않았다 하여 슬퍼하지도 않을 것이다. 다만 모든 일에 있어 그에게 모든 것이신 하느님께만 온전히 자신을 내어 맡긴다. 하느님 앞에서는 아무것도 없어지는 것이 없고 죽는 것도 없으며, 하느님께는 모든 것이 다 살고 그분께서 원하시는 대로 모든 것이 순종할 뿐이다.

11 항상 종말을 생각하라. 또 잃어버린 시간은 결코 돌아오지 않는다는 것도 생각하라. 조심하지도, 힘쓰지도 않으면 결코 덕행을 닦을 수 없다. 냉담하면 괴롭기 시작할 것이다. 네가 만일 분발하여 열심히 살면 많은 평화를 얻을 것이며, 하느님 은총의 도움으로 또 덕행을 사랑하는 마음으로 모든 짐은 가볍게 될 것이다. 열심하고 부지런한 사람은 모든 일을 기꺼

이 행할 마음이 있다. 땀을 흘리며 하는 일보다 악습과 사욕을 이기는 것이 더욱 어렵다. 조그마한 과오를 피하지 않는 사람은 차차 더 큰 과오에 떨어진다. 네가 하루를 유익하게 잘 보냈으면 저녁때에는 항상 즐거워할 것이다. 스스로를 항상 살피고, 항상 깨우치며, 항상 훈계하고, 다른 사람은 어떠하든지 너를 살피는 데만 주의하라. 네가 힘을 쓰는 그만큼 발전하리라. 아멘.

제2권
내적 생활로 인도하는 훈계

제1장 명상 - 내적 행동거지

1 "하느님의 나라는 너희 가운데에 있다."(루카 17,21)라고 주님께서 말씀하셨다. 너는 마음을 다하여 하느님께로 향하고 이 가련한 세상을 끊어라. 그러면 네 영혼이 고요할 것이다. 바깥 사물을 가벼이 보고 내면의 일에 주의를 기울여 공부를 하라. 그러면 하느님의 나라가 네 안에 이르는 것을 보리라. 하느님의 나라는 "성령 안에서 누리는 의로움과 평화와 기쁨"(로마 14,17)이니, 이는 악한 자에게 주어지지 않는다. 네 안에 마땅한 자리를 준비해 놓으면 그리스도께서 너를 위로해 주시면서 네게 오시리라. 그 모든 영광과 모든 아름다움은 안으로부터 오는 것이고 또 그분 자신이 그 안에 있는 것을 즐거워하신다. 그분은 내적 생활을 하는 사람을 자주 찾으시며, 그와 더불어 기쁘게 이야기하시고, 기쁜 위로를 주시며, 평화를 가득히 내려 주시고, 놀라운 우정을 보여 주신다.

2 그러니 충실한 영혼아, 그리운 정배淨配 예수님을 위하여 네 마음을 꾸며라. 그분이 네게 와서 네 안에 거처하시도록 하라. 그분은 "누구든지 나를 사랑하면 내 말을 지킬 것이다. 그러면 내 아버지께서 그를 사랑하시고, 우리가 그에게 가서 그와 함께 살 것이다."(요한 14,23)라고 말씀하신다. 그러니 오로지 그리스도께만 너의 마음에 자리를 내어 드리고, 다른 모든 것이 들어오지 못하도록 하라. 네 안에 그리스도께서 계시면 그것으로 풍요롭고 만족할 것이다. 그분은 너를 돌보아 주실 것이요, 모든 일에 성실히 관여하시어, 사람의 도움을 바랄 필요가 없게 될 것이다. 사람은 쉽게 변하고 빨리 힘을 잃지만, 그리스도께서는 변함없이 영원히 그대로 계시고, 끝까지 우리 옆에 굳게 서 계실 것이다.

3 어떤 사람이 네게 유익하고 사랑스러울지라도, 그도 역시 약하고 또한 죽을 인생이니, 지나치게

의지할 바가 못 되며, 혹시 그가 너를 거스르고 반대한다 할지라도 그것을 지나치게 걱정할 것도 없다. 오늘 너와 같이 있던 사람이 내일은 갈라설 수도 있고 그와 반대로도 될 수 있는데, 사람은 바람과 같이 잘 변하기 때문이다. 너는 하느님께만 온전히 의탁하라. 하느님께서는 네 두려움도 되시고 네 사랑도 되셔야 할 분이시다. 하느님께서 너를 대신해 대답하실 것이며, 너에게 더 좋다고 생각하시는 것을 해 주실 것이다. '땅 위에는 우리를 위한 영원한 도성이 없다.'(히브 13,14 참조) 그리고 어느 곳에 있든지 너는 이방인이요, 나그네다. 그리스도와 친밀히 결합하기 전에는 한순간도 안정을 얻지 못할 것이다.

4   세상에서 이리저리 무엇을 찾는가? 이 세상은 네가 편안히 살 곳이 못 된다. 네 처소는 하늘에 있으므로 세상의 모든 것은 그냥 스쳐 지나가는 것에 불

과하다. 만물은 다 지나간다. 너 또한 그것과 더불어 지나간다. 그러니 너는 그 무엇에 집착하고 사로잡혀 망하지 않도록 주의하라. 네 생각은 지존하신 하느님께 두어야 할 것이다. 쉬지 않고 그리스도께 간구하는 말씀을 드려라. 고상한 문제와 천상의 것을 고찰할 수 없거든 그리스도의 수난을 묵상하며 그분의 오상에 즐겨 머물러라. 예수님의 상처에로 향하고 예수님의 보배로운 오상에 신심을 다하여 의지하면, 고통 중에 많은 위로와 격려를 받을 것이며, 설령 남들이 너를 하찮게 보더라도 스스로 이를 문제 삼지 않을 것이고, 비방하는 말을 들을지라도 잘 참게 될 것이다.

5 그리스도께서도 세상에 계실 때 사람들에게 천대를 많이 받으셨고, 매우 가난하셨으며, 많은 곤욕을 당하시면서 친척들과 벗들에게까지 버림을 받으셨다. 그리스도께서도 고통을 받고 천대를 받고자 하셨거

늘, 너는 어찌 너에게 무슨 일이 좀 생겼다고 원망하는가? 그리스도께도 반항하는 자와 비방하는 자들이 있었거늘, 너는 어찌 모든 사람이 다 친구와 은인이 되기를 바라는가? 어떠한 반대와 고난도 없다면 무엇으로 네 인내가 화관을 얻겠는가? 만일 어떤 거슬리는 일도 겪으려 하지 않는다면, 어떻게 그리스도의 벗이 되겠는가? 만일 그리스도와 함께 그분의 다스림에 참여하고자 한다면 그리스도와 함께, 또 그리스도를 위하여 고통을 참아라.

6 네가 한 번이라도 예수님의 품속에 들어가 그분의 불타는 사랑을 조금이라도 맛보았다면, 너의 편리함과 불편함을 떠나 수치와 모욕을 당하게 된 것을 즐거워할 것이다. 예수님의 사랑은 사람이 자기 자신을 비천하게 여기게끔 하기 때문이다. 예수님과 진리를 사랑하는 사람, 진정으로 내적 생활을 하는 사람, 모든 절

제 없는 감정에서 해방된 사람은 자유롭게 하느님께로 향하고 정신적으로 고양되어 평화로이 쉬게 될 것이다.

7 남의 평판과 평가를 따르지 않고 본래 있는 그대로 판단하는 사람은 명석한 사람이다. 사람에게 무언가를 배웠다기보다 하느님께 배운 사람이기 때문이다. 자기 자신을 내적으로 닦고 바깥일에 집착하지 않는 사람은 영성 수련에 때와 장소를 가리지 않는다. 영적인 사람은 정신을 쉽게 집중시키는데, 이는 정신을 바깥일에 흩어 놓는 때가 없기 때문이다. 바깥일이나 시간상 긴요한 사무라 할지라도 그것이 그의 내적 생활에 장애가 되지 않는다. 그는 일이 생기는 대로 바로 자신을 그 일에 순응시킨다. 자기 마음을 잘 배치하고 정돈한 사람은 남들이 좋아하는 행위와 이상한 소행에 관심을 두지 않는다. 사람이 바깥일에 휩싸이는 만큼 장애와 분심이 생긴다.

8 　모든 일이 잘 이루어지고, 모든 죄로부터 깨끗해졌다면, 그 모든 일은 네게 선이 되고 이로움을 줄 것이다. 그러나 너는 아직 너 자신을 완전히 극복하지도 못하고, 또 모든 세상 사물에 대한 동경을 끊어 버리지도 못하였으니 그것들이 너를 자주 불편하게 하고 어지럽힐 것이다. 세상일에 대한 불순한 애착심처럼 사람의 마음을 더럽히고 어지럽히는 것은 없다. 네가 만일 세상 위로를 버린다면 그때는 천상의 것에 맛들이고 마음의 즐거움을 자주 느낄 수 있을 것이다.

제2장 겸손

1 　누가 네 편에 서 있든 반대편에 서 있든 걱정하지 말고, 네가 하는 모든 일에 하느님께서 너와 함께 계시도록 힘써 행하라. 너의 좋은 양심을 보존하라. 그러면 하느님께서 너를 보호하실 것이다. 사람이 어떤

사악한 행동을 하더라도 하느님께서 도와주시고자 하는 사람을 해치지 못할 것이다. 만일 네가 침묵 속에 고통을 참을 줄 안다면 분명히 주님께서 도우실 것이다. 그분은 너를 구할 시간과 방법을 알고 계시니 그분께 너를 맡겨야 한다. 모든 일을 도와주고 모든 혼잡함에서 우리를 구원하는 것이 하느님의 일이다. 우리의 허물을 남들이 알고 책망하는 것이 우리의 겸손을 보존하는 데 가끔은 매우 유익한 일이다.

2 사람이 자신의 나약함을 알고 자기를 낮출 때에 남을 쉽게 위로하고 자기에게 화를 낸 이의 마음을 쉽게 달래 줄 수 있다. 하느님께서는 겸손한 이를 보호하시고 구원하시며, 겸손한 이를 사랑하시고 위로하시며, 겸손한 이를 굽어보시고 큰 은총을 내리시며, 그를 낮추신 후에는 반드시 영광으로 들어 올리신다. 하느님께서는 겸손한 이에게 당신의 신비를 드러내시고,

당신께로 다정하게 이끄시며, 당신께로 부르신다. 겸손한 사람은 부끄러운 일을 당하여도 평화를 잃지 않고 잘 지내는데 그것은 그가 세상에 마음을 붙이지 않고 하느님께만 의지하기 때문이다. 네가 모든 사람들 가운데 가장 낮은 사람이라 생각되지 않거든, 완덕을 닦는 데 어떠한 발전도 이루어지지 않았다고 생각하라.

제3장 사람 안에 있는 선함과 평화

1 너는 너 자신을 먼저 평화 가운데 보존하라. 그러면 남에게 평화를 줄 수 있다. 선한 사람은 박학한 사람보다 더 많은 유익함을 준다. 악습에 젖은 사람은 좋은 것이라도 악하게 만들고 악한 것을 쉽게 믿는다. 선한 사람은 모든 것을 선으로 바꾼다. 평화 속에서 잘 지내는 사람은 남을 의심치 않는다. 모든 일에 만족할 줄을 모르며 항상 불안해하는 사람은 갖가지 의심

이 일어나 번민을 느끼고, 결국에는 자기도 편히 지내지 못하고 남도 편하게 하지 못한다. 그런 사람은 하지 않아야 할 말을 자주 하고, 해서 유익할 일을 하지 않으며, 다른 사람은 무엇인가 해야 할 의무가 있다고 생각하면서, 정작 자기의 의무는 소홀히 한다. 그러니 먼저 너 자신을 걱정하라. 그러면 남의 걱정을 헤아릴 수 있을 것이다.

2 너는 네 행동에 대해서는 핑계를 대고 잘 가릴 줄 알면서, 정작 남의 사정은 믿으려 하지 않는다. 오히려 네 형제에게는 너그럽게 대하고, 너 자신에게는 엄격한 것이야말로 당연한 일이 아니겠는가? 다른 사람이 너를 이해해 주기를 바라거든 너도 남을 이해해 주어라. 네가 참다운 사랑과 겸손에서 얼마나 거리가 먼 사람인지를 보아라. 참다운 사랑과 겸손은 자신에게만 분노할 뿐, 남에게는 도무지 분노하거나 역정을

낼 줄 모른다. 착하고 어질며 순한 사람과 함께 지내는 것은 어려운 일이 아니다. 이는 누구나 다 좋아하기 때문이다. 또한 누구든지 평화를 즐기며, 자기와 감정이 같은 이를 더 사랑하기 때문이다. 그러나 무정하고 성질이 악한 사람이나, 반항하는 사람이나, 우리의 마음과 맞지 않는 사람과 무난하게 그리고 화목하게 지내는 것은 하느님의 큰 은혜일 뿐만 아니라 대단히 아름답고 가치 있는 일이다.

3 자기도 편하게 지내면서 남과도 화목하게 잘 지내는 사람들도 있지만, 자기도 불안하고 남도 불편하게 하여 다른 사람을 곤란하게 하고 자신에게는 더 큰 곤란을 초래하는 사람도 있다. 또 평화 속에서 자신을 편하게 다스리면서 다른 사람도 평화 속에서 살게 하려고 애쓰는 사람도 있다. 그렇지만 가련한 이 세상에서 우리의 평화는 아무런 저항도 없는 곳에서 이루어

지는 것이 아니라 겸손하게 고통을 참아 가는 데 있다. 그래서 고통을 참으면 참을수록 그만큼 평화를 누리는 것이다. 이 이치를 깨달은 사람은 자신을 극복한 승리자요, 세상의 주권자요, 그리스도의 벗이며, 천국의 상속자다.

제4장 순결과 순박

1 사람이 세상 것으로부터 자유로워져서 위로 오르는 데는 두 날개가 필요하다. 즉 순박한 마음이라는 날개와 순결한 마음이라는 날개다. 우리의 지향에는 반드시 순박함이 있어야 하고, 감정에는 반드시 순결함이 있어야 한다. 순박함으로써 사람이 하느님께로 향하고, 순결함으로써 하느님을 얻어 누리게 된다. 네가 절제 없는 감정에서 벗어나면, 어떠한 선한 행동도 어렵지 않게 행할 수 있을 것이다. 하느님께서 좋아하시는

것과 남에게 유익한 것 외에는 아무것도 뜻하지 않고 찾지 않는다면 안으로부터의 자유를 누리게 될 것이다. 네 마음이 바르다면 모든 피조물은 생명의 거울이 될 것이며, 거룩한 학문을 가르치는 책이 될 것이다. 피조물이 아무리 작고 보잘것없다 할지라도 하느님의 선을 드러내지 못할 만큼 작고 보잘것없는 것은 없다.

2 네가 착하고 순박하면 모든 것을 거리낌 없이 보며 잘 알아들을 것이다. 순박한 마음은 천국과 지옥을 투시한다. 누구나 자기 마음에 품은 대로 밖을 바라보고 판단한다. 이 세상에서 어떤 기쁨을 보았다면 그것은 그것을 본 사람의 마음이 순박한 탓이다. 또 어느 곳에서든 곤란이나 걱정이 있다면, 이는 양심이 불량한 자가 제일 잘 알 것이다. 쇠가 불에 들어가면 녹아 없어지고 온 덩어리가 붉게 빛나는 것처럼 사람이 완전히 하느님께로 향하면 게으른 생각이 녹아 없어지고 완

전히 새로운 사람으로 변한다.

3\. 사람이 느슨해지기 시작하면 그때에는 조그마한 수고라도 꺼리게 되고, 밖으로부터의 위로를 즐겨 받으려 한다. 그러나 사람이 자기를 완전히 이기기 시작하고, 하느님의 길을 씩씩하게 밟기 시작하면, 전에 어렵다고 생각했던 것이 쉽게 여겨질 것이다.

제5장 자신을 살핌

1\. 은총과 깨우침이 부족한 우리는 자신을 온전히 신뢰하지 못한다. 우리에게 빛이 있다 해도 微小한 것이며, 게다가 그것마저도 소홀히 하기 때문에 그 빛을 순식간에 잃어버린다. 또한 우리는 자주 내적인 눈이 먼 사실을 깨닫지 못한다. 우리는 자주 잘못을 저질러 놓고도 핑계를 대며 더 악해진다. 어떤 때 우리

는 사욕에서 한 것을 마치 열정으로 한 것처럼 생각한다. 남의 조그마한 잘못은 책망하면서, 우리의 더 큰 잘못은 간과해 버린다. 남들 때문에 우리가 어떤 고통을 받았는지는 빨리 헤아리지만 우리가 남에게 고통을 준 사실은 깨닫지 못한다. 자기 사정을 바르게 잘 관찰할 줄 아는 사람은 남에 대하여 엄하게 판단하지 않을 것이다.

2 내적 생활을 하는 사람은 무엇보다 먼저 자기 자신을 지배하는 일에 힘쓴다. 또 이렇게 자기 자신을 부지런히 돌보는 사람은, 남의 장단점을 말하지 않는다. 내적 생활을 하고 신심 있게 살려면 다른 사람에 관한 말을 하지 말고, 오히려 자신을 주의 깊게 살필 필요가 있다. 네 생각이 오로지 너 자신과 하느님께만 있다면, 어떠한 일이 있더라도 흔들리지 않을 것이다. 네가 너 자신을 생각하지 않았을 때, 무슨 생각을 했는

가? 또 자신의 일을 제쳐 놓고 모든 일에 시시콜콜 참견하였을 때, 무슨 거룩한 결과가 나왔는가? 참다운 평화와 화합을 바라거든 반드시 모든 것을 제쳐 놓고 너 자신을 직시해야 한다.

3 네가 세상 모든 일로부터 온전하게 자유로우면 대단히 크게 발전할 것이다. 잠시 지나갈 세상의 것을 중하게 여기는 것은 매우 큰 실수이기 때문이다. 하느님 혹은 하느님의 것 외에는 위대한 것도, 고상한 것도, 즐거움을 주는 것도, 마음에 드는 것도 없다. 어떠한 위로든지 그것이 세상 사물에서 오는 것이면 순전히 헛된 것이라 생각하라. 하느님을 사랑하는 영혼은 하느님보다 열등한 그 모든 것을 다 하찮게 보기 때문이다. 하느님 홀로 영원하시고 무량無量하시고 모든 것을 채우시며, 그분 홀로 영혼의 위로이시고 마음의 참된 즐거움이시기 때문이다.

제6장 어진 양심의 즐거움

1. 착한 사람이 영광스러운 것은 그의 어진 양심이 이를 증명하기 때문이다. 그러므로 양심을 어질게 가져라. 그러면 항상 즐거울 것이다. 양심이 어질면 역경을 겪더라도 많은 수고를 참아 견딜 수 있고 즐거울 수 있기 때문이다. 양심이 불량하면 두려움이 그치지 않고 마음이 편안하지 못하다. 네 마음이 너 자신을 꾸짖지 않는다면 유쾌하고도 평안할 것이다. 무엇이든지 잘한 다음이 아니면 즐거워 마라. 죄인들은 결코 참된 내적 즐거움이나 평화를 경험할 수 없다. "악인들에게는 평화가 없다."(이사 57,21)라고 주님께서 말씀하셨다. 악인들이 "우리는 평화 속에 살고, 우리에게는 아무런 재앙도 미치지 않을 것이며, 또 누가 우리를 감히 해치랴."라고 말할지라도, 그 말을 믿지 마라. 하느님께서 곧 분노하실 것이며, 그때에는 악인들의 행위는 허무로 돌아가고, 그들의 생각은 사라질 것이기 때문이다.

2\. 사랑을 하는 사람은 자신의 역경을 기꺼이 영광으로 삼는다. 이는 주님의 십자가로 영광을 삼는 것이기 때문이다. 사람끼리 주고받는 영광은 잠깐일 뿐이다. 세속의 영광에는 항상 근심이 따른다. 그러나 어진 사람들의 영광은 그 양심에 있지, 사람들의 입술에 있지 않다. 의인들의 즐거움은 하느님에게서 오며, 하느님 안에 있으며, 그들의 위대함은 진리에 기초한다. 참되고 영원한 영광을 원하는 사람은 현실의 영광을 도모하지 않는다. 지나가 버릴 영광을 찾거나, 혹은 마음에서 그것을 떨쳐 버리지 않는 사람은 하늘의 영광에 별 관심이 없는 사람임이 분명하다. 칭찬이나 비난에 연연하지 않는 사람은 마음의 큰 평화를 지닌 사람이다.

3\. 양심이 깨끗한 사람은 쉽게 만족을 누리고 평화를 얻을 것이다. 네가 칭찬을 듣는다고 더 거룩해

지지 않고, 책망을 듣는다고 더 천해지지도 않는다. 너는 그대로 너다. 너 자신이 하느님의 눈에 보이는 것보다 더 나은 사람이라 말할 수 없다. 네가 네 속이 어떠한지 잘 살핀다면, 사람들이 너에 대해 무엇이라 하든지 상관치 않을 것이다. 사람은 얼굴을 보고 가치를 헤아리지만 하느님은 마음을 보신다. 사람은 행동을 살피지만 하느님은 그 뜻을 살피신다. 항상 잘하면서도 자신을 변변치 못하다고 생각하는 것은 겸손한 영혼의 표징이다. 세상 피조물 속에서 아무런 위로도 찾지 않는 것은 강한 신앙과 위대한 순결함의 표징이다.

4 세상에서 인정받기를 원하지 않는 사람은 자신을 분명하게 하느님께 의탁한 사람이다. 바오로 사도의 말씀대로, '인정을 받는 사람은 스스로 자기를 내세우는 자가 아니라 주님께서 내세워 주시는 사람이다.'(2코린 10,18 참조) 내적으로 하느님과 더불어 살면서 외

적인 애착으로부터 자유로운 것, 이것이 곧 내적 생활 상태다.

제7장 예수님을 모든 것 위에 사랑함

1\. 예수님을 사랑한다는 것이 무엇이며, 예수님으로 인하여 자기를 낮추어 본다는 것이 무엇인지 알아듣는 사람은 행복하다. 예수님의 사랑을 위하여 다른 모든 사랑을 포기하라. 예수님께서는 당신 홀로 모든 것 위에 사랑받기를 원하시기 때문이다. 피조물에 대한 사랑은 거짓이며 항구하지 않지만, 예수님을 사랑하는 것은 참되며 항구하다. 피조물에 마음을 둔 사람은 그 피조물과 함께 사라지지만, 자신을 예수님께 바친 사람은 영원히 사라지지 않을 것이다. 다른 사람이 너를 두고 떠나거나, 그래서 너를 영원한 죽음에 내버려 둘 때에도 너를 떠나지 않을 그분을 벗으로 삼아 사랑하라.

너는 좋든지 싫든지 반드시 모든 것과 헤어져야 할 때가 있다.

2 그러므로 죽으나 사나 예수님께만 매달리며, 그분의 영광에 너를 의탁하라. 모든 것이 다 힘을 잃을 때 그분만은 너를 도우실 수 있다. 네가 사랑하는 분은 다른 것에 사로잡힌 사람을 받아들이지 않으실 것이다. 그분은 네 마음이 당신만을 향해 있기를 바라신다. 그분은 마치 임금이 자기 어좌에 앉아 있는 것처럼 네 마음에 당신이 머무시기를 원하신다. 네가 모든 피조물에 대해서 완전히 자유로울 수 있는 방법을 알게 된다면, 예수님께서는 기꺼이 네 안에 머무르실 것이다. 네가 예수님을 제쳐 두고 사람들한테 모든 신뢰를 둔다면 그것이 무엇이든 간에 완전한 실패임을 알게 될 것이다. 그러므로 바람에 흔들리는 갈대를 믿지도 말고 의탁하지도 마라. "모든 인간은 풀이요 그 영화는 들의

꽃과 같다. 주님의 입김이 그 위로 불어오면 풀은 마르고 꽃은 시든다."(이사 40,6-7)

3 사람이 겉으로 드러나는 것만 살핀다면 금세 속을 것이다. 그리고 그러한 것에서 편안함과 유익함을 찾으면 자주 실망할 것이다. 그러나 네가 모든 일에서 예수님을 찾는다면 분명히 예수님을 발견할 것이다. 마찬가지로 네가 너를 찾으면 분명히 너를 발견하겠지만, 그것은 곧 망하는 것에 지나지 않는다. 예수님을 찾지 않는 사람은 온 세상과 그 사람의 모든 원수들이 가하는 해보다 더 큰 해를 스스로에게 입히기 때문이다.

제8장 예수님과 친밀히 지냄

1 예수님께서 가까이 계시면 모든 것이 다 좋고 어려울 것이 없지만, 예수님께서 계시지 않으면 모든 것이 어렵다. 예수님께서 우리 안에서 말씀하시지 않으시면 다른 모든 위로는 헛된 것이나, 예수님께서 한 말씀만 하시면 그것은 커다란 위로가 된다. 마르타가 마리아에게 "스승님께서 오셨는데 너를 부르신다." (요한 11,28)라고 할 때 마리아는 그 말을 듣고 벌떡 일어나 예수님께 달려가지 않았는가? 예수님께서 우리를 찾으시어 눈물을 멈추게 하시고, 영혼의 즐거움을 주시는 그때는 참으로 행복한 때다. 예수님 없는 네 마음은 얼마나 메마르고 완고한가! 예수님을 원치 않고 다른 무엇을 원한다면, 얼마나 미련하며 헛된 일인가? 이는 온 세상을 잃은 것보다 더 큰 손해가 아니겠는가?

2 예수님 없이 세상이 무엇을 네게 줄 수 있겠는가? 예수님 없는 생활은 지옥과 다름없으나 예수님과 같이 사는 것은 즐거운 낙원과 같다. 예수님께서 너와 함께 계신다면 어떠한 원수도 너를 해치지 못할 것이다. 예수님을 발견한 사람은 그 어떤 것보다 귀한 보배를 발견한 것이나, 예수님을 잃은 사람은 세상 전부보다 더 많은 것을 잃은 것이다. 예수님 없이 사는 사람은 가난한 사람 가운데 가장 가난한 사람이지만, 그분의 은총 속에서 사는 사람은 부자 가운데서도 가장 부유한 사람이다.

3 예수님과 대화하는 법을 아는 것은 가장 위대한 예술이며, 그분을 모시는 법을 아는 것은 가장 위대한 지혜다. 너는 겸손하고 평화로워야 한다. 그러면 예수님께서 너와 함께 계실 것이다. 굳은 믿음과 고요함을 유지하라. 그러면 예수님께서 너에게 머물러 계실

것이다. 네가 바깥 사물에 마음을 두기 시작하면 곧바로 예수님을 멀리 밀어내는 것이며 곧 예수님의 은총을 잃을 것이다. 만일 예수님을 밀어내 그분을 잃어버렸다면, 이제 누구한테 갈 것이며 누구를 벗으로 사귈 것인가? 너는 벗 없이 잘 살 수 없을 것이다. 네가 가장 사랑하는 벗이 예수님이 아니라면, 너는 너무나 비참하고 슬플 것이다. 그러므로 네가 다른 것에 의탁하거나 거기서 즐거워한다면 대단히 어리석은 행동일 것이다. 예수님의 마음을 상해 드리는 것보다는 차라리 온 세상을 등지는 것이 낫다. 그러니 네가 사랑하는 이가 많다 할지라도, 특별히 사랑해야 할 분은 예수님이시다.

4 모든 것은 예수님을 위해 사랑하라. 하지만 예수님을 사랑하는 것은 바로 예수님 그분 때문에 사랑하라. 예수님만을 특별하게 사랑해야 하는데, 모든 벗들 가운데 그분만이 홀로 선하시고 충실하시기 때문

이다. 그분을 위하여, 또 그분 안에서 벗이든 원수든 다 사랑해야 한다. 또 벗이나 원수나 다 같이 예수님을 알고 사랑하도록 기도해야 한다. 너는 특별한 칭송을 받으려 하지도 말고, 특별한 사랑을 받으려 하지도 마라. 그것들은 오로지 비할 데가 없으신 하느님께만 마땅한 것이기 때문이다. 네 마음에 남의 관심을 받을 생각도, 남의 사랑을 받을 생각도 품지 마라. 너와 모든 선한 이의 마음에 예수님이 계시도록 하라.

5 너는 어떤 피조물과도 얽히지 않고 내적으로 자유롭고 순수해야 한다. 네가 "주님께서 얼마나 좋으신지"(시편 34,9) 얼마나 달콤한지 알고 맛들일 뜻이 있다면, 모든 것을 다 덜어 내고 마음을 열어 하느님께 다가서야 한다. 네 안의 모든 것을 비워 버리고 비질하여 깨끗이 한 다음에, 주님하고만 결합하려면, 하느님의 은총이 먼저 내리시어 너를 이끌지 않으면 안 된다. 하

느님의 은총이 사람에게 이르면 모든 일을 다 할 수 있지만, 은총이 그에게서 물러가면 즉시 궁핍해지고 약해져 채찍질이나 받기 위하여 사는 것같이 된다. 그러나 이러한 경우에라도 절망하고 좌절해서는 안 된다. 오히려 마음을 가다듬고 하느님의 뜻을 기다리고 예수 그리스도를 찬미하면서 자신에게 닥치는 일들을 견뎌야 한다. 겨울이 지나면 여름이 오고, 밤이 새면 날이 밝을 것이요, 비바람이 지나면 화창한 날이 다시 돌아오는 법이기 때문이다.

제9장 위로를 찾지 못할 때

1

하느님께서 우리를 위로해 주시면 사람의 위로를 가볍게 여기는 것이 그리 어렵지 않다. 그러나 하느님의 위로나 사람의 위로도 없이 다만 하느님의 영광을 위하여 기꺼이 마음의 유배를 견디고자 하는 것, 그리고 모든 일에 자기를 찾지 않고 자기가 세운 공로를 생각지 않는 것은 참으로 위대한 일이다. 은총이 오는 그때에 네가 즐거운 마음과 독실한 마음을 지니고 있다면 그 얼마나 좋겠는가? 이런 좋은 시간을 누구나 다 원한다. 하느님의 은총이 지켜 주는 사람은 참으로 편하고 유쾌하게 말을 타고 여행하는 것과 같다. 전능하신 분의 손이 그를 붙들고, 가장 훌륭한 안내자가 그를 이끄시지 않은가!

2 우리는 항상 우리를 편하게 해 주는 것을 가지려 하지만 스스로를 떨쳐 버리는 것은 어려워한다. 라우렌시오 성인은 자기가 모시던 사제와 함께 세상을 이겨 냈는데, 이는 세상에서 즐거움을 줄 만한 것은 다 하찮게 보고, 그리스도의 사랑을 위하여 자기가 극진히 사랑하는 하느님의 대사제 식스토와 이별하는 고통까지 인내로 견뎠기 때문이다. 그는 창조주에 대한 사랑

으로 사람의 사랑을 극복하였고, 사람이 주는 위로 대신에 하느님의 선한 즐거움을 선택했다. 그러므로 너도 하느님의 사랑을 위하여 친한 벗, 필요한 벗과 이별하는 법을 배워야만 한다. 벗이 너를 버리고 떠났다고 괴로워 마라. 우리 모두는 결국 서로 떠날 수밖에 없다.

3 사람이 자기를 완전히 이기고 자기의 모든 정을 온전히 하느님께로만 향하게 되기까지는 먼저 자기와의 길고 긴, 그리고 용감한 싸움을 해야만 한다. 사람이 자신을 믿게 되면 오래지 않아 편리하게 사람의 위로만 찾으려 할 것이다. 그러나 그리스도를 참으로 사랑하며 덕행을 부지런히 닦는 이라면, 이런 위로에 이끌리지 않고, 그 같은 감각적 즐거움을 찾지도 않으며, 도리어 그리스도를 위하여 자신을 단련하고 어려운 일을 더 좋아할 것이다.

4 그러므로 너는 하느님께서 영적 위로를 주시거든 감사하게 받아라. 그렇지만 그것을 네 공로가 아니라 그분의 선물이라 생각하라. 환호하지도 말고, 지나치게 즐거워하지도 말고, 헛되이 무엇을 과분히 바라지도 마라. 다만 그 선물에 겸손에 겸손을 더하여 너의 모든 행동에 주의하고 조심해야 한다. 무릇 이러한 시간은 지나갈 것이며, 잠자던 유혹이 깨어나 나타날 것이기 때문이다. 하느님의 위로가 끊어진다고 해도 실망하지 마라. 겸손과 인내를 다하여 하느님께서 오시기를 기다리고 있어라. 하느님께서는 네게 더 큰 위로를 주실 수 있기 때문이다. 하느님의 길을 걸어 본 사람에게는 이런 일이 새삼스럽지도 않고 이상하게 보이지도 않는다. 이름난 성인들과 옛 예언자들에게도 그 같은 변화가 있었다.

5 그래서 어떤 사람이 은총을 누릴 때 말하기를 "나는 영원히 흔들리지 않으리라."(시편 30,7)라고 하였다. 그러나 은총을 잃은 후에는 자기가 당한 것을 생각하고 "당신께서 얼굴을 감추시자 저는 겁에 질렸습니다."(시편 30,8)라고 하였다. 그렇지만 이러한 경우라도 그는 실망치 않고 더 정성스럽게 하느님께 "주님, 제가 당신께 부르짖고 저의 주인이신 당신께 자비를 간청하였습니다. 들으소서, 주님, 저에게 자비를 베푸소서. 주님, 저의 구원자가 되어 주소서."(시편 30,9.11) 하고 기도하였으며, 마침내 자기 기도를 들어주셔서 좋은 결과를 낸 것을 증언하며 "당신께서는 저의 비탄을 춤으로 바꾸시고 저의 자루옷 푸시어 저를 기쁨으로 띠 두르셨습니다."(시편 30,12)라고 고백하였다. 위대한 성인들도 이러한 변화를 면치 못하였는데, 하물며 우리같이 연약하고 힘없는 사람이 어떤 때는 뜨거운 마음이 있고 어떤 때는 마음이 차다 하여 절망할 필요는 없다. 성령이 오고

제9장 위로를 찾지 못할 때

물러가시는 것은 당신 뜻대로 하시는 까닭이다. 욥은 이를 두고 "아침마다 그를 살피시고 순간마다 그를 시험하십니까?"(7,18)라고 하였다.

6 그러니 하느님의 크신 자비와 천상의 은총에 대한 희망을 신뢰하는 것 말고 무엇을 희망하고 무엇을 신뢰할 수 있겠는가? 착한 사람들이 있고, 신심 있는 형제들이 있고, 충실한 벗들이 있고, 거룩한 서적이 있고, 아름다운 문구가 있고, 듣기 좋은 노래가 있고, 시가 있다 할지라도, 은총이 나를 떠나 나 자신이 궁핍하게 된다면, 이 모든 것들은 도움이 되지도 않고, 즐거움도 주지 못할 것이다. 이런 때는 인내를 갖고 하느님의 뜻에 자신을 온전히 맡기는 것보다 더 좋은 길은 없다.

7 은총이 물러가서 열정이 쇠하는 느낌을 한 번도 받은 적이 없을 정도로 경건하고 신심 깊은 사람을 본 적이 없다. 어느 성인을 막론하고 유혹을 한 번도 당하지 않을 만큼 고상한 탈혼 상태에 이를 정도의 신광神光을 누린 성인은 하나도 없다. 무릇 하느님을 위하여 어떠한 시련으로도 단련되지 않았다면 그 사람은 하느님의 신비를 관상할 자격이 없다. 유혹은 보통 곧 뒤따라 올 위로의 전조며, 천상의 위로는 유혹에서 오는 시련으로부터 자신을 증명한 모든 이에게 약속된 것이기 때문이다. 주님께서는 "승리하는 사람에게는 내가 하느님의 낙원에 있는 생명나무의 열매를 먹게 해 주겠다."(묵시 2,7)라고 말씀하셨다.

8 하느님께서 위로를 주시는 것은 사람이 역경을 잘 참아 나가는 데 필요한 용기를 주시기 위함이다. 위로가 있은 후에 유혹이 다시 찾아오는 것은 그가

자만하지 않도록 하기 위해서다. 마귀는 잠들지 않으며 네 육신은 아직 죽지 않았다. 네 좌우에는 원수가 쉬지 않고 너를 노리고 있으니, 싸울 준비를 그치지 마라.

제10장 하느님의 은총에 대한 감사

1 너는 일하러 왔으면서 왜 편히 쉬려 하느냐? 편히 지내는 것보다는 인내할 것을, 즐거움보다는 네 십자가를 짊어지도록 하라. 모든 세상적인 즐거움과 육체의 쾌락보다 월등하게 좋은 영적 위로와 즐거움이 있다면 그것을 기꺼이 받아들이지 않을 사람이 누가 있겠는가? 덕행을 통해서 생겨나고 하느님에 의해서 순결한 마음에 스며든 영적 기쁨만이 진정으로 즐겁고 고결한 것인 반면에, 세상의 모든 즐거움과 육신의 쾌락은 실제로는 헛되거나 보잘것없기 때문이다. 그러나 하느님께서 주시는 이러한 기쁨을 원하는 대로 즐길 수만은

없다. 우리 주위에는 유혹이 항상 도사리고 있는데다가 그릇된 자유와 자신에 대한 과신이 하느님으로부터 오는 기쁨에 커다란 방해물로 작용하기 때문이다.

2 하느님께서는 위로의 은총을 내려 주시는 데 인색하지 않으시다. 그러나 많은 사람이 감사하는 마음으로 모든 것을 하느님께 돌려 드리기는커녕 오히려 악을 행한다. 은총을 주시는 분께 감사하지 않고, 근원이 되는 분에게로 모든 것을 되돌려 드리지 않는다면, 은총의 선물은 우리 안에 흐를 수 없다. 제대로 감사할 줄 아는 사람은 항상 자기 몫의 은총을 받겠지만, 교만한 사람은 받을 은총마저 빼앗기고 그 은총은 감사하는 이에게 돌아갈 것이다.

3 나는 통회하는 마음을 없애는 위로는 바라지도 않으며, 나를 교만하게 하는 관상 기도라면 관심

도 두지 않는다. 고상하다고 다 거룩한 것이 아니며, 달콤하다고 다 좋은 것도 아니며, 모든 원의가 다 순결한 것도 아니며, 귀하다고 다 하느님을 기쁘게 해 드리는 것도 아니기 때문이다. 항상 겸손한 마음을 갖게 하고, 두려운 마음을 크게 하며, 나 자신을 망각하는 데 주의를 기울이게 하는 은총이라면 기꺼이 받는다. 하느님의 은총을 통해 가르침을 받은 사람과 하느님의 은총이 떠나는 채찍질의 고통을 배운 사람은 어떠한 좋은 것도 결코 자신의 공으로 돌리지 않으며, 오히려 자신의 나약함과 보잘것없음을 인정할 것이다. 하느님 것은 하느님께 드리고, 네 것은 네가 차지하라. 즉 하느님께는 은총에 대해 감사를 돌리고, 네 잘못으로 받아야 할 벌과 비난은 너 자신한테만 돌려라.

4 너는 항상 제일 낮은 곳에 머물러라. 그러면 너에게는 제일 높은 곳이 주어질 것이다. 지극히 높은

것은 지극히 낮은 것이 없이는 있을 수 없다. 하느님께서 보시기에 지극히 높은 성인들은 자기 자신을 가장 작은 이로 여긴다. 이처럼 그들이 자신을 낮추고 겸손하면 할수록 그만큼 영광스럽게 된다. 그들은 헛된 영광을 탐하지 않기 때문에 진리와 천상의 영광으로 가득하다. 그들은 하느님 안에 기초를 두고 그 안에서 힘을 키운 사람들이기에 결코 교만해질 수 없다. 무엇이든지 좋은 것을 다 하느님께로 돌리는 이들은 서로 영광을 찾지 않고, 하느님에게서 오는 영광만을 구한다. 그들은 모든 성인들 가운데에서도 그리고 자신들 가운데에서도 오로지 하느님만이 모든 것 위에 찬미받으시기를 간절히 바라며, 그것만이 그들의 변함없는 목적이다.

5 그러므로 너는 아무리 작은 은혜를 받았을지라도 감사하라. 그러면 큰 은혜를 받을 자격이 생길 것이다. 아주 작은 선물이라도 가장 큰 것으로 여기고, 아

주 소홀히 여길 만한 것이라도 특별히 중요한 은혜로 생각하라. 은혜를 베푸시는 분의 권위를 생각한다면, 은혜는 작은 것도 없고 천한 것도 없다. 은혜를 내리시는 분은 지존하신 하느님이시니, 어찌 작은 것이 있을 수 있겠는가? 그분이 벌을 내리시고 매를 때리신다 할지라도 감사해야 한다. 하느님께서 우리에게 하시는 일은 무엇이든지 다 우리의 구원을 위하여 하시는 것이기 때문이다. 하느님의 은총을 잘 보존하려거든 은총을 주실 때 마땅히 감사해야 하며, 은총을 거두어 가실 때에도 마땅히 참아야 한다. 은총을 잃었거든 다시 주십사고 기도해야 하고, 얻었거든 잃지 않기 위하여 조심하고 겸손해야 한다.

제11장 예수님의 십자가에 대한 사랑

1. 예수님의 천국을 사랑하는 사람은 많으나, 그분의 십자가를 짊어진 사람은 적다. 그분의 위안을 구하는 사람은 많으나, 그분의 시련을 살피는 사람은 적다. 그분과 잔칫상을 나누려는 사람은 많으나, 그분의 재에 참여하는 사람은 적다. 누구나 다 예수님과 함께 행복하기를 바라지만, 그분을 위하여 어떠한 고통이라도 겪겠다는 사람은 적다. 많은 사람들이 빵을 쪼갤 때까지는 예수님을 따르지만, 예수님의 수난의 잔을 마시는 데까지 가는 사람은 적다. 그분의 기적을 숭배하는 사람은 많지만, 그분의 십자가의 고난에 가까이 가려는 사람은 적다. 많은 사람들이 예수님을 사랑하지만, 곤란을 당하지 않는 때만 사랑한다. 많은 사람들이 그분을 기리고 그분께 기도하지만, 자기가 위로를 받을 때만 그렇게 한다. 예수님께서 당신을 숨기시고 잠깐 그들을 떠나실 것 같으면, 금세 원망하기도 하고, 낙담

하기도 한다.

2 예수님을 사랑하면서 그 사랑이 어떠한 위로를 받기 위한 목적이 아닌 오직 예수님 때문에 예수님을 사랑하는 사람은, 어떠한 어려움과 번민이 있다 하더라도 위안을 누릴 때와 다름없이 예수님을 찬미한다. 이런 사람들은 예수님께서 단 한 번도 위안을 주시지 않았더라도 항상 예수님을 찬미하고 항상 감사한다.

3 예수님에 대한 사랑이 순수하여 자기의 편익이나 자신에 대한 사랑이 섞이지 않는다면 얼마나 많은 일을 할 수 있을까! 항상 위안을 찾으려는 사람은 품팔이하는 사람과 같다고 해야 하지 않겠는가! 항상 자기의 편익만을 도모하는 사람은 그리스도가 아니라 자기를 사랑하는 것이 분명하지 않겠는가? 아무런 대가도 없이 하느님을 섬길 만큼 충실한 사람은 다 어디

갔는가?

4 모든 것을 다 버렸다 할 만큼, 영혼의 일에 열중한 사람은 드물다. 정말로 마음으로 가난하고 모든 피조물을 내버린 사람은 다 어디 있는가? "그 가치는 산호보다 높다."(잠언 31,10) 사람이 자기의 재산을 다 내놓는다 할지라도, 그것은 아무것도 아니다. 보속을 많이 하였다 할지라도 그다지 장할 것이 없다. 학문을 다 연구했다 할지라도 아직 멀었다. 큰 덕행이 있고 뜨거운 신심이 있다 할지라도 아직 크게 부족한 것이 있다. 무엇보다도 필요한 한 가지가 없기 때문이다. 그러면 그것은 무엇인가? 세상 모든 것으로부터 다 떠났다면, 이제 자기를 버리고, 자기를 완전히 벗어 버리며, 사사로운 사랑을 털끝만큼도 남기지 않아야 한다. 자기가 할 바를 다 했더라도 아무것도 하지 않은 것으로 여길 줄 알아야 한다.

5 비록 중요한 일이라 할 만한 일을 하였다 하더라도 그것을 자랑스럽게 여기지 말고, 오히려 자신이 보잘것없는 종에 불과하다고 고백하라. "너희도 분부를 받은 대로 다 하고 나서 '저희는 쓸모없는 종입니다. 해야 할 일을 하였을 뿐입니다.' 하고 말하여라."(루카 17,10)라고 하신 진리의 말씀과 같이 행동하라. 그렇게 하면 참으로 마음으로 가난하고 헐벗은 사람이 될 것이며, 다윗 임금과 같이 "외롭고 가련한 몸입니다."(시편 25,16) 하고 고백할 수 있을 것이다. 그렇지만 자신과 모든 것을 버릴 줄 알고, 자기를 꼴찌에 두고자 하는 사람보다 더 부유한 이는 없고, 더 권세 있는 이는 없으며, 더 자유로운 이는 없다.

제12장 왕도인 거룩한 십자가

1. 많은 사람들은 "누구든지 내 뒤를 따라오려면, 자신을 버리고 제 십자가를 지고 나를 따라야 한다."(마태 16,24)라는 이 말씀을 모진 말씀이라 생각한다. 그러나 "저주받은 자들아, 나에게서 떠나 악마와 그 부하들을 위하여 준비된 영원한 불 속으로 들어가라."(마태 25,41)라는 이 마지막 말씀이 듣기에 한층 더 모진 것이 될 것이다. 지금 십자가의 말씀을 잘 듣고 기꺼이 따르는 사람은 마지막 심판의 날에 영원한 저주의 말씀을 들을 것이라 두려워할 필요가 없다. 주님께서 심판하러 오실 때는 이 십자가의 표가 하늘에 나타날 것이기 때문이다. 그때에 십자가에 못 박혀 돌아가신 그리스도와 생활을 일치시켜 왔던 십자가의 모든 종들은 심판자이신 그리스도께 더 큰 믿음으로 가까이 나아갈 것이다.

2 그런데 어찌하여 너는 천국으로 인도하는 그 십자가를 짊어지기를 두려워하는가? 십자가에는 구원이 있고, 생명이 있고, 원수의 공격을 막는 방패가 있다. 십자가에는 천상의 아름다운 맛이 스며 있고, 마음의 힘이 있고, 영혼의 즐거움이 있고, 가장 높은 덕이 있고, 완전한 거룩함이 있다. 십자가가 아니면 영혼의 구원도 영생의 희망도 없다. 그러니 너는 네 십자가를 지고 예수님을 따라라. 그러면 영생의 길을 갈 것이다. 예수님께서는 몸소 십자가를 지시고 너를 앞서 나아가시어 (요한 19,17 참조) 네가 걸을 길을 내셨으며 그 십자가 위에서 너를 위해 죽으셨다. 이는 너도 네 십자가를 지고 그 십자가 위에서 생명을 바치게 하시려는 것이다. 네가 그분과 함께 죽으면 그분과 함께 살 것이고, 그분과 함께 고통을 겪으면 그분의 영광도 나누게 될 것이다.

3 　십자가 안에 모든 것이 있고, 십자가 위에서의 너의 죽음에 모든 것이 달려 있음을 보아라. 거룩한 십자가의 길과, 또 날마다 극기하는 길 외에는 생명으로 인도하고, 참다운 마음의 평화로 인도하는 다른 길이 없다. 네 뜻대로 어디든지 가 보고, 네가 원하는 대로 무엇이든지 찾아 보아도, 거룩한 십자가의 길보다 더 고상한 길을 만나지 못할 것이요, 더 안전한 길을 얻지 못할 것이다. 네 뜻과 생각대로 모든 것을 계획하고 마련해 보아도, 좋든지 싫든지 항상 고통을 당할 수밖에 없다. 또 항상 십자가를 만나게 될 것이다. 어떤 경우라도 네 육신이 괴롭든지 혹은 영혼이 번민을 느끼든지 할 것이다.

4 　너는 하느님께 버림을 받을 때도 있고 다른 사람 때문에 괴로움을 당할 때도 있을 것이다. 그보다 더 어려운 것은 너 자신이 너에게 괴로움이 되는 경우

일 것이다. 그렇지만 이 같은 괴로움을 피할 수 있거나, 덜어 낼 수 있는 묘약이나 위로는 없다. 하느님께서 원하시는 그때까지 참을 수밖에 없다. 하느님은 네가 위로 없이도 고통을 극복하는 법을 배우기를 바라시고, 너 자신을 오직 당신께 맡기기를 바라시며, 고통을 통해 더욱 겸손해지도록 힘쓰기를 원하신다. 그리스도와 함께 고난을 체험한 사람이 아니라면 진정으로 그리스도의 고난을 깨달을 수 없다. 십자가는 항상 준비되어 있으며 사방에서 너를 기다리고 있다. 십자가는 항상 너와 같이 가고, 너 역시 늘 십자가를 만나게 될 것이다. 따라서 네가 어디로 달아나든지 십자가를 피할 수 없다. 위로 올려다보고 아래로 내려다보라. 밖으로 나가 보고 안으로 들어와 보라. 그 모든 곳에서 십자가를 만날 것이다. 그러니 내적 평화를 누릴 마음이 있고 영원한 월계관을 얻을 마음이 있다면, 어느 곳에 가든지 인내할 필요가 있다.

5　불평 없이 십자가를 지고 가면, 십자가가 너를 지고 네가 원하는 목적지로 데리고 갈 것이다. 비록 이 세상은 아닐지라도 저곳에서는 고통이 끝날 것이다. 그렇지 않고 억지로 십자가를 지고 간다면, 십자가는 네게 짐이 되어 너를 괴롭힐 것이다. 그러나 참아야만 할 것이다. 십자가 하나를 내버리면 분명히 다른 십자가를 만날 터인데, 아마 그것은 전보다 더 무거울 것이기 때문이다.

6　그 누구도 피하지 못한 죽음을 너만은 피할 줄로 알았느냐? 성인 중 누가 십자가 없이 또는 어려움 없이 지냈는가? 우리 주 예수 그리스도께서도 세상에 사시는 동안 한 시간도 고통 없이 지내신 적이 없다. 그분은 "그리스도는 그러한 고난을 겪고서 자기의 영광 속에 들어가야 하는 것이 아니냐?"(루카 24,26)라고 말씀하셨다. 그런데도 너는 어찌 거룩한 십자가의 왕도王道 외

에 다른 길을 찾느냐?

7 그리스도의 온 일생은 십자가요 순교였거늘, 어찌하여 너는 안락함을 원하고 즐거움을 찾느냐? 고통받는 것 외에 다른 무엇을 이 세상에서 찾는다면 그것은 잘못 가운데 가장 큰 잘못일 것이다. 현세의 생활이란 괴로움으로 가득하고 주위는 십자가로 둘러싸여 있기 때문이다. 또한 사람이 영적으로 높이 오를수록 그만큼 자주 무거운 십자가를 만나게 된다. 유배의 고역은 사랑으로 인하여 더욱 커지게 되기 때문이다.

8 그렇지만 사람이 비록 여러 고통을 당하더라도 위로를 받을 희망조차 없는 것은 아니다. 자기 십자가를 잘 참아 견딤으로써 자신에게 커다란 상이 주어질 것임을 알기 때문이다. 사람이 십자가를 불평하지 않고 지게 되면 그 고통의 무거운 짐은 하느님의 위

안을 구하는 신뢰심으로 변한다. 그리고 육신이 괴로운 만큼 영혼은 은총을 받아 기운을 얻는다. 또 어떤 때는 그리스도와 같이 십자가를 져 보겠다는 열정이 일어나, 고난을 사모하고 역경을 원하며, 힘겨움과 가난 없이는 살 마음조차 갖지 않을 만큼의 용기도 생겨난다. 이는 사람이 하느님을 위하여 괴로움을 많이, 그리고 힘들게 겪을수록 그만큼 하느님과 하나가 된다는 것을 믿게 되기 때문이다. 이런 일은 사람의 힘으로 되는 것이 아니라 그리스도 은총의 작용이다. 사람이 본능적으로 싫어하고 피하는 일을 정성된 마음으로 하게끔 하시고 그 일에 대한 열정만큼의 힘을 연약한 육신에게 내려 주시는 것이 그리스도 은총의 작용이 아니고 무엇이겠는가?

9 십자가를 지고 십자가를 사랑하며 육신의 괴로움을 즐겨 이기는 것은 사람의 힘으로 되는 것이 아

니며, 영예를 피하고 모욕을 즐겨 받는 것도 사람의 힘으로 되는 것이 아니다. 자기를 비천하게 여기고 남에게 업신여김 받기를 원하는 것도 사람의 힘으로 되는 일이 아니며, 역경이나 손해를 잘 참으며 이 세상의 어떤 행복도 원치 않는 것도 사람의 힘으로 되는 것이 아니다. 네가 너 자신을 살펴보면 이 같은 일 가운데 하나라도 네 힘으로 할 수 있는 것이 없다는 것을 알 것이다. 그러나 하느님께 간절히 구하면 하늘로부터 그런 용기가 내릴 것이며 세상과 육신이 네 앞에 무릎을 꿇을 것이다. 그리고 신앙의 무기로 무장하고 그리스도 십자가의 기(旗)만 들었다면 원수인 마귀도 두려울 것이 없을 것이다.

10 그러므로 너를 사랑하여, 너를 위하여 십자가 위에서 돌아가신 주님의 십자가를 그리스도의 착하고 충실한 종과 같이 용감하게 질 수 있도록 정

신을 차려라. 가련한 이 현세에서의 많은 역경과 여러 가지 불편을 잘 참아 받도록 마음을 가다듬어야 한다. 어디 있든지 네가 겪을 환경이 그러할 것이며, 또 어디를 가서 숨든지 그런 고난의 환경은 있을 것이기 때문이다. 또 그렇게 되어야 한다. 수많은 곤란과 슬픔을 피할 도리가 없으니 잘 참는 수밖에 없다. 주님의 벗이 되고 그분과 더불어 한몫을 차지하려면, 주님의 잔을 달갑게 마셔라. 위로는 하느님께 맡겨라. 하느님께서는 당신의 거룩한 뜻을 통해 위로하실 것이다. 너는 오로지 고난을 참아 받도록 마음을 가다듬고, 또 그렇게 된 것을 가장 큰 위로로 여겨야 한다. 모든 고난을 네 힘으로 견디면서 '장차 우리에게 계시될 영광에 견주면, 지금 이 시대에 우리가 겪는 고난은 아무것도 아니라고 생각해야 한다.'(로마 8,18 참조)

11 괴로움이 네 마음에 들고 또 그리스도를 위하여 고난을 맛들이게 되는 수준에 이르거든, 그때에 너는 이 세상에서 만복萬福의 기초를 발견한 줄 알 것이며 실제로도 잘 지내는 것이라 생각하라. 네가 괴로움을 피하려는 동안에는 잘 지내지 못하고, 어디를 가든지 고난이 너를 따를 것이기 때문이다.

12 고통과 죽음이라는, 네가 깊이 생각해야만 하는 일에 네 마음을 두게 되면 더 나은 상태에 이르고 평화를 발견할 것이다. 네가 비록 바오로 사도처럼 셋째 하늘까지 불려 올라갔을지라도(2코린 12,2 참조), 그곳이라 해서 고통이 없는 것은 아니다. 예수님께서 "나는 그가 내 이름을 위하여 얼마나 많은 고난을 받아야 하는지 그에게 보여 주겠다."(사도 9,16)라고 말씀하셨기 때문이다. 그러므로 네가 예수님을 사랑하고 영원히 그분을 섬길 마음이 있으면, 고통을 당하는 것

은 당연하다.

13 네가 예수님의 이름을 위하여 고통을 겪는다면, 이는 네게 얼마나 큰 영광이 되고, 하느님의 성인들에게는 얼마나 큰 즐거움이 되겠으며, 다른 이에게는 얼마나 위대한 모범이 되겠는가! 인내하는 이를 칭송하는 사람은 많으나, 인내를 실천하려는 사람은 적다. 많은 이들이 세속적인 목적을 이루기 위해서도 고생하는데, 네가 그리스도를 위하여 그만한 고생쯤은 기꺼이 못하겠는가!

14 우리가 죽어 가는 생명을 이끌어야 한다는 것을 명심하라. 그리고 누구든지 자기에 대하여 죽을수록 그만큼 하느님 안에서 살기 시작한다. 그리스도를 위하여 고난을 겪으려 하지 않는 사람은 하늘의 것을 즐기기에 적합하지 않다. 그리스도를 위하여 기

꺼이 고통을 겪는 것보다 네게 더 유익한 것도 없으며, 하느님께서 즐겨 받으시는 것도 없다. 많은 위로를 받는 것과 그리스도를 위하여 고통을 겪는 것, 이 두 가지를 놓고 택하라 하면, 고통을 택해야 한다. 그렇게 함으로써 우리는 더욱 그리스도를 닮게 되고 성인들과 같아지기 때문이다. 우리의 공로와 성장은 즐거움과 위로로 이루어지는 것이 아니라, 오히려 어려움을 많이 당하고 괴로움을 잘 참아 견디는 데 있다.

15 고통을 겪는 것보다 사람의 구원에 더 도움이 되는 것이 실제로 있었다면, 그리스도께서 반드시 가르쳐 주시고 표양으로 보여 주셨을 것이다. 그러나 그리스도께서는 당신을 따르는 제자들과 당신을 따르고자 하는 모든 사람에게 십자가를 지라고 분명하게 권유하셨다. 그리스도께서는 "누구든지 내 뒤를 따라오려면, 자신을 버리고 제 십자가를 지고 나를 따라

야 한다."(마태 16,24)라고 하셨다. 그러니 이제까지 살펴본 바에 따라 다음과 같이 결론을 내릴 수 있을 것이다. '우리가 하느님의 나라에 들어가려면 많은 환난을 겪어야 한다.'(사도 14,22 참조)

제3권

내적 위로에 대하여

†

제1장 충실한 영혼에게 이르시는 그리스도의 내적 말씀

1. "하느님께서 무엇을 말씀하시는지 나는 듣고자 하네."(시편 85,9) 주님께서 말씀하시는 바를 자기 내면에 받아들이고 주님의 입으로부터 위로의 말씀을 받는 영혼은 행복하다. 하느님 말씀의 비결을 알아 이 세상이 소곤거리는 소리에 기울이지 않는 귀는 행복하다. 밖에서 들리는 소리에 상관치 않고 안에서 가르쳐 주는 진리에 주의를 집중하여 듣는 귀는 행복하다. 밖에 있는 물건에는 시선을 두지 않고 안의 사정만을 살펴보는 눈은 행복하다. 내적 사정을 꿰뚫어 보고, 매일 수업修業으로 천상의 신비를 알려 힘쓰는 이는 행복하다. 모든 시간을 하느님께 바치려 하면서, 세상의 모든 장애물들을 없애려는 이는 행복하다.

2 이런 것들을 명심하라, 내 영혼아. 네 안에서 하느님께서 말씀하시는 것을 들을 수 있으려면, 너는 이 세상을 멀리하고 네 육정의 문을 잠가라. 네가 사랑하는 분이 말씀하신다. "'나는 너의 구원이다.'(시편 35,3) 나는 네 평화요, 나는 네 생명이다. 내게 너를 온전히 맡겨라. 그러면 평화를 얻으리라. 잠시 지나가는 모든 것을 다 버리고 영원한 것을 구하라. 현세의 모든 것은 유혹이 아니고 무엇이겠는가? 창조주에게서 버림을 받는다면 모든 피조물이 네게 무슨 소용이 있겠는가? 그러므로 세상만사를 제쳐 놓고 너의 창조주를 충실히 섬겨 그의 뜻에 맞춰라. 그러면 참된 행복을 얻으리라."

제 2 장 소리 없이 내적으로 말씀하시는 진리

1 **제자의 말** '주님, 말씀하십시오. 당신 종이 듣고 있습니다.'(1사무 3,10 참조) "저는 당신의 종, 저를 깨

우치소서. 당신의 법을 깨달으리이다."(시편 119,125) 주님의 말씀에 제 마음 기울여 주시고 주님의 말씀을 이슬과 같이 제게 내리소서. 이스라엘 자손들은 모세에게 말하기를 "우리에게는 당신이 말해 주십시오. 우리가 듣겠습니다. 하느님께서 직접 우리에게 말씀하시지 않도록 해 주십시오. 그랬다가는 우리가 죽습니다."(탈출 20,19)라고 했습니다. 그러나 주님, 저는 그렇게 하지 않겠습니다. 그렇게 기도하지 않겠습니다. 저는 도리어 사무엘 예언자처럼 겸손과 열정을 다하여 "주님, 말씀하십시오. 당신 종이 듣고 있습니다."(1사무 3,10 참조) 하고 말하겠습니다. 주 하느님, 모든 예언자를 비추시고 이끌어 주신 분이시여, 제게는 모세도 아닌 어느 예언자도 아닌 주님께서 친히 말씀해 주십시오. 주님께서는 그들이 없더라도 저를 완전하게 가르쳐 주실 수 있기 때문입니다. 그렇지만 그들은 주님 없이는 아무것도 할 수 없습니다.

2 실제로 그들은 좋은 말을 합니다. 그러나 정신까지 주지는 못합니다. 그들은 아름답게 말하지만 만일 주님께서 침묵하시면 그들이 저의 마음을 불태울 수 없습니다. 그들은 오묘한 도리를 말하지만 주님께서는 이치를 밝혀 알아듣게 하십니다. 그들은 계명을 가르쳐 주지만 주님께서는 그것을 지킬 수 있게 도와주십니다. 그들은 길을 가리키나 주님께서는 그 길을 다닐 힘을 주십니다. 그들의 활동은 바깥일에 지나지 않지만 주님께서는 우리의 마음을 지도하고 비추어 주십니다. 그들은 물을 뿌려 없애지만 주님께서는 부어 주시고, 그들은 소리를 질러 말하지만 주님께서는 말을 들어 이해하게 하십니다.

3 그러므로 영원한 진리이신 저의 주님, 제게는 모세가 아니라 주님께서 말씀해 주소서. 혹시라도 훈계를 들었지만 아무런 감화가 없어, 소용없게 되지

않도록 해 주소서. 말씀을 듣고도 행치 않고, 알고도 사랑치 않고, 믿고도 순종치 않아서 엄한 심판을 당하는 일이 없도록 해 주소서. 그러므로 '주님, 제가 누구에게 가겠습니까? 주님께는 영원한 생명의 말씀이 있습니다.'(요한 6,68 참조) 주님, 당신 종이 듣도록 제게 말씀하소서. 제 영혼에는 조금이라도 위로가 되고, 저의 모든 생활에는 개선이 되고, 주님께는 찬미와 영광과 끝없는 존경이 되도록 주님, 제게 말씀하소서.

제3장 하느님의 말씀은 겸손을 다하여 들어야 함

1

주님의 말씀 아들(딸)아, 내 말을 들어라. 내 말은 모든 철학자와 이 세상의 모든 지혜로운 자들의 학문을 초월하는 가장 자애로운 말이다. "내가 너희에게 한 말은 영이며 생명이다."(요한 6,63) 그러므로 내 말은 사람의 이해력으로 평가할 수 없는 것이다. 내 말은 무슨 헛된 만족을 위하여 들어서는 안 되며, 침묵 속에서, 겸손과 애정을 다하여 받아들여야 한다.

2 **제자의 말** "주님, 행복합니다, 당신께서 징계하시고 당신 법으로 가르치시는 사람!"(시편 94,12) 당신의 법을 배우면 재앙의 날에 평화를 얻고 세상에서 버림받은 이가 되지 않습니다.

3 **주님의 말씀** 처음부터 내가 예언자를 가르쳤고 또 지금까지 모든 사람에게 끊임없이 말해 왔다. 그러나 내 말을 듣지 못하는 귀머거리가 많고, 고집을 부리며 내 말을 받아들이지 않는 사람도 많다. 하느님의 말씀을 듣는 사람보다 세상의 말을 좇는 사람이 더 많고, 하느님의 거룩한 뜻을 따르는 사람보다 육체의 욕망을 좇는 사람이 더 많다. 세상은 잠시 있다가 없어

지는 미소한 것만 허락하는데도 사람들은 욕심을 부려 그것들을 섬기고, 나는 말할 수 없이 크고 영원한 것을 허락하는데 죽어야 할 사람의 마음은 움직이지 않는다. 그 누가 세상과 그 권력자들을 섬길 만한 정성으로, 모든 일에 나를 섬기며 나의 계명을 지키는가? "*시돈아, 부끄러워하여라.*"(이사 23,4 참조) 하고 바다는 말한다. 그 까닭을 알려거든 들어라. 변변치 않은 이익을 구하려는 먼 길을 가면서, 영원한 생명을 위해서는 많은 이가 한 발자국도 땅에서 떼어 놓지 않는다. 보잘것없는 보수를 바라고, 어떤 때는 돈 한 푼을 놓고 추하게 싸운다. 헛된 일을 꾀하고, 하찮고 허무한 약속을 바라면서 밤낮으로 일하기를 마다하지 않는다.

4 그러나 부끄럽구나! 너는 비할 데 없는 행복과 한없는 상급, 더할 나위 없는 영예와 무한한 영광을 위해서는 조금도 수고하지 않는구나. 그러므로 게으르

고 불만이 많은 종아, 네가 생명을 얻으려고 힘쓰는 것보다, 저들이 죽음의 길을 가려고 힘쓰는 것이 더 대단하다고 생각하는 것, 그것을 부끄러워하여라. 네가 진리를 얻고 즐거워하는 것보다 헛된 일을 얻고서 더 즐거워하는 저들을 부러워하는 것, 그것을 부끄러워하여라. 저들의 희망은 헛된 것이 되고 말지만, 나의 약속은 누구에게도 헛된 것이 된 일이 없고, 내게 의탁하는 사람을 빈손으로 보낸 적이 없다. 내가 허락한 것은 줄 것이요, 내가 말한 바는 지킬 것이다. 그렇지만 나를 사랑하는 데 끝까지 충실한 사람에게만 그럴 것이다. 나는 모든 착한 사람에게 갚아 주고, 모든 신심 깊은 사람들을 자주 시험한다.

5 너는 마음에 나의 말을 새겨 두고 항상 연구하여라. 시험을 당하는 때가 오면 나의 말이 필요할 것이다. 읽어도 알아듣지 못하는 것이 있다면 내가 니

를 찾았을 때에 깨닫게 될 것이다. 나는 내가 선택한 사람들을 두 가지 방법으로 찾아가는데, 그것은 시련과 위로다. 또 날마다 그들에게 두 가지에 대한 가르침을 주는데, 하나는 그들의 악한 습관을 책망하는 가르침이요, 다른 하나는 덕행을 더하기 위한 권유의 가르침이다. 내 말을 듣고도 그 말을 가볍게 여기는 사람에게는 마지막 날에 이를 심판할 이가 있을 것이다.

6 제자의 말(신심을 구하는 기도) 저의 주 하느님, 주님은 저의 모든 행복이십니다. 제가 누구인데 감히 주님 대전에 말씀을 드리겠습니까? 저는 매우 가난하고 변변치 못한 종이오며 천한 벌레입니다. 저는 제가 알고 말하는 것보다 더 불쌍하고 천한 자입니다. 그러나 주님, 제가 아무것도 아니고, 아무것도 가지지 않았으며, 아무것도 할 수 없다는 것을 생각해 주소서. 주님 홀로 선하시고, 의로우시고, 거룩하십니다. 주님께서는

무엇이든지 하실 수 있고, 무엇이든지 주실 수 있으며, 모든 것을 채워 주시고, 오직 죄인만 빈손으로 내버려 두십니다. 당신께서는 친히 만드신 것이 헛되고 쓸데없는 것이 되기를 원치 않으시니, '당신의 자비를 기억하시고'(시편 25,6 참조) 은총을 내려 저의 마음을 채우소서.

7 당신께서 덕과 은총으로 저를 강하게 해 주시지 않는다면 이 비참한 생활에서 제가 어찌 나아갈 수 있겠습니까? 당신의 얼굴을 제게서 돌리지 마시고, 저를 찾아 주시는 때를 너무 오래 미루지 말아 주시고, 아무런 위로도 없이 저를 버려두지 마소서. "저의 영혼 메마른 땅처럼"(시편 143,6) 될까 두렵습니다. 주님, '당신 뜻 따르도록 저를 가르치시고'(시편 143,10 참조), 당신 대전에 타당하게 그리고 겸손하게 사는 법을 가르쳐 주소서. 저의 지혜는 곧 주님이십니다. 주님께서는 저를 올바로 아시고, 세상이 있기 전에도 저를 아셨으며, 제가

나기 전에도 저를 아셨기 때문입니다.

제4장 진실하고 겸손하게 하느님 대전에서 생활함

1 **주님의 말씀** 아들(딸)아, 진실한 마음으로 내 앞에서 거닐고, 정결한 마음으로 나를 찾는 사람은 어떤 공격에도 걱정하지 않을 것이며, 악인들이 유인하고 비방한다 할지라도 진리가 그를 구원해 줄 것이다. 진리가 너를 구해 준다면 너는 참으로 자유로울 것이며, 사람들이 말하는 헛된 소리에 관심조차 두지 않을 것이다.

2 **제자의 말** 주님, 주님의 말씀이 옳습니다. 저도 그렇게 되기를 빕니다. 주님의 진리가 저를 가르치시고, 저를 지켜 주시고, 축복의 그날까지 저를 보호하

시기를 바랍니다. 진리가 모든 악한 욕망과 모든 절제 없는 사랑을 제게서 없애 준다면 저는 커다란 마음의 자유를 누리면서 주님과 함께 길을 다닐 것입니다.

3 **주님의 말씀** 나는 너에게 무엇이 바른 길이요, 무엇이 내게 맞는 것인지 가르쳐 주겠다. 너는 네 죄를 알아내고, 그것이 잘못임을 깨닫고, 진정으로 통회하라. 그리고 어떤 좋은 일을 했다고 해서 네가 대단한 사람이라고 절대로 생각하지 마라. 실제로 너는 허다한 사욕으로 가득 차 있고 그 사욕에 사로잡혀 있는 죄인이다. 그래서 항상 헛된 것에 마음을 두고, 쉽게 넘어지고, 쉽게 번민하며, 쉽게 실망한다. 너에게는 스스로 영광으로 삼을 만한 것이 하나도 없다. 도리어 너를 낮추어야 할 것들만 많으니 너 자신이 생각하는 것보다 너는 더 연약한 사람이다.

4 그러므로 네가 행하는 모든 일 중에 훌륭한 것이 있다고 생각하지 마라. 영원한 것이 아니면 위대한 것도 없고, 오묘한 것도 없으며, 가치 있는 일도 없는 줄로 생각하라. 또 영원한 것이 아니면 고상한 것도 없고, 참으로 찬미할 만한 것이나 부러워할 것도 없는 줄로 생각하라. 네가 모든 것을 제쳐 놓고 사랑해야 할 것은 오직 영원한 진리며, 네가 항상 불만족스럽게 생각해야 할 것은 말할 수 없이 비천한 네 처지다. 네 악습과 죄악보다 더 두려워하고 책망하고 피해야 할 것은 없다고 생각하라. 그리고 세상에서 어떠한 손해를 보더라도 네 악습과 죄악만큼 원통히 여길 것도 없다고 생각하라. 어떤 사람들은 진실한 마음 없이 내 앞에 버젓이 드나드는데, 이는 자신이 해야 할 일과 자신의 구원에 대한 일은 소홀히 하면서 오직 호기심과 교만한 마음으로 나의 비밀과 하느님의 거룩한 일을 알아내려고 하는 것이다. 그러나 내가 그들이 하는 그런 일을 인정

하지 않고, 받아들이지 않기 때문에 그들은 그 교만함과 호기심으로 더 자주 시련을 당하고, 더 큰 죄악에 떨어진다.

5 너는 하느님의 심판을 두려워하고, 전능하신 분의 분노를 무서워하라. 지존하신 분의 일을 입에 올리려 하지 말고, 오히려 네 죄악을 두루 살펴 얼마나 크게 죄를 짓고, 해야 할 선행을 얼마나 소홀히 여겼는지 헤아려 보도록 하라. 어떤 사람은 책을 가지고 있는 것이 신심이 있는 줄로 생각하고, 어떤 사람은 무슨 상본이나 성물 혹은 그림 같은 것을 지니고 있는 것이 신심이 있는 줄로 안다. 어떤 사람은 입으로는 나를 모신다 하지만 정작 그 마음에는 나에 대한 생각이 별로 없다. 그러나 어떤 사람은 그 지력에 빛을 받아 정서가 정화되어 항상 영원한 곳을 지향하며, 세속의 것을 거북하게 여기고 필요한 것만 겨우 챙기는 정도에 그친다.

이런 사람은 진리의 성령께서 말씀하시는 것을 잘 깨닫는다. 성령께서는 세상의 것은 천히 보고 천상의 것을 사랑하라 가르치시고, 세상은 소홀히 보고 하느님 나라를 밤낮으로 사모하라 가르치신다.

제5장 천상적 사랑의 놀라운 효과

1 제자의 말 하늘에 계신 아버지, 주 예수 그리스도의 아버지, 가난한 저를 생각해 주시니 당신을 찬송하나이다. '인자하신 아버지이시며 모든 위로의 하느님으로서'(2코린 1,3 참조) 부당한 죄인인 저를 여러모로 위로해 주시고 어떤 때에는 친히 위로해 주시니 감사하나이다. 당신의 외아드님이신 예수 그리스도와 위로를 주시는 성령과 함께 영원히 당신을 찬미하고 끝없이 당신의 영광을 노래하리이다. 오! 주 하느님, 저를 사랑하시는 거룩하신 분, 당신께서 제 마음에 이르시게 되면

저의 내면은 기뻐 뛸 것입니다. '주님은 저의 영광, 제 마음의 기쁨, 저의 희망, 제 곤경의 날의 피신처'(시편 3,4; 119,111; 59,17 참조)이십니다.

2 그러나 저는 아직도 사랑이 부족하고, 덕행이 변변치 못해서 주님의 격려와 위로가 필요합니다. 그러니 저를 자주 찾아 주시고 거룩한 훈계로써 이끌어 주소서. 악한 사욕에서 저를 구해 주시고 제 마음의 모든 무절제한 욕망을 없애 주소서. 그리하여 제 안의 병을 고치고 저를 조촐케 하시어, 사랑할 자격을 얻고, 고통을 용감하게 받아들이고, 시작한 일을 끝까지 할 수 있게 해 주소서.

3 **주님의 말씀** 사랑은 위대한 것이며 가장 값진 보배다. 사랑만 있으면 모든 짐이 가벼워지고, 고르지 않은 것도 고르게 되어 잘 참게 된다. 사랑은 짐

을 가볍게 하고, 쓴 것은 달고 맛있게 만든다. 나의 고귀한 사랑은 위대한 일을 하도록 이끌고, 더 완전한 것을 갈망하는 마음을 불러일으킨다. 사랑은 위로 오르려 하기 때문에 세상 그 무엇에도 사로잡히지 않는다. 사랑은 자유로워지기를 희망하기 때문에 세상일에 절대로 마음을 두지 않는다. 사랑은 내적 통찰이 방해받지 않도록, 세속적 흥미에 사로잡히지 않도록, 세상의 편익에 넘어가지 않도록 한다. 사랑보다 더 달콤한 것, 더 힘 있는 것, 더 고상한 것, 더 관대한 것은 없다. 하늘과 땅에서 사랑보다 더 즐겁고, 더 충만하고, 더 좋은 것은 없다. 이는 사랑이 하느님께로부터 온 것이며, 모든 피조물 위에 계시는 하느님 외에는 사랑이 머물 곳이 없기 때문이다.

4 사랑을 하는 사람은 날고 뛰어다니며 즐거워한다. 그는 자유롭고 아무런 거리낌도 없다. 그는

모든 것을 위하여 모든 것을 내주고, 모든 일에서 모든 것을 얻는데, 이는 그가 모든 것을 초월하여 모든 선이 흘러나오는 지존하신 분한테만 머물기 때문이다. 그는 은혜를 찾으려 하지 않으며, 오히려 모든 은혜를 초월하여 그것을 주시는 분에게 자신을 맡긴다. 사랑은 가끔 한계를 모르고 모든 경계를 넘는다. 사랑은 짐을 져도 그 무게를 모르고, 수고를 헤아리지 않고, 자기 힘에 부치는 것도 마다하지 않고, 할 수 없다는 핑계를 대지 않는다. 사랑은 모든 것을 할 수 있다고 믿게 하기 때문이다. 그래서 사랑을 하지 않는 사람이 실패하고 해내지 못한 그런 일에서 사랑은 힘을 발휘하여 좋은 결과를 낸다.

5 사랑은 깨어 있고, 잘 때에도 숙면하지 않는다. 곤하여도 게으르지 않고, 무서운 일을 보아도 요동치지 않고, 오직 활활 타오르는 불꽃과 같이 위로 솟

아오르며, 모든 장애를 무사히 통과한다. 사랑을 하는 사람은 누구든지 이 말이 무슨 뜻인지를 알아들을 것이다. 영혼의 뜨거운 사랑은 하느님 귀에 크게 소리치는 것으로 들린다. 이 소리는 하느님께 "저의 주님, 저의 사랑, 당신은 저의 전부이시며 저는 완전히 당신의 것"이라고 소리친다.

6 제자의 말(하느님의 사랑을 청하는 기도) 제 사랑의 품을 넓혀 주시어, 사랑하는 것과 사랑에 녹아 사랑으로 목욕하는 것이 얼마나 달콤한지 마음의 입술로 맛보는 법을 배우게 해 주소서. 또한 사랑에 사로잡히게 하시어 크나큰 열정과 경이로써 저 자신을 초월하게 하소서. 사랑의 노래를 부르면서 사랑하는 주님 당신을 가장 높은 곳까지 따르게 하소서. 제 영혼이 지칠 때까지 당신을 찬미하고 사랑의 노래를 부르게 하소서. 저 자신보다 주님을 더 사랑하게 하시며, 당신을 위해서가

아니면 저 자신을 사랑하지 않게 하소서. 당신으로부터 비춰지는 사랑의 법이 명하는 대로 당신 안에서 진심으로 당신을 사랑하는 모든 이들을 사랑하게 하소서.

7 **주님의 말씀** 사랑은 신속하고 참되며, 경건하고 쾌활하며, 온화하고 용감하며, 인내심이 있고, 성실하고 지혜로우며, 너그럽고 오랫동안 고통을 겪어도 꿋꿋하다. 사랑은 자기 자신을 찾지 않는다. 무슨 일에서든지 자기 자신을 찾게 되는 사람은 사랑에서 멀어지기 때문이다. 사랑은 모든 것을 두루 살피고, 겸손하며 정직하다. 사랑은 가볍지도 연약하지도 않으며, 헛된 것을 꾀하지도 않는다. 사랑은 순박하고 정결하며, 굳건하고 고요하다. 사랑은 모든 오관으로부터 보호를 받는다. 사랑은 웃어른에게 순종하고 웃어른을 따른다. 하찮고 보잘것없어 보이는 것에도 하느님께 헌신하고 감사한다. 슬픔 없이 사랑 속에서만 살 수는 없음을 알

기에, 하느님을 맛볼 수 없을 때라도 사랑은 하느님만을 희망하고 하느님만을 신뢰한다.

8 모든 것을 참을 준비가 되어 있지 않고, 사랑해야 할 분의 뜻을 따를 준비가 되어 있지 않는 사람에게는 '사랑을 하는 사람'이라는 이름이 마땅치 않다. '사랑을 하는 사람'은 자기가 사랑하는 분을 위해서라면 힘하고 어려운 일도 기꺼이 껴안아야만 하고, 어떠한 역경을 당하더라도 그분을 떠나서는 안 된다.

제6장 사랑을 하는 사람을 시험함

1 **주님의 말씀** 아들(딸)아, 너는 아직도 용감하고 지혜로운 사랑을 하지 못하고 있다.

제자의 말 주님, 왜 그러합니까?

주님의 말씀 그것은 네가 작은 역경을 당해도 시작한 것을 멈추고 금세 위로를 찾는 데만 열중하기 때문이다. 용감하게 사랑하는 사람은 시련을 당해도 굳게 서 있으며, 원수의 간교한 꾐에도 쉽게 넘어가지 않는다. 순경順境에 있는 그를 내가 마음에 들어하는 것과 같이 역경에 있는 그를 불쾌하게 여기지 않는다.

2\. 지혜로운 사랑을 하는 사람은 사랑하는 이가 준 은혜를 헤아리지 않고 그가 준 사랑을 헤아린다. 겉으로 드러나는 것보다 그 속의 정을 헤아리며, 사랑하는 이가 준 은혜보다 사랑하는 이를 높게 여긴다. 고상한 사랑을 하는 사람은 은혜에 만족하지 않고, 모든 은혜 위에 있는 나에게 만족한다. 그러므로 너는 나에 대한 헌신이나 성인들에 대한 네 마음이 네가 바라는 대로 이루어지지 않는다고 해서 모든 것을 다 잃었다고 생각하지 마라. 네가 체험한 그 선하고도 즐거운 느낌

은 은총이 현존하는 결과며, 천국의 즐거움을 미리 맛본 것이다. 그러나 그러한 느낌은 오다가도 또 가는 것이니 그것에 너무 마음을 두지 마라. 정작 마음에서 일어나는 악한 생각을 몰아내고 악마의 유혹을 경멸하여 물리치는 것이 덕행을 쌓고 큰 공로를 세우는 표징이 된다.

3 그러므로 너는 어떤 일에서도 이상한 환상이 너를 방해하지 않도록 해야 한다. 세운 뜻을 용감하게 따르고 하느님을 향한 바른 지향을 지켜라. 혹시 탈혼 상태에 이를 만큼 나의 위로를 받다가 즉시 네 마음의 본 처지로 돌아가 부질없는 생각을 하게 되더라도 네가 속은 것이 아니다. 그런 악들은 네가 저지른 것이라기보다는 당하는 것이다. 그래서 네가 그런 악들을 합당치 않게 생각하고 없애려고 힘쓰는 만큼 공로가 되는 것이지, 결코 실패라 할 수 없는 것이다.

4 예로부터 원수인 마귀가 무슨 수를 써서라도 네 마음에서 선에 대한 원의를 없애려 했으며, 모든 경건한 수련의 정신을 없애려 도모했다는 것을 명심해야 한다. 즉 원수인 마귀는 성인에 대한 공경, 나의 수난에 대한 경건한 묵상, 자신이 죄를 범한 것을 원통하게 생각하는 마음, 자신의 뜻을 지켜 나가는 일, 덕행의 길로 힘차게 나아가려는 뜻을 네 마음에서 없애려고 애쓴다. 마귀는 좋지 못한 생각을 많이 일으켜 네 마음에 불안과 싫증을 불러일으키고, 기도의 정신을 빼 버리며, 성경을 읽을 마음을 없애려 한다. 마귀는 겸손하게 고해성사를 받는 것을 몹시 싫어하게 만들고, 또 할 수만 있다면 네가 영성체를 안 하게끔 한다. 마귀가 자주 너에게 올가미를 쳐서 속이려 할지라도, 그를 믿지도 말고 그에게 관심도 두지 마라. 나쁘고 부정한 생각이 들거든 그것을 마귀의 탓으로 돌리고 그에게 다음과 같이 말하여라. "수치스럽고 가련하고 더러운 영아, 가

거라. 그런 것을 내 귀에 속삭이니 참으로 불결하다. 고약한 유혹자야, 내게서 물러가라. 나한테는 네가 간섭할 것이 하나도 없다. 예수님께서 용맹한 전사처럼 나와 함께 계실 것이니, 너는 그 앞에서 부끄럽게 서 있을 수밖에 없다. 네 말에 동의하는 것보다는 차라리 죽는 것이 내 바람이며, 차라리 모든 형벌을 받는 것이 내 바람이다. 입을 다물고 조용히 있어라. 아무리 나를 괴롭혀도 다시는 네 말을 듣지 않을 것이다. '주님은 나의 빛, 나의 구원, 나 누구를 두려워하랴?'(시편 27,1) '군대가 진을 친다 하여도 내 마음은 두려워하지 않으리라.'(시편 27,3) '주님, 저의 반석, 저의 구원자시여 당신 앞에 드리는 제 입의 말씀과 제 마음의 생각이 당신 마음에 들게 하소서'(시편 19,15)."

5 충성스러운 군사처럼 싸워라. 그러다가 혹시 약한 마음이 들더라도 전보다 더 용기를 내고 더 많

은 은총에 의지하여 다시 일어나라. 특히 헛된 자만과 교만한 마음을 항상 주의하라. 그것 때문에 일을 그르치는 사람이 많고, 고칠 수 없는 소경이 된 사람도 적지 않다. 교만한 사람들과 미련하게도 자기 힘만을 믿던 사람들이 겪은 무서운 실패를 본보기 삼아 항상 겸손한 마음을 가지도록 힘써라.

제7장 은총을 겸손으로 감춤

1
주님의 말씀 아들(딸)아, 네 깊은 신앙의 은총을 감추고, 그런 은총을 받았다고 자만하지 말고, 그런 일에 대해 말을 많이 하거나 생각을 많이 하지 말고, 오히려 자신을 하찮게 여기고 네가 그런 은총을 받은 것이 부당한 것으로 생각하여 두려워하여라. 그렇게 하는 것이 더 유익하고 더 안전하다. 네가 느끼는 그러한 감정에 너무 매달리지 마라. 이는 오래지 않아 반대의 감정으로 바뀔 수 있기 때문이다. 은총이 있을 때에는 은총이 없으면 얼마나 불쌍하고 비참하게 되는지 생각해 보라. 은총이 있고 위로를 받는다고 해서 네 영적 생활이 진보하는 것이 아니라, 위로 없이 지내게 되는 때라도 겸손과 극기를 다하여 인내하고, 기도에 게으르지 않고 늘 하는 일과를 소홀히 하지 않음으로써 영혼의 진보가 이루어진다. 네가 아는 대로, 할 수 있는 대로, 힘이 닿는 대로, 무엇이나 잘 행하여라. 마음이 건조하고 괴롭다고 해서 할 일을 소홀히 하지 마라.

2 많은 이가 하는 일이 잘 되지 않으면 금세 견디지 못하거나 게을러진다. 인생 행로는 절대로 사람의 권하權下에 있는 것이 아니다. 오로지 하느님께서만 그 거룩하신 뜻대로 길을 열어 주시고 위로하시니, 그분이 원하시는 때에, 그분이 원하시는 정도로, 그분이 원하시는 사람에게, 당신의 뜻에 맞게 행하실 뿐, 그 이

상은 하지 않으신다. 어떤 경솔한 이는 신심이 좀 있다 해서 자기의 능력이 부족하다는 사실을 헤아리지 않은 채 힘에 넘치는 일을 하다가 실패했다. 이는 바른 이성의 판단을 따르지 않고 마음의 욕망을 따랐기에 실패한 것이다. 또 자신의 분수를 모르고 하느님께서 원하시는 것보다 더 하려다가 갑자기 은총을 잃었다. 그런 사람들은 하늘에 자기의 자리를 두었다가 비로소 자신이 힘이 없다는 것과 자신의 지위가 보잘것없다는 것을 깨닫게 된 것이다. 이렇게 하는 것은 자신이 힘이 없고 궁핍하다는 것과 제 날개만을 갖고 날지 못한다는 것을 깨닫게 하기 위해서며, 나에게 안겨서 날아야만 된다는 사실을 알게 하기 위해서다. 아직 주님의 길을 따르는 데 익숙하지 못하고 능하지도 못한데 지혜로운 사람의 의견을 듣지 않는다면, 쉽게 속고 쉽게 상처 입을 것이다.

3 누구든지 다른 사람들이 경험한 바를 믿으려 하지 않고 자기 생각만을 따르려 한다면, 또 그런 생각을 고칠 마음이 없다면 그 장래는 몹시 위험해질 것이다. 자기가 지혜롭다고 여기는 사람은 흔히 남의 지도를 겸손하게 받아들이기를 몹시 싫어한다. 지식을 많이 쌓아 헛된 자만에 빠지는 것보다 아는 것은 별로 없어도 마음이 겸손하여 자기를 낮추는 것이 훨씬 더 낫다. 무엇을 많이 가져 교만한 마음을 갖는 것보다는 차라리 적게 가지는 것이 낫다. 자기의 가난하던 처지를 생각하지 않고, 은총을 잃을까 두려워하는 마음 없이 지나치게 즐거워하는 것은 지혜롭지 못한 일이다. 또한 역경으로 어려운 일을 겪으면서 지나치게 실망한 나머지 나에게 의탁하는 마음이 없어지고 나를 믿는 마음이 부족하게 되는데, 이 역시 덕성 있는 일이라 할 수 없다.

4 평화로울 때 지나치게 안심하고 있는 사람은 싸움이 일어나면 금세 두려움에 떨게 된다. 항상 겸손하고 자신을 미천한 자로 여기며, 또 생각을 잘 조절하고 지배할 줄 알면, 쉽게 위험에 빠질 리가 없고 상처를 받을 리도 없을 것이다. 만일 하느님의 거룩한 빛이 없어지게 되면 어떻게 할지를 경건한 마음이 있을 때 미리 생각해 두는 것은 지혜로운 일이다. 그 빛이 없어지더라도 반드시 다시 돌아올 때가 있다. 그 거룩한 빛이 잠깐 없어진 것은 네게 주의를 불러일으키기 위함이며, 내게는 영광이 되게 하기 위함임을 생각하라.

5 네 뜻대로 항상 잘 되어 가는 것보다는 자주 이런 시험이 생기는 것이 더 낫다. 어떤 환시를 많이 보거나, 천상적 위로를 많이 느끼거나, 성경을 잘 깨닫거나, 높은 지위에 있는 것으로써 공로의 가치를 헤아려서는 안 된다. 참된 겸손에 뿌리를 두고, 하느님의 사

랑이 가득하며, 항상 하느님의 영광만을 찾고, 자기를 아무것도 아닌 것으로 생각하여 진심으로 자신을 하찮게 여기고, 남한테 찬사를 듣는 것보다 천대를 받고 변변치 않게 여겨지는 것을 좋아하는 것으로써 공로의 가치를 헤아려야 한다.

제8장 하느님 앞에 자기를 천히 생각함

1. **제자의 말** "저는 비록 먼지와 재에 지나지 않는 몸이지만, 주님께 감히 아룁니다."(창세 18,27) 제가 먼지보다, 재보다 저를 더 크게 헤아리게 되면 주님께서는 즉시 이런 생각의 잘못을 밝혀 주시고, 제 죄악도 이 사실의 참된 증거가 되어 나서리니 저는 반대할 도리가 없습니다. 제가 저 자신을 아무것도 아닌, 하찮은 존재로 보고, 또 저를 위하는 마음이 없고 저를 먼지와 같이 보아야, 비로소 주님께서 저에게 자비를 베푸시

어 은총을 내려 주시고, 제 마음에 광명을 주실 것입니다. 그때 저를 위하는 마음이 미소하게나마 남아 있다면 저는 저의 허무한 구렁텅이에 영원토록 묻혀 버릴 것입니다. 그런 처지에 놓이게 되면, 주님께서는 제게 현재 저의 처지가 어떠하며, 전에는 어떠하였으며, 어떤 이유로 지금 이렇게 되었다는 것을 가르쳐 주실 것이니, 제가 아무것도 아니면서도 그런 처지인 줄을 몰랐던 탓이옵니다. 주님께서 저를 버려두신다면 저는 아무것도 아니며, 힘이 아주 없어지고 말 것이나, 주님께서 저를 돌보시면 즉시 용기를 얻고 새로운 즐거움을 느낄 것입니다. 제 자신의 무게로 말미암아 끊임없이 아래로 내려갈 수밖에 없는데도, 이렇게 갑자기 올라가게 되고 주님께서 자애롭게 저를 품어 주시는 것은 경이로운 일입니다.

2 이는 바로 당신 사랑의 작용이오니, 잘한 것이 없어도 저를 찾아 주시고, 여러 가지 긴급한 사정에 놓일 때에 돌보아 주시며, 큰 위험에서 저를 보호해 주시고, 또 무수한 재앙에서 저를 구원해 주시는, 이 모든 것이 과연 주님의 사랑이 아니면 무엇이겠습니까? 제가 저 자신을 그릇되게 사랑하여 저를 잃었으나, 오직 당신 한 분만 찾고 온전히 당신만 사랑하여 저도 얻고 당신도 얻었으며, 그 사랑으로 말미암아 저를 더욱 아무것도 아닌 것으로 여기게 되었습니다. 오! 지극히 선하신 분, 당신께서 제게 하시는 일은 모두 저의 공로를 초월하는 것이며, 당신께서는 제가 감히 바라지도, 구하지도 못하는 것을 주시나이다.

3 저의 주님, 찬미받으소서. 저는 어떤 은혜도 받기에 부당하오나, 당신은 고상하시고 한없이 선하시므로 정작 은혜를 모르는 사람들에게도 항상 많은 은

혜를 베푸시고, 당신이 싫다고 멀리 달아나는 사람들도 돌보아 주시니, 찬미받으심이 마땅합니다. 저희를 돌이켜 당신께로 향하게 하시고, 은혜를 갚고, 겸손하고 깊은 신심을 갖게 하소서. 저희의 생명은 당신이요, 저희의 힘과 용기도 당신뿐이옵니다.

제9장 모든 것의 최종 목적인 하느님

1 주님의 말씀 아들(딸)아, 네가 참으로 복되려면, 내가 너의 가장 높고 마지막인 목적이 되어야 한다. 그렇게 하면 너와 피조물은 나쁜 데로 기울어지려는 욕망에서 자유로워질 것이다. 만일 네가 어떤 일에서든 나 대신 자기 자신을 찾는다면 그 즉시 힘을 잃어 메마르게 될 것이다. 모든 것을 네게 준 이는 나밖에 없으니, 너는 모든 것을 제일 먼저 내게로 돌려라. 모든 것이 무한한 선으로부터 온다는 것을 생각하고, 모든

것을 그 근본인 내게로 돌려야 한다.

2 평범한 사람이든, 위대한 사람이든, 가난한 이든 부자든 똑같이 신선한 샘에서 물을 마시듯이 모든 사람이 내게서 생명의 물을 마신다. 나를 자유롭게, 그리고 기꺼이 섬기는 사람은 모든 은총 가운데 가장 좋은 은총을 받을 것이다. 나를 떠나 다른 곳에서 영광을 취하려는 사람은, 그리고 어떤 사사로운 이익을 통해 즐거움을 누리려는 사람은 영원히 참된 즐거움을 얻지 못할 것이고, 그 마음에 결코 즐거움이 채워지지 못할 것이며, 많은 장애물을 만나고 온갖 역경을 당할 것이다. 그러므로 너는 무엇이든지 좋은 것을 너에게 돌리지 말고, 또 어떤 덕이든 사람에게 돌리지도 말고, 모든 것을 하느님께 돌려라. 하느님 없이는 사람은 아무것도 가질 수 없기 때문이다. 내가 모든 것을 다 주었으니 모든 것을 다시 가져가더라도, 너는 반드시 내게 감

사해야만 한다.

3 이는 헛된 영광을 물리치는 진리다. 천상의 은총과 참다운 사랑이 있는 곳에는 어떤 시기도 편협함도 없을 것이며, 사사로운 애정이 그 마음을 사로잡지도 않을 것이다. 하느님의 사랑은 모든 것을 이기고, 영혼의 모든 힘을 끌어 모은다. 네가 진정으로 올바르게 생각한다면, 나 말고 다른 곳에서 즐거움을 찾지 않을 것이며, 나 말고 다른 곳에서 희망을 찾지도 않을 것이다. '하느님 외에는 아무도 선하지 않기'(루카 18,19 참조) 때문이다. 그분 홀로 모든 것 위에 찬미받으실 분이시며, 그분 홀로 모든 일에서 존경받으실 분이시다.

제10장 세속을 떠나 하느님을 섬기는 기쁨

1 **제자의 말** 주님, 이제 제가 다시 침묵을 깨뜨려 말씀드리고자 합니다. 지극히 높은 곳에 계시는 저의 하느님, 저의 주님, 저의 임금이신 주님께 말씀을 올리고자 합니다. "얼마나 크십니까! 당신을 경외하는 이들 위해 간직하신 그 선하심이. 당신께 피신하는 이들에게 사람들 보는 앞에서 이를 베푸십니다."(시편 31,20) 그러나 당신을 사랑하는 이, 당신을 온 마음으로 섬기는 이에게는 또 얼마나 선하십니까! 당신을 사랑하는 이들에게 내려 주시는 거룩한 관상의 기쁨은 참으로 말로 표현할 수 없을 정도로 좋습니다. 특히 당신께서 사랑의 징표를 드러내 보여 주신 것은 저를 무無에서 창조하여 있게 하시고, 당신을 떠나 멀리 길을 잘못 들었을 때 저를 다시 이끄시어 당신을 섬기게 하시고, 항상 당신만을 사랑하게 하시기 위함입니다.

2

오! 끝없는 사랑의 근원이시여, 당신을 두고 무슨 말을 하겠습니까? 제가 쇠진하여 넘어졌을 때도 저를 생각해 주신 당신을 어찌 잊겠습니까? 당신은 아무런 희망도 없는 당신 종에게 자비를 베푸시고, 아무런 공로도 없는 당신 종에게 은총과 사랑을 보여 주셨습니다. 제가 이 은총을 어떻게 갚아야 하겠습니까? 모든 것을 버리고 세속을 떠나 수도 생활을 하는 이러한 은총은 아무나 받는 것이 아닙니다. 모든 피조물이 당신을 섬길 의무가 있는데, 제가 당신을 섬기는 것이 무슨 대단한 일이 되겠습니까? 당신을 섬기는 것을 대단한 일이라 생각해서는 안 될 것입니다. 오히려 이렇게 가난하고 부당한 사람을 당신의 종으로 삼아 주시고, 당신께서 사랑하시는 종들 가운데 하나가 되게 해 주시니, 이것이야말로 당연히 제가 찬미해야 하는 것이요, 위대한 일이라 생각해야 할 것입니다.

3 제게 있는 모든 것이나 또 당신을 섬기는 데 쓰이는 모든 것이 다 당신의 것이 아닙니까? 그러나 이것이 뒤바뀌어서, 제가 당신을 섬기는 것보다 당신이 저를 더 섬기십니다. 사람을 도우시기 위하여 당신께서 만드신 하늘과 땅은 당신 면전에서 당신께서 명령하시는 그 모든 것을 매일 이행하고 있습니다. 그러나 이것보다 더 큰 은혜를 베푸셨으니, 그것은 천사들에게까지 명령하시어 사람을 시중들게 하신 것입니다. 이보다 더 기막힌 것은 당신께서 사람을 섬기시고, 당신 자신이 사람에게 주실 약속이 되신 것입니다.

4 헤아릴 수 없는 이 모든 은혜를 무엇으로 갚을 수 있겠습니까? 어떻게 하면 제가 일생에 걸쳐 매일같이 당신을 섬길 수 있겠습니까? 어떻게 하면 하루라도 온전하게 당신을 섬길 수 있겠습니까? 누구나 다 당신을 섬겨야 옳고, 당신을 찬미해야 옳으며, 당신을 영

원히 공경해야 옳습니다. 당신은 참으로 저의 주님이시요, 저는 당신의 불쌍한 종이오니, 저의 모든 힘을 다하여 당신을 섬겨야 하고, 당신을 찬미하는 일에 단 한 번이라도 게을러서는 안 될 것입니다. 제가 바로 그것을 원하고, 그렇게 되기를 사모하오니, 저의 부족한 모든 것은 당신께서 채워 주소서.

5 당신을 섬기고, 당신을 위하여 모든 것을 가볍게 여기는 것은 더할 나위 없는 큰 영광이요, 큰 명예입니다. 당신을 섬기는 거룩한 이 일에 기꺼이 자기 자신을 굽히는 사람은 무한한 은총을 받을 것입니다. 당신의 사랑으로 모든 육체의 쾌락을 버리는 사람은 성령께서 주시는 한없는 마음의 위로를 받을 것입니다. 당신의 거룩한 이름을 위하여 자진하여 험한 길을 걷고 세상의 모든 걱정에 개의치 않는 사람은 마음의 큰 자유를 얻을 것입니다.

6 하느님을 섬기는 일은 얼마나 마음에 드는 일이며 기꺼운 일이겠습니까? 하느님을 섬김으로써 사람은 참으로 자유로워지고 거룩해집니다. 오! 오로지 당신을 섬기는 데에만 힘을 기울이는 거룩한 수도 생활이여, 사람을 천사와 같이 만들고, 하느님께 결합시켜 주고, 마귀에게는 두려움을 안겨 주고, 모든 교우들에게는 교훈이 되는 거룩한 생활이여! 오! 항상 마음에 두고 바라는 일, 주님을 섬기는 일이여! 그것으로써 가장 고귀한 선을 얻게 되고, 멈추지 않는 즐거움을 얻게 되나이다.

제11장 마음의 원의를 조절함

1 **주님의 말씀** 아들(딸)아, 너는 아직도 모르는 것이 많으니 더 배워야 한다.

2 **제자의 말** 주님, 그것이 무엇입니까?

3 **주님의 말씀** 네가 원하는 것은 무엇이든지 오직 나의 원의를 따르는 것이어야 한다. 자신을 사랑하는 사람이 되지 말고, 나의 원의를 채우는 데 힘써라. 네게 있는 어떤 바람이 너를 강력하게 이끌 때가 있을 것이니, 그때에는 그 바람이 나의 영광을 위하여 일어난 것인지, 혹 너의 편의를 위하여 일어난 것은 아닌지 자세히 살펴보아라. 그 원의가 나에 관한 것이면 내가 어떻게 섭리하든지 네가 만족할 것이며, 만일 네 편의를 위한 것이라면 오히려 방해와 괴로움이 될 것이다.

4 그러므로 네가 무슨 원의를 품었더라도, 내게 먼저 묻기 전에는 거기에 너무 마음을 두지 마라.

처음에 이보다 더 좋은 것이 없다고 생각할 정도로 그것을 좋아하다가 후에 그것이 네 뜻에 맞지 않아 후회하게 될까 봐 두렵다. 어떤 것이 네 뜻에 맞는다고 반드시 좋은 것이라 할 수 없으며, 뜻에 맞지 않는다고 바로 피할 것도 아니다. 좋은 일을 연구하는 데 있어서나, 좋은 원의에 있어서나, 적절한 때 적절하게 제재하는 것이 좋다. 혹시 정신이 나태하여 분심이 생길까, 분수를 모르고 하다가 남에게 악한 표양이 될까, 다른 사람이 반대하여 네가 갑자기 혼란스러워지고 넘어질까 하는 염려가 있기 때문이다.

5 때로는 육정을 누르고, 좋은 것이든 좋지 않은 것이든 강제로라도 육정을 이성理性에 굴복시키는 일에 힘써야 한다. 모든 면에서 육정이 이성에 굴복할 때까지, 사소한 것에 만족할 줄 알고 순박한 것을 즐겨라. 또한 자신에게 맞지 않는 것이 있다고 원망하지 않을 때

까지, 자신을 채찍질하고 종과 같이 다스려야 한다.

제12장 사욕과 싸우며 인내심을 키움

1 제자의 말 주 하느님, 이 세상을 살아 나가는 데는 곤란한 일이 많이 생긴다는 것을 깨달음으로써 저에게 가장 필요한 것이 인내의 덕임을 알게 되었습니다. 제가 아무리 애를 써서 평화로이 지내려 해도, 싸움과 괴로움이 없는 생활은 있을 수가 없는 것 같습니다.

2 주님의 말씀 아들(딸)아, 과연 그렇다. 내가 네게 원하는 것은 시련도 곤란함도 없는 그런 평화가 아니다. 오히려 네가 많은 괴로움을 겪으면서 단련하여, 곤란한 일을 겪을 때에도 평화를 잃지 않는 것을 원한다. 네가 현실의 그 많은 괴로움을 참을 수 없다면 어떻게 연옥의 불을 참겠느냐? 두 가지 재앙 중에서 그보

다 가벼운 것을 선택해야 할 것이다. 그러므로 장래에 영원한 벌을 면하려거든 하느님을 위하여 현세의 여러 가지 괴로움을 의연하게 참는 법을 배워라. 세속 사람들에게는 괴로움이 없다고 생각하느냐? 아무리 호화롭게 사는 사람이라도 괴로움을 겪게 마련이다.

3 그럼에도 그들은 여러 가지 쾌락을 즐기면서 자기 뜻대로 무엇이든지 할 수 있으니 삶의 고통이 있다 해도 괜찮다고 말하고 싶을 것이다. 그렇다고 하자. 또 그 사람들이 원하는 것을 다 얻는다고 하자. 그것이 얼마나 지속될 것이라고 생각하느냐? "주님의 원수들은 초원의 화사함처럼 사라지리라. 연기 속에 사라지리라."(시편 37,20)라는 말씀이 있지 않느냐? 사라져 버릴 즐거움은 그 흔적조차 남지 않을 것이다. 또 세상에 살면서 즐거움을 누리는 시절이라도 고통과 싫증, 두려움 없이 편하게 있을 때란 없는 법이다. 사람은 쾌락을

누리는 바로 그 순간에도 고통을 당하며 벌을 받는다. 그것이 당연한 이치다. 부질없이 즐거움을 찾고 그 쾌락을 따르기 때문에 결국에는 부끄러운 일을 당하고 괴로움을 겪게 된다.

4 오! 모든 쾌락은 얼마나 짧고 헛되며, 얼마나 부질없고 수치스러운가! 그런데도 그 쾌락에 취하고 눈이 멀어 그런 줄을 깨닫지 못하고, 마치 이성이 없는 짐승처럼, 썩어 없어질 현실의 하찮은 쾌락을 얻으려 한다면 영혼의 죽음을 당하게 될 것이다. 아들(딸)아, 그러니 '네 욕망을 따르지 말고 욕심을 절제하여라.'(집회 18,30) '주님 안에서 즐거워하여라. 그분께서 네 마음이 청하는 바를 주시리라.'(시편 37,4 참조)

5 네가 참된 즐거움을 누리고 나의 위로를 풍족히 얻으려거든, 세상의 모든 것을 버리고 저급한 모

든 쾌락을 없애 버려라. 그러면 축복이 내릴 것이며 큰 위로를 받을 것이다. 그리고 네가 피조물이 주는 위로를 멀리하면 할수록 네 마음에 드는 힘과 위로를 내 안에서 얻을 것이다. 그러나 그 수준에 이르려면 처음에는 반드시 어떤 형태로든 근심을 하게 될 것이며 싸워야 하는 수고도 있을 것이다. 이미 깊게 뿌리내린 습관 때문에 힘이 들겠지만 이는 더 좋은 습관을 기름으로써 극복할 수 있다. 비록 육체는 이를 싫어하겠지만 영적 노력으로 육정을 제어할 수 있다. 마귀가 너를 충동하여 괴롭히겠지만 기도함으로써 마귀를 물리치고, 부지런히 유익한 일을 함으로써 마귀의 공격을 막아야 할 것이다.

제13장 예수 그리스도의 모범을 따라 겸손하게 순명함

1

주님의 말씀 아들(딸)아, 순명을 피하는 것은 은총을 피하는 것이다. 또 사사로운 것을 가지려는 사람은 공동의 선을 잃어버린다. 제 으뜸인 머리에 순명하지 않는다는 것은 그의 육체가 정신에 완전히 순종하지 않는다는 증거며, 빈번하게 반항하고 거스르고 있다는 징표다. 그러니 네가 육체를 굴복시킬 마음이 있거든 부지런히 네 으뜸인 머리에 순명하는 법을 배워라. 네 안에서 타락하지 않는다면 바깥의 원수쯤은 손쉽게 이길 수 있다. 영적으로 대화할 줄 모르는 너 자신이야말로 네 영혼에게는 어떤 원수보다도 더 몹쓸 원수며 성가신 원수다. 살과 피를 거슬러 싸워 이길 마음이 있으면 반드시 자신부터 하찮게 볼 수 있어야 한다.

2 그러나 너는 아직도 너 자신을 절제 없이 사랑하기 때문에 남의 뜻에 맞추어 네 뜻을 희생하기를 어려워한다. 나는 허무虛無에서 모든 것을 만든 전능하고 한없이 높은 하느님으로서 너를 위하여 겸손되이 굴복하였거늘, 먼지며 아무것도 아닌 네가 하느님을 위하는 마음으로 사람에게 굴복하는 것이 무엇이 그리 어려우냐? 네가 나의 겸손을 배워 너의 교만함을 이길 수 있도록 나는 모든 것 가운데 제일 천하고 제일 낮은 이가 되었다. 먼지야, 너는 복종하는 법을 배워라. 흙아, 또 진흙아, 너를 천하게 보고 모든 이 앞에 자신을 굽히는 법을 배워라. 네 뜻을 꺾고 모든 이에게 완전히 굴복하는 것을 배워라.

3 너를 거슬러 이기려고 애쓰고, 조금이라도 교만한 마음이 네 안에 남아 있지 않도록 하여라. 그리고 모든 사람이 너를 밟고 지나가는, 길거리에 무수

히 밝히는 흙처럼 너를 낮추고 작게 보아라. 아무짝에도 쓸모없는 사람아, 무엇 때문에 불평하느냐? 더러운 죄인아, 너를 책망하는 이들에게 무엇 때문에 저항하느냐? 그렇게 함으로써 너는 하느님께 죄를 범하고 지옥의 벌을 받을 처지가 되었구나! 그러나 네 영혼을 어여삐 보아 나의 눈이 너를 용서해 주었으니, 이는 네가 나의 사랑을 알고 항상 나의 은혜를 아는 사람이 되도록 하기 위함이며, 네가 진정으로 스스로를 굴복시키고 항상 참다운 겸손을 좇도록 하기 위함이고, 스스로를 하찮은 사람으로 여기도록 하기 위함이다.

제14장 선행에 교만하지 않도록 하느님의 심판을 살핌

1 제자의 말 당신 판결의 언도가 우뢰와 같이 내리시니, 무섭고 두려워 제 모든 뼈가 울리고 제 영

혼이 몹시 놀랍니다. 주님 대전에서는 하늘도 깨끗하지 못함을 생각하며, 놀라 서 있습니다. 당신께서는 천사 가운데서도 죄악을 찾아내어 용서 없이 벌하셨거늘 저는 어떻게 되겠습니까? 하늘의 별도 떨어졌거늘 먼지 같은 제가 주제넘게 무엇을 생각할 수 있겠습니까? 훌륭한 일을 하는 것처럼 보이던 자들이 깊은 구렁으로 떨어졌고, 천사의 빵을 먹던 자들이 돼지나 먹는 깍지를 기꺼이 먹는 것을 보았습니다.

2 그러하오니 주님, 당신께서 도우시는 손을 거두신다면 성덕이라 부를 만한 것은 하나도 없을 것입니다. 당신께서 다스리기를 멈추신다면 지혜라 부를 만한 것 역시 하나도 없을 것입니다. 당신께서 보호해 주지 않으시면 어떤 용기도 남아 있지 않을 것입니다. 당신의 보호가 없으면 아무런 위험 없이 정덕을 닦아 나갈 수도 없을 것입니다. 당신께서 거룩히 보살펴 주

지 않으시면 저희가 아무리 애써 지킨다 해도 그 모든 것은 무익할 뿐입니다. 당신께서 저희를 버리시면 저희는 늪에 빠져 망할 것이며, 당신께서 저희를 찾아 주시면 저희는 일어나 살 것입니다. 저희 스스로의 힘으로는 항구히 서 있지 못하지만 당신의 힘을 빌리면 견고해지고, 저희는 게으르지만 당신께서 도우시면 열렬해집니다.

3 그러하오니, 주님! 저 자신을 얼마나 천하게 여기고 낮게 보아야 하겠습니까! 제게 어떤 좋은 모습이 있다 할지라도 그것이 얼마나 하찮은 것인지요! 허무 외에는 아무것도 없습니다. 주님, 당신의 심연 같은 심판 아래 제가 얼마나 깊이 순복해야 하겠습니까? 오! 헤아릴 수 없는 그 심판의 무게, 오! 헤엄쳐 건너갈 수 없는 그 심판의 바다! 그 속에서 허무 외에 아무것도 제 것이라 할 것이 없습니다. 그러하오니 스스로 영광을

취할 데가 어디 있겠으며, 덕행이 있다고 자신할 수 있겠습니까? 제 위에 내리시는 당신의 심오한 심판 속에 저의 모든 헛된 영광은 사라졌습니다.

4 당신 대전에 사람이란 무엇입니까? 진흙이 어찌 저를 만든 분을 거슬러 스스로 영광을 취하겠습니까? 참으로 하느님께 복종할 마음이 있는 이라면 어찌 헛된 말로써 교만한 마음을 가질 수 있겠습니까? 일편단심 진리의 말씀만을 듣는 사람은 온 세상이 떠들어도 교만치 않을 것이요, 모든 희망을 하느님께만 둔 사람은 모든 사람이 찬미한다 해도 결코 움직이지 않을 것입니다. 그런 말을 하는 그 사람들 역시 모두 다 같은 허무에 불과하고, 그 말의 음파와 같이 사라지고 말 것이기 때문입니다. "주님의 진실하심 영원하여라."(시편 117,2)

제15장 좋아하는 모든 일에 취할 태도

1 주님의 말씀 아들(딸)아, 모든 일에 있어 다음과 같이 말하도록 하여라. "주님, 이것이 당신의 뜻에 합당하면 그렇게 되어야 합니다." "주님, 이것이 당신의 영광이라면 당신의 이름으로 되어야 합니다." "주님, 이것이 제게 좋다고 보시고 유익하다고 여기시거든 당신 영광을 위하여 그것을 제게 허락하소서." "만일 제게 해롭다고 보시고 제 영혼을 구하는 데 유익하지 않다고 보시거든 그 뜻을 없애 주소서." 사람의 생각에 바르고 좋아 보이는 것일지라도 그것이 모두 다 성령께로부터 온 것은 아니다. 이러저러한 바람들이 착한 영으로부터 오는 것인지, 악한 영으로부터 오는 것인지, 혹은 네 생각으로부터 오는 것인지, 그것을 판단하기란 꽤 어려운 일이다. 많은 사람이 처음에는 착한 영의 지배를 받는 줄로 생각하였다가 나중에는 속았다는 것을 깨닫곤 하였다.

2 그러므로 무엇이든지 바람직한 뜻이라 여겨지거든 항상 하느님을 두려워하는 열정과, 겸손을 다하는 마음으로 참뜻을 원하고 구해야 한다. 특히 네 뜻을 버리고 모든 것을 내게 맡기며 다음과 같이 말할 수 있어야 한다. "주님, 이 일이 당신께서 좋다고 여기시는 그대로 그리고 당신의 뜻대로 이루어지게 하소서. 당신께서 원하시는 그것을, 뜻에 맞는 그 정도로, 뜻에 맞는 그때에 주소서. 당신께서 가장 잘 아시는 대로, 당신의 뜻에 맞고 당신 영광에 더 도움이 되는 그대로 제가 행하도록 하소서. 당신께서 원하시는 그곳에 저를 데려가시고, 모든 일에 저를 당신 마음대로 하소서. 저는 당신의 손안에 있사오니 저를 돌리시고 이리저리 굴리소서. 저는 당신의 종이오니, 무엇에든지 순명할 준비가 되어 있습니다. 저는 저를 위해 살지 않고 당신만을 위해서 살고자 합니다. 간절히 청하오니, 주님! 마땅히 그리고 온전히 그렇게 되게 하소서."

3 **제자의 말**(하느님의 거룩한 뜻이 이루어지기를 바라는 기도)

지극히 인자하신 예수님, 은총을 주시어 제게 머무르시고, 그 은총이 제가 하는 일에 도움이 되고 또 끝까지 제게서 떠나지 않게 해 주소서. 제가 항상 당신의 뜻에 맞고 당신께 더 좋은 것을 원하고 찾게 해 주소서. 당신의 의향이 곧 저의 의향이 되고, 제 뜻이 항상 당신의 뜻을 따르게 해 주시며, 또 항상 당신의 뜻을 잘 알아듣게 해 주소서. 당신과 저 사이에 원하는 것과 원하지 않는 것이 일치하도록 해 주시고, 당신께서 원하시는 것과 싫어하시는 것을 저 역시 원하거나 싫어하게 해 주소서.

4 모든 세속 일에 제가 상관하지 않게 해 주시고, 당신을 위하여 다른 사람에게 천대받는 것을 좋아하게 해 주시며 이 세상에서 아무도 저를 모르게 해 달라고 청하는 마음을 갖게 해 주소서. 제가 원하는 모든

것을 떠나 오직 당신 안에 온전히 머물게 하시고, 당신 안에서 참평화를 누리게 해 주소서. 당신께서는 마음의 참된 평화시며, 당신만이 홀로 저의 위안이시니, 당신 외에는 모든 것이 고되고 불안할 뿐입니다. "주님, 당신만이 저를 평안히 살게 하시니 저는 평화로이 자리에 누워 잠이 듭니다."(시편 4,9) 아멘.

제16장 하느님께만 구할 참다운 위로

1
제자의 말 제게 위로가 되리라 여겨지는 것들이 지금 이곳이 아닌 후세에서 이뤄지기를 바랍니다. 아무리 세상의 모든 위로를 다 가지고 모든 쾌락을 다 누릴 수 있다 할지라도 그 모든 것이 오래가지 못한다는 것을 저는 조금도 의심치 않습니다.

내 영혼아, 가난한 이들을 위로하시고 겸손한 이들을

거두어들이시는 하느님 안에서가 아니면 아무런 위로를 누릴 수가 없고 완전히 쉴 수도 없다. 내 영혼아, 조금만 참아라. 하느님께서 허락하신 바를 기다려라. 천국에서 만선 만복萬善萬福을 풍성히 누릴 것이다. 현세의 것을 과도히 탐하면 영원한 천상의 것을 잃을 것이다. 세상 것은 필요한 만큼만 쓰도록 네 마음을 다스리고, 네 마음은 항상 영원한 것을 갈망하고 있어라. 너는 현세의 어떠한 좋은 것으로도 만족할 수 없으니 그러한 것을 누리려 네가 창조된 것이 아니기 때문이다.

2 창조된 모든 좋은 것을 네가 다 가졌다 할지라도 그것으로 행복하고 복이 많다고 할 수 없으며, 오직 모든 것을 창조하신 하느님 안에서만 네 모든 복이 있고 모든 낙이 있다. 세상을 사랑하는 미련한 이들이 무엇이라 하든, 어떻게 찬미한다고 하든 그것은 참된 행복이 아니다. 그리스도의 착한 신자들이 희망하

고, 천상적 생활을 누리고, 마음이 조촐하고 경건한 영혼들이 맛보는 그것이야말로 참된 행복이다. 인간의 위로란 그 무엇이나 다 헛되고 짧은 것이다. 진리에서 비롯된 마음의 위로야말로 참다운 행복이다. 신심 있는 사람은 어디를 가든지 자기를 위로해 주시는 예수님을 모시며 이렇게 말한다. "주 예수님, 때와 장소를 가리지 않고 늘 저와 함께 하소서. 인간이 주는 모든 위로를 기꺼이 사양하는 것이 오히려 제게 위로가 되게 해 주소서. 만일 당신의 위로가 없게 된다면 그때는 그것이 당신의 뜻이며, 또한 당신께서 하시는 시험이라 생각하게 해 주심으로써 제게 더할 나위없는 위로가 되게 해 주소서. '주님께서는 끝까지 캐묻지 않으시고 끝끝내 화를 품지 않으시기'(시편 103,9) 때문입니다."

제17장 모든 걱정을 하느님께 맡김

1. **주님의 말씀** 아들(딸)아, 내가 네게 하고자 하는 대로 맡겨 두어라. 나는 네게 무엇이 유익한지 알고 있다. 네 생각은 사람의 생각에 지나지 않고, 네가 느끼는 것도 보통 사람의 감정에 지나지 않는다.

2. **제자의 말** 주님, 당신의 말씀대로 과연 그러합니다. 제가 저를 위해서 하는 모든 걱정보다도 저에 대한 당신의 염려가 더 큽니다. 자신에 대한 모든 근심 걱정을 당신께 맡겨 두지 않는 사람은 넘어지기 쉽습니다. 주님, 제 마음이 당신께 굳건히 머물러 있게 한 다음에, 당신의 뜻대로 무엇이든 제게 해 주소서. 당신께서 제게 하시는 것은 무엇이든지 좋지 않을 수가 없을 것입니다. 저를 어둠 속에 버려두시더라도 당신은 찬미를 받으실 분이시요, 저를 밝은 데 두셔도 당신은 찬미를 받으실 분이십니다. 저를 위로해 주실 때에도 찬미

를 받으실 분이시요, 저를 괴롭게 하셔도 변함없이 항상 찬미를 받으실 분이십니다.

3 주님의 말씀 아들(딸)아, 네가 나와 함께 길을 가려면 이렇게 서 있어야 한다. 즐거운 일을 만날 때처럼 괴로운 일을 당할 때에도 좋아해야 한다. 모든 일이 원만하고 풍족하게 될 때처럼 궁하게 될 때에도 좋아해야 한다.

4 제자의 말 주님, 당신이 제게 주시기를 원하시는 것이면 무엇이든 저는 당신을 위하여 기꺼이 견뎌 내겠습니다. 좋거나, 싫거나, 달거나, 쓰거나, 즐겁거나, 슬픈 모든 것을 가리지 않고 모두 다 당신에게서만 받고자 하고, 제가 당하는 모든 일에 감사하고자 합니다. 모든 죄악에서 저를 지켜 주신다면 지옥이든 죽음이든 하나도 두려울 것이 없을 것입니다. 저를 영원

히 내치지 않으시고 생명의 책에서 제 이름을 지우지만 않으신다면 어떤 고통을 당한다 하더라도 저에게 해가 될 것이 없을 것입니다.

제18장 그리스도의 표양을 따라 현세의 곤궁을 즐겨 참음

1. **주님의 말씀** 아들(딸)아, 너를 구하기 위하여 나는 하늘에서 내려와 곤욕을 당하였다. 그러나 억지로 당한 것이 아니라 사랑에 이끌려 받았다. 네게 인내하는 법과, 현세의 곤궁을 원망 없이 참는 법을 가르치기 위하여 나는 참았다. 태어난 순간부터 십자가 위에서 죽을 때까지 괴로움을 참아 견디지 않은 때가 없었다. 현세적 재물이 없었기 때문에 많은 고통을 당하였고, 나를 원망하는 소리도 자주 들었다. 수치와 모욕을 주저하지 않고 받았으며, 은혜를 베풀고도 배은을

당하였다. 기적을 행하고도 욕을 먹었으며, 진리를 가르치고도 책망을 들었다.

2 **제자의 말** 주님, 당신께서 하느님 아버지의 명을 따르기 위하여 일생을 두고 인내하며 고통을 받으셨으니, 지극히 불쌍한 저 같은 죄인이 당신의 거룩한 뜻을 따라 참아 견디며 당신께서 원하시는 그때까지 인생의 무거운 짐을 지는 것은 마땅합니다. 현세의 삶이 괴롭다 할지라도 그 괴로움은 당신 은총으로 공로가 됩니다. 또한 당신의 표양과 성인들이 남기고 간 유적을 따라 연약한 저희도 참아 나갈 수 있고, 그늘짐 없이 나아갈 수 있게 되었습니다. 또한 천국 문이 닫혀 있고, 천국에 가는 길이 애매하고, 천국을 찾으려고 힘쓰던 사람들이 매우 적던 교회 이전 시대에 비하면 한결 다행이 아닐 수 없습니다. 그때의 의인과 구원될 사람들은 당신의 수난과 거룩한 죽음이 있기 전에는 천국에

들어가지 못하였습니다.

오! 당신께서 저와 모든 신자들에게 영원한 당신의 나라로 가는 바르고 좋은 길을 가르쳐 주셨으니, 얼마나 감사해야 하겠습니까? 당신의 일생은 곧 저희가 가야 할 길이니, 저희는 거룩히 인내함으로써 영원한 월계관이신 당신께로 나아갈 수 있습니다. 당신께서 먼저 가지 않으셨다면, 또 가르치지 않으셨다면 누가 당신을 따라갈 수 있겠습니까? 오호! 당신의 탁월한 표양을 보았는데도 그렇게 많은 사람들이 당신에게서 멀리 떨어져 있다니! 당신의 기적과 교훈을 듣고도 아직 이렇게 게으른데, 당신을 따르는 데에 거룩한 빛이 없었다면 어떻게 되었겠습니까?

제19장 모욕을 참음과 참된 인내의 증거

1 **주님의 말씀** 아들(딸)아, 무슨 말을 하느냐? 나의 수난과 다른 성인들의 수난을 생각하여 불평하지 마라. 너는 '죄에 맞서 싸우면서 아직 피를 흘리며 죽는 데까지 이르지는 않았다.'(히브 12,4 참조) 많은 수난을 당하고, 힘든 시련을 견디어 내고, 큰 고통을 당하고, 여러 가지 시험을 겪으며 단련된 사람에 비한다면 네가 당하는 고통은 매우 작은 것에 불과하다. 그러므로 남들이 겪는 큰 고통을 자주 생각하면서 네가 당하는 작은 고통을 잘 참아 나가야 한다. 혹시라도 네가 당하는 고통이 커서 힘에 부치거든 인내의 부족 때문은 아닌지 살펴보아라. 네가 당하는 고통이 크든 작든, 무엇이든지 다 인내하는 법을 배워야 할 것이다.

2 인내할 마음으로 고통을 당할 준비를 할수록 그만큼 더 지혜롭게 행하는 것이며, 그만큼 더 많은 공

로도 얻을 것이다. 고통을 참겠다는 생각이 있고 이것이 습관이 되면 고통을 참는 것이 쉬워진다. 다음과 같이 말하지 마라. "나는 그 사람의 그 점에 대해서만큼은 참을 수 없고, 참을 필요도 없다고 생각한다. 그가 내게 큰 손해를 끼쳤고, 또 내가 생각지 못한 것으로 나를 나무랐기 때문이다. 그러나 다른 사람에게는 기꺼이 참을 수 있고 또 참을 수 있을 만큼 참겠다." 이런 태도는 인내의 덕이 무엇인지 생각하지도 않고, 또 누구에게 상을 받을 것인지 생각지도 않는 미련한 소견이다. 이런 짧은 생각은 단지 자기가 당한 모욕과 그 모욕을 안긴 사람만을 생각하기 때문에 드는 것이다.

3 자기가 원하는 대로, 또 자기 뜻에 맞는 사람한테서만 고통을 받으려 하는 사람은 참다운 인내의 덕이 있는 사람이 아니다. 참다운 인내의 덕을 지닌 사람은 누구한테서 고통을 당하든지, 자기의 장상이든,

동료든, 아랫사람이든, 착한 사람이든, 성인이든, 악한 사람이든, 마음에 들지 않는 사람이든 상관치 않는다. 그는 누구한테든지 또 아무런 이유도 없이 터무니없는 고통을 당하고 여러 번 고생하여도, 그 모든 것을 다 하느님께로부터 오는 유익한 것으로 생각하여 감사하는 마음으로 받는다. 아무리 작은 것일지라도 하느님을 위하여 참는다면 하느님 대전에 공로가 되지 않는 것이 없기 때문이다.

4 그러므로 승전을 희망하거든, 싸움을 잘 준비하고 있어라. 싸움 없이는 인내의 영광스러운 월계관을 받지 못한다. 괴로움을 참을 마음이 없다는 것은 곧 월계관을 사양한다는 것을 의미한다. 월계관을 받고자 한다면 용맹스럽게 싸우고 참아 견뎌라. 수고 없이는 편한 곳에 도달할 수 없고, 싸움 없이는 승전할 수 없다.

5 **제자의 말** 주님, 저의 본성으로는 불가능한 그것을 당신의 은총으로써 이루어지게 해 주소서. 주님, 당신께서 아시는 것처럼 저는 많이 참을 수 없으며, 하찮은 곤경을 당해도 금세 번민합니다. 당신 이름을 위하여 받는 어떠한 고통과 괴로움도 제게 기쁨과 희망이 되게 하소서. 당신을 위하여 참고 고통을 당하는 것은 제 영혼에 매우 유익하기 때문입니다.

제20장 나약함과 현세의 고역

1 **제자의 말** 주님, 저의 불의함을 고발하고 저의 약점을 당신께 말씀드리고자 합니다. 저는 하찮은 일로도 번민하고 근심합니다. 뜻을 세울 때에는 용맹스럽게 행하기도 하지만 조그마한 시련만 닥쳐도 크게 걱정합니다. 변변치 않은 일에서도 큰 유혹이 생기기 일쑤입니다. 유혹이 없어 조금 안정되었다고 생각하

는 순간, 어느 틈에 자리 잡은 조그마한 욕망이 저를 무너뜨리고 있음을 깨닫게 됩니다.

2 그러므로 주님, 저의 비천함을 보시고, 당신께서 잘 아시는 저의 연약함을 살펴보소서. 저에게 자비를 베푸시어 "진창에서 저를 구출하소서, 제가 빠져들지 않도록."(시편 69,15) 저는 그렇게 타락하기 쉽고 또 자주 그렇게 저를 내리누르는 욕정을 이기는 데 나약합니다. 그래서 당신 대전에 나아가기가 어렵습니다. 제가 어떤 유혹에 넘어가지는 않지만, 사욕이 저를 귀찮게 하고 괴롭히니, 이와 날마다 싸우며 지내는 것이 매우 힘이 듭니다. 여러 가지 지겨운 환상이 항상 더디 물러가고 또다시 쉽게 들어오는 데서 저의 연약함을 알았습니다.

3 지극히 용맹하신 이스라엘의 하느님이시며, 신자들의 영혼을 사랑하시는 하느님, 바라건대 당신 종의 수고와 고통을 굽어보시고, 제가 어떤 환경에 있든지 모든 일에서 돌보아 주소서. 천상의 용기를 제게 내리시고 저의 힘을 더해 주시어, 아직도 영혼에 완전히 정복되지 않은 가련한 육체가, 즉 묵은 영혼이 다시는 일어나 저를 거스르지 않게 해 주소서. 이 가련한 생명을 유지하는 동안 반드시 이 육체를 거슬러 싸워야 합니다. 오! 곤란과 곤궁이 없을 수 없는 이 현세의 생활을, 모든 일에 올가미가 가득하고 원수가 많은 이 현세의 생활을, 그 무엇이라 해야 옳겠습니까! 한 가지 괴로움이나 시련이 물러가면 다른 것이 닥쳐오고, 또 이미 들어온 시련과의 싸움을 아직 끝내지 못하였는데도, 다른 여러 가지 시련이 들어옵니다.

4 이렇게 여러 가지 괴로움이 있는 이 생활을, 이렇듯 많은 재앙과 가난에 구속을 받는 이 생활을 제가 어찌 사랑할 수 있겠습니까? 이렇게 죽음과 여러 가지 병을 낳는 이 생활을 어찌 생명이라고 하겠습니까! 그러나 이 생활을 사랑하는 사람이 있고, 많은 사람들이 여기서 만족을 구하려 합니다. 세속이 거짓되고 헛되다는 것을 흔히 깨달으면서도, 육체의 사욕이 너무 큰 세력을 잡고 있기에 쉽게 세속을 떠나지도 못합니다. 그럼에도 그중에는 세속을 사랑하게 하는 것도 있지만, 세속을 가볍게 보게 하는 것도 있습니다. 육신에 대한 열망, 눈이 보는 모든 욕망들, 삶에 대한 그릇된 자만이 우리로 하여금 세속을 사랑하게 하나 이러한 것의 결과들이 주는 모든 벌과 괴로움이 세속을 미워하고 세속에 염증을 내게 합니다.

5 그러나 슬프게도 세속에 젖은 마음은 쾌락에 이끌리고, 사욕을 채우는 것을 복락으로 생각합니다. 이는 하느님의 선하심과 덕의 참된 가치를 깨닫지도, 체험하지도 못했기 때문입니다. 세속을 천하게 여기고 거룩한 규율을 지키며 하느님을 향해 거룩히 살려고 힘쓰는 사람은, 모든 쾌락을 거절하는 이들에게 허락하신 천상의 복락이 있음을 알고, 또 세속이 자신을 얼마나 심하게 그르치고 여러 가지로 속이는지 자세히 보게 됩니다.

제21장 모든 선과 은혜를 초월하여 하느님 안에서 평안히 쉼

1 **제자의 말** 내 영혼아, 모든 것을 초월하여, 모든 일에서 주님 안에 평안히 쉴 것이니, 주님은 성인들의 영원한 안식처이신 까닭이다.

지극히 착하시고 사랑하올 예수님, 모든 피조물을 초월하여 당신께만 평안히 쉬게 해 주소서. 건강이든지, 어떤 아름다운 것이든지 모두 초월하고, 영광과 명예를 초월하며, 권세나 지위를 초월하여 당신 안에서만 쉬게 하시고, 모든 학문과 정밀한 연구보다도, 모든 재물과 예술보다도, 모든 환희와 쾌락보다도, 모든 평판과 찬미보다도, 모든 낙과 위로보다도, 모든 희망과 약속보다도, 모든 공로와 원의보다도, 당신 안에서 쉬게 해 주소서. 당신이 베풀어 주실 수 있는 모든 은혜와 선물, 정신이 깨달을 수 있고 또 감각할 수 있는 모든 즐거움과 쾌락, 모든 천사와 대천사, 모든 천상 군대, 유형무형한 모든 것을 초월하여, 마침내 주 하느님, 당신이 아닌 그 모든 것을 초월하여 당신 안에서만 쉬게 해 주소서.

2 저의 주 하느님, 당신께서는 가장 좋으시고, 홀로 전능하시고, 홀로 풍족하시고 완전하시며, 홀로

인자하시고, 지극히 위로하시는 분이십니다. 또한 홀로 지극히 아름다우시고 사랑스러우신 분이시며, 홀로 모든 것 위에 가장 높으시고 영광스러우십니다. 하오니 선한 것이라 할 수 있는 것은 무엇이나 당신 안에서 완전하게 되고, 이전에도 당신 안에 있었고 또 이후에도 있을 것입니다. 그러므로 당신을 제게 주시지 않고 다른 무엇을 주신다면, 그것이 어떤 것이든 다 제게는 부족하고 제 원을 채워 줄 수도 없을 것입니다. 당신을 뵙지 못하고 또 당신을 얻지 못한다면, 비록 당신께 관한 것을 나타내 주시고 혹 허락하신다 할지라도 저는 만족할 수 없습니다. 제 마음이 모든 은혜와 피조물을 초월하여 당신께 쉬지 않으면, 결코 안정하지 못하고, 또 어떤 방면으로도 만족할 수 없을 것입니다.

3 지극히 사랑하는 정배 예수 그리스도님, 지극히 정결하시고 사랑스러운 분, 우주 만물의 지배자

시여, 누가 제게 참된 자유의 날개를 주어, 당신께로 날아가 당신 안에 쉬게 하겠습니까? 오! 저의 주 하느님, 언제 제가 완전히 자유로이 당신의 사랑스러우심을 보게 되겠습니까? 제가 언제쯤에나 완전하게 당신께 나아가 당신을 사랑하고, 저 자신을 잊으며, 모든 감각과 방법을 초월하여, 제가 완전하게 알지 못하는 그 방법으로 당신만을 따르게 되겠습니까? 이제 저는 자주 탄식하고 애통해하면서 저의 불행을 참겠습니다. 괴로움이 가득한 이 세상 골짜기에서 수많은 악이 저를 엄습하여 자주 혼란케 하고 괴롭히며 어둡게 합니다. 또 그 악은 제가 당신께 자유롭게 나아가 복된 천사들과 함께 당신 품에 즐겁게 안기는 것을 방해하고 어지럽게 하며 유인하고 가로막습니다. 탄식하는 저의 이 소리를 들으시고 또 이 세상에 있는 여러 가지 불행을 보시어 저를 측은히 여기소서.

4 오! 예수님, 영원한 영광의 빛, 방랑하는 영혼들의 위로시여, 저는 당신 대전에 침묵으로 당신께 말씀드립니다. 주님께서는 언제까지 오시기를 지체하시렵니까? 당신의 가난한 종인 제게 오시어 저를 즐겁게 하소서. 당신 손을 펼치시어 모든 괴로움에서 불쌍한 저를 구하소서. 오소서! 오소서! 당신이 계시지 않으면 즐거운 날도, 즐거운 시간도 없습니다. 당신 즐거움은 곧 저의 즐거움이니, 당신이 계시지 않으면 저의 상은 빈 상이 됩니다. 당신께서 오셔서 빛을 비추어 주시어 저를 다시 일으키시고 자유를 주시며 사랑하는 당신의 얼굴을 드러내 보여 주실 때까지 저는 감옥에 갇혀 차꼬로 채워진 신세와 같습니다.

5 다른 사람들이 당신이 아닌 다른 것을 원하고 찾을지라도, 제 마음에는 저의 하느님이시요, 저의 희망이시요, 영원한 생명이신 당신밖에는 다른 것이 하

나도 없으며, 앞으로도 그럴 것입니다. 당신 은총이 제게 돌아올 때까지, 또 당신이 제게 말씀하실 때까지 저는 가만히 있지 않을 것이며, 간구하기를 멈추지 않겠습니다.

6 주님의 말씀 나는 여기 있다. 네가 나를 부르기에 네게로 왔다. 네 눈물과 네 영혼의 갈망을 보고, 네 겸손과 참된 통회를 보고 감동하여 너를 찾아오게 되었다.

7 제자의 말 그때 저는 다음과 같이 말씀드렸습니다. "주님, 당신만으로 즐거워할 생각에 당신을 위하여 모든 것을 버리기로 결심했습니다." 당신께서는 당신을 찾으라고 저를 먼저 충동하셨습니다. 그러므로 주님, 당신께서는 한없이 관대하시어 당신 종에게 착하게 대하시니, 찬미를 받으소서. 당신 대전에 이르

게 된 불쌍한 이 종이 당신 앞에 엎드려, 제 죄악과 비천함을 생각하고 스스로 겸손한 태도를 취하는 것 외에 다른 무엇을 할 수 있겠습니까? 하늘과 땅의 모든 오묘한 것 중에 당신 같은 분은 없습니다. 당신의 사업은 지극히 좋으며, 당신의 판단도 참되오며, 당신의 섭리에 따라 모든 것이 이루어집니다. 그러므로 하느님 아버지의 지혜여, 당신께 찬미와 영광을 바칩니다. 제 입과 제 영혼과 모든 피조물이 모두 다 함께 당신을 찬미하고 당신의 축복을 청합니다.

제22장 하느님의 풍부한 은혜를 생각함

1 **제자의 말** 주님, 당신 계명 앞에 제 마음을 열어 주시고, 당신 계명에 따라 행하게 해 주소서. 당신의 거룩한 뜻을 알아듣게 해 주시고, 당신 은혜를 하나하나 혹은 그 모든 은혜를 지극히 공경하는 마음으로

자세히 생각하게 하소서. 그리하여 이제부터라도 당신 은혜에 마땅히 감사하는 마음을 갖게 해 주소서. 지금까지 당신 은혜에 합당한 감사를 드리지 못했음을 고백합니다. 저는 당신이 주신 모든 은혜에 비하면 턱없이 하찮은 존재며, 당신의 숭고하심을 생각할 때 당신은 너무나 위대하시어 정신이 아득해집니다.

2 제 영혼이나 육신이 가진 모든 것, 내면이나 외형으로 가진 모든 것, 본성本性으로나 초성超性으로 가진 모든 것이 다 당신의 은혜 덕분입니다. 또 이 모든 좋은 것이 다 당신께로부터 온다는 것을 생각하면, 당신이 얼마나 후하시고 인자하시고 착하신지 알게 됩니다. 누구는 많이 받고 누구는 적게 받았다 할지라도 모든 것이 다 당신의 것이고, 당신 없이는 아무리 작은 것일지라도 사람이 가질 수 없습니다. 많이 받았다고 해서 그것을 제 공로로 여기고 영광으로 삼을 것도 아니

요, 다른 이보다 높다고 생각하여 자랑할 것도 아니요, 적게 받은 자를 가볍게 볼 것도 아닙니다. 이는 자기에게 대단한 것이 있는 줄로 생각하지 않고, 오직 겸손을 더하고 신심을 배가하여 감사하는 사람이 더 크고 훌륭한 사람인 까닭입니다. 또 자기를 제일 하찮은 존재로 생각하고, 누구보다도 못난 존재라 생각하는 사람이야말로 더 많은 것을 받을 자격이 있습니다.

3 적게 받았다고 섭섭히 생각할 것도 아니요, 원망스럽게 생각할 것도 아니며, 많이 받은 사람을 보고 질투할 것도 아닙니다. 오직 마음을 모아 당신께서 풍성하게 혹은 저의 공로로 즐겨 주시는 그 은혜를 생각하고, 당신의 착하신 마음을 깊이 찬미할 따름입니다. 모든 것은 다 당신께로부터 오는 것이니 당신만이 모든 일에 찬미를 받으실 분이십니다. 당신께서는 사람마다 무엇을 가져야 좋을지 아시고, 이 사람은 왜 적게

받고 저 사람은 어째서 많이 받는지 아십니다. 당신께서는 사람마다 지니게 될 장점을 정해 주셨으니, 그 모든 것을 분간하는 것 역시 저희가 할 일이 아니라 당신이 하시는 것입니다.

4 그러므로 주 하느님, 많이 가졌기 때문에 사람들에게 찬미와 영광을 받는 것보다 적게 받는 것을 더 큰 은혜로 생각합니다. 적게 받음으로써 저 자신의 가난하고 천한 처지를 생각하게 되나 그렇다고 해서 이를 싫어하거나 근심하지 않을 뿐만 아니라, 오히려 그것을 위로로 삼아 즐거움으로 생각할 수 있기 때문입니다. 하느님, 이는 당신께서 가난하고 천하며 세상 사람들이 업신여기는 사람들을 당신의 벗으로 삼으시고 당신의 형제로 삼아 주시기 때문입니다. 당신의 사도들이야말로 그 증인이니, "당신께서 그들을 온 땅의 제후로 삼으시리이다."(시편 45,17)라고 하셨습니다. 사도들은 이

세상에 사는 동안 불평 없이 지냈고, 악의와 간사함 없이 겸손하고 순직하게 지냈으며, 당신 이름을 위해서라면 모욕당하는 것도 기뻐하였고(사도 5,41 참조), 세상이 싫어하는 것들을 기꺼이 받아들였습니다.

5 그러므로 당신을 사랑하고 당신 은혜를 아는 사람에게는, 그 사람에 대한 당신의 원의와 당신의 섭리만큼 그를 기쁘게 하는 것이 없습니다. 그런 사람은 당신의 거룩한 뜻에만 만족하기 때문에, 다른 사람들이 위대한 사람이 되기를 바라는 만큼, 지극히 작은 사람이 되기를 간절히 원할 것입니다. 당신의 뜻을 따르는 사람은 첫자리를 차지하는 것이나 마지막 자리를 차지하는 것이나 불평, 불만 없이 다 좋아하며, 다른 사람들에게 천하게 여김을 받거나 다른 사람 아래 있는 것을 좋아하며, 세상 사람들이 존경받고 남보다 낫게 보이기를 원하는 것과는 반대로 어떤 직책이나 명예를

좋지 않습니다. 당신의 거룩한 뜻과 당신의 영광을 사랑하는 것이야말로 그 어떤 은혜보다 탁월한 것입니다. 받은 은혜나 앞으로 받을 모든 은혜보다도 당신의 뜻을 따르는 것이 더 크고 좋은 위로가 되기에, 마땅히 그것을 더 좋아해야 할 것입니다.

제23장 평화를 얻는 데 필요한 네 가지 사항

1 **주님의 말씀** 아들(딸)아, 이제 네게 평화와 참된 자유의 길을 가르쳐 주겠다.

2 **제자의 말** 주님, 당신의 말씀을 기꺼이 들으려 하오니 제게 들려주소서.

3 **주님의 말씀** 아들(딸)아, 자신의 뜻을 따르는 것보다 남의 뜻 받들기에 힘써라. 항상 많이 가지는 것보다 적게 가지기를 원하여라. 항상 낮은 자리를 취하고 모든 이에게 복종하기를 도모하라. 항상 하느님의 거룩한 뜻이 네게 완전하게 이루어지기를 원하고 구하라. 그런 사람이라야 평화와 안정의 울타리 안에 들어갈 수 있다.

4 **제자의 말** 주님, 당신 말씀은 비록 짧으나, 완덕에 대한 그 의미는 깊습니다. 말씀은 적으나 뜻은 가득하고 그 결과는 풍성합니다. 제가 당신 말씀을 충실히 지킨다면, 제 안에 그처럼 쉽게 혼란이 일어날 리가 없을 것입니다. 제가 불안하고 괴로워할 때마다 모든 것이 다 이 도리에서 벗어났기 때문임을 알게 되었습니다. 그러나 주님, 당신께서는 모든 것을 하실 수 있고, 또 항상 제 영혼의 진보를 원하시니, 제게 은총을 더하시고

당신 말씀으로 채우시어 저의 영혼을 구하소서.

5 **제자의 말**(악한 생각을 피하게 하는 기도) 저의 주 하느님, 제게서 멀리 계시지 마소서. '하느님, 제게서 멀리 계시지 마시고 어서 저를 도우소서.'(시편 71,12 참조) 여러 가지 생각과 큰 걱정이 제 안에서 일어나 제 영혼을 괴롭힙니다. 어찌 영혼의 상처 없이 지낼 수 있으며, 어찌 홀로 악한 생각을 무너뜨릴 수 있겠습니까?

6 **주님의 말씀** 내가 너에게 말한다. '내가 네 앞을 걸어가면서'(이사 45,2) 세상의 모든 영광스러운 자들을 대수롭지 않게 보게 할 것이며, 감옥의 문을 열고 은밀하게 감춰진 것을 네게 보여 줄 것이다.

7 **제자의 말** 주님, 당신의 말씀이 이루어져 모든 악한 생각이 당신 면전에서 물러가게 해 주소서.

저의 유일한 희망과 위로는 모든 어려움 중에서도 당신께로 나아가는 것이며, 당신께만 의탁하고, 진정으로 당신께만 부르짖고, 당신의 위로만을 끝까지 참으며 기다리는 것입니다.

8

제자의 말(정신을 밝혀 주시기를 청하는 기도) 착하신 예수님, 내적 빛을 비추어 저를 밝혀 주소서. 그리고 제 마음에서 모든 어둠을 없애 주소서. 제 정신이 이리저리 방황하는 것을 붙잡아 주시고, 저를 몹시 압박하는 모든 유혹을 물리쳐 주소서. 저를 위해서 용맹스럽게 싸워 주시고, 포악한 짐승과 같이 저를 유혹하는 사욕을 당신의 힘으로 파괴하여 저를 평화롭게 해 주시고, 거룩한 궁전인 소박한 양심에 당신을 향한 찬미의 노래가 넘쳐 나게 하소서. 바람과 파도에게 명령하소서. 바다에게 "잔잔해져라." 하시고, 바람을 보고 "불지 마라." 하소서. 그렇게 하시면 정말 고요해질 것입니다.

9 '당신의 빛과 당신의 진실을 보내시어'(시편 43,3 참조) 땅을 비추어 주소서. 당신께서 저를 비추지 않으시면 저는 아무짝에도 쓸모없는 황무지에 불과합니다. 은총을 내리시어 천상의 이슬로 제 마음을 적셔 주시고, 이 땅에 좋고 훌륭한 열매를 맺도록 신심의 물을 부어 주소서. 죄악의 무게에 눌린 제 마음을 들어 올리시고, 저의 모든 원의를 하늘로 들어 올리시어, 저로 하여금 천국 행복의 맛을 보게 하시어 다시는 세상의 것을 생각하지 않게 하소서.

10 저를 붙잡아 주시고, 변하는 모든 피조물이 주는 위로에서 저를 건져 주소서. 피조물은 그 어느 것도 저의 원의를 완전히 채워 줄 수 없고, 저를 위로할 수도 없습니다. 끊을 수 없는 당신 사랑의 사슬로 저를 당신께 결합시켜 주소서. 당신을 사랑하는 사람에게는 당신만 계셔도 넉넉하고, 당신 없이는 그 어

제23장 평화를 얻는 데 필요한 네 가지 사항

떤 것도 어리석은 것에 지나지 않습니다.

제24장 남의 생활을 부질없이 살피는 것을 피함

1 주님의 말씀 아들(딸)아, 호기심을 갖지 마라. 그리고 헛된 걱정을 하지 마라. 이것이든 저것이든 너와 무슨 상관이 있느냐? "너는 나를 따라라."(요한 21,22) 저 사람이 이러하고 혹은 저러하고, 또 이 사람이 이렇게 혹은 저렇게 행하거나 말하는 것이 너와 무슨 상관이냐? 네가 심판을 당해야 하는 처지에서 남을 위하여 대답할 필요가 없다. 자기 자신에 대해서만 대답하면 되지 않느냐? 왜 쓸데없는 일을 걱정하느냐? 나는 모든 사람을 다 안다. 그리고 하늘 밑에 있는 모든 사람을 보고 있으며, 각각 어떻게 하고 있는지도 알고 있고, 무엇을 생각하고, 무엇을 원하고, 그 뜻이 어디로 가는지도

안다. 그러니 너는 무엇이든지 내게 맡기고, 항상 참다운 평화 중에 머물며, 동요하는 사람들이 무엇을 하든지 그대로 내버려 두어라. 그들은 그들이 행하고 말한 것으로 넘어질 것이니, 아무도 나를 속이지 못하기 때문이다.

2 너는 드높은 명성을 갈구하지 말고, 많은 사람들과 친밀히 지내려고 하지 마라. 어느 누구와도 사사로운 정을 주고받는 데 관심을 두지 마라. 그런 모든 것들은 분심거리가 되고, 마음을 어둡게 하는 원인이 되기 때문이다. 내가 너를 방문하는 것만을 살펴서 내게 마음의 문을 열어 준다면, 나는 기꺼이 내 말을 들려주고, 나의 비밀을 기꺼이 알려 줄 것이다. 항상 주의하고 기도하면서 깨어 있어라.

제25장 마음의 평화를 보존하며 완덕에 나아가는 방법

1

주님의 말씀 아들(딸)아, "나는 너희에게 평화를 남기고 간다. 내 평화를 너희에게 준다. 내가 주는 평화는 세상이 주는 평화와 같지 않다."(요한 14,27)라고 나는 이미 말하였다. 누구나 다 평화를 갈망하지만, 참다운 평화가 어디에 있는지 모든 이가 주의를 기울이는 것은 아니다. 마음이 겸손하고 착한 사람에게 나의 평화가 있다. 나의 평화를 누리려면 많은 인내가 필요하다. 네가 내 말을 듣고 따르면 평화를 풍성히 누릴 수 있을 것이다.

2

제자의 말 그러면 제가 무엇을 해야 하겠습니까?

3 **주님의 말씀** 모든 일에 네가 어떻게 하고 무슨 말을 하는지 스스로 살피고, 네 의향이 오직 내 뜻을 따른다는 그 한 가지에만 마음을 모으고, 나 외에는 어떤 것도 원하거나 찾지 마라. 그리고 다른 사람의 일이나 말을 놓고 함부로 판단하지도 말고, 네게 맡기지 않은 일에 상관치 마라. 그렇게 하면 마음이 어지러워진다고 하더라도 잠깐에 불과할 것이요, 자주 일어나지도 않을 것이다.

4 마음이 전혀 어지럽지 않고, 육신의 괴로움이 전혀 없는 생활은 현세에서 이루어질 수 없다. 그런 생활은 영원한 평화의 상태에서만 가능하다. 그러므로 아무런 불편이 없다고 해서 참된 평화를 얻은 것이라 생각하지 마라. 또 아무도 너를 거스르지 않는다고 해서 모든 것이 다 잘되는 줄로 생각지 마라. 네가 바라는 대로 모든 것이 다 된다 할지라도 모든 것이 완전하

게 된 것이라 믿지 마라. 신심이 깊고 거룩한 즐거움이 크다 하더라도 네게 무슨 대단한 것이 있는 줄로 생각하지 말 것이며, 특히 사랑을 받는다고 생각하지 마라. 그런다고 덕행을 사랑한다는 증거가 되는 것이 아니며, 사랑의 진보와 완성을 의미하는 것은 더더욱 아니다.

5 **제자의 말** 주님, 참된 평화는 어디에 있습니까?

6 **주님의 말씀** 작은 일에나 큰일에나, 현세에서나 영원한 나라에서나, 자기 것을 찾지 않고, 오로지 온전한 마음으로 자기 자신을 하느님의 거룩한 뜻에 맡기는 데서 사람의 성장과 완성을 찾아야 한다. 그러므로 잘 풀릴 때나 어려울 때나 모든 것을 하나의 저울로 헤아려 변함없이 감사를 드리며 지내야 할 것이다.

비록 내적 위로가 없더라도, 더 큰 곤란을 받고자 마음을 준비하고, 용감하고 굳은 희망을 지니고 있어라. 또한 곤란을 당하는 것이 옳지 않다고 주장하기보다는 오히려 내가 섭리하는 일을 전적으로 신뢰하고, 나를 거룩하다고 찬미한다면, 너는 분명히 참되고 바른 평화의 길을 걸을 수 있을 것이다. 이렇게 되면 너는 기쁨 중에 나의 얼굴을 다시 볼 희망을 가질 수 있다. 어떤 처지에 놓여 있든, 자기 자신을 하찮고 비천하게 여긴다면, 그곳에서 누릴 수 있는 평화를 가득히 누린다는 것을 알아야 한다.

제26장 독서보다 겸손한 기도로 얻을 영혼의 자유

1. **제자의 말** 주님, 천상의 것을 사모하는 마음을 한 번도 늦추지 않고, 많은 걱정 중에 있어도 걱정 없는 것처럼 지내고, 어리석은 자의 습관을 따르지 않고 오직 자유로운 영혼의 특권으로 살아가고, 어떤 피조물에도 애착심을 가지지 않는다면, 이는 완전한 사람이 할 수 있는 일이라 할 것입니다.

2. 지극히 자애로우신 저의 하느님, 당신께 간구하오니, 현세의 걱정을 면하게 하시어 너무 번잡하게 지내지 않게 하시고, 육신의 많은 욕구를 피하게 하시어 쾌락에 사로잡히지 않게 하시며, 영혼의 모든 장애를 없게 해 주시어 괴로움으로 번민하지 않게 해 주소서. 세상적인 허영심이 그토록 갈구하는 것들로부터 벗어나게 해 달라고 청하지 않고, 인류 보편적인 벌로

써 당신 종의 영혼을 압박하고 영혼의 자유를 얻는 데 방해가 되는 곤경으로부터 구해 달라고 청합니다.

3   오! 형언할 수 없이 착하신 저의 하느님, 영원한 것을 사랑하지 못하도록 방해하고, 현세에서 순간의 쾌락을 즐기라고 유혹하는 모든 육체의 즐거움이 저에게는 쓰디쓴 괴로움이 되게 해 주소서. 저의 하느님, 살과 피가 저를 이기지 못하게 하시고, 저를 구속하지 못하게 하소서. 세속과 잠시의 영화가 저를 속이지 못하게 하시며, 마귀와 마귀의 흉계가 저를 넘어뜨리지 못하게 하소서. 마귀에 대항할 용기를 주시고, 곤란을 참아 나갈 인내를 주시고, 항구지심恒久之心을 주소서. 세상의 모든 위로 대신에 당신 성령의 달콤한 위안을 주시며, 육체적 사랑 대신에 당신 생명의 사랑을 내려 주소서.

4 보소서, 먹고 마시고 입는 것, 그 외에 육신을 기르는 데 관계되는 모든 것이 영혼에는 짐이 될 뿐입니다. 육신을 기르는 것들을 절제 있게 쓰도록 해 주시고, 그것들을 너무 탐하여 영혼이 혼잡해지지 않도록 해 주소서. 이 모든 것들이 삶을 유지하는 데 필요한 것이기에 법적으로 그 소유가 금지되지는 않으나 필요치 않은 것을 찾고 쾌락을 구하는 것은 거룩한 계명에 의해 금지됩니다. 그렇게 하지 않으면 육신은 영혼을 거스르게 됩니다. 제가 모든 것을 쓰는 데 있어 정도를 넘지 않도록 당신께서 친히 저를 인도하시고 가르쳐 주시기를 간절히 바랍니다.

제27장 최상선을 얻는 데 방해가 되는 사사로운 사랑

1 **주님의 말씀** 아들(딸)아, 모든 것을 완전히 얻기 위해서는 너를 완전히 내게 맡겨야 하며, 아무것도 자기 것으로 남겨 두지 말아야 한다. 세속의 그 어떤 것보다 자기 자신에 대한 사랑이야말로 너를 가장 크게 방해하는 것임을 알아야 한다. 무엇이든지 네가 사랑과 정을 얼마나 갖고 있는지에 비례하여 그것에 이끌리는 법이다. 네 사랑이 순결하고 단순하며 절제할 수 있다면, 어떤 것에도 사로잡히지 않을 것이다. 네가 가지지 못할 것은 탐하지 마라. 네게 방해가 되고 너의 내적 자유를 빼앗을 수 있는 것은 하나도 가지지 마라. 네가 소유하고, 또 소유하길 원하는 것들과 함께 네 모든 마음을 내게 온전히 바치지 않는다면 그릇된 일이다.

2 무엇 때문에 헛된 근심으로 몸과 마음을 소모하느냐? 무엇 때문에 쓸데없는 걱정으로 번뇌하느냐? 나의 뜻을 따르라. 그러면 아무 해도 없을 것이다. 편하게만 지내려 하고 자기가 좋아하는 것을 가지려 여기저기 돌아다닌다면 결코 평안할 수 없으며 걱정도 그치지 않을 것이다. 왜냐하면 그런 생활에서는 반드시 부족한 것이 생겨나며 무슨 일에서든지 너를 반대하는 사람이 있을 것이기 때문이다.

3 그러므로 무엇인가 얻었다고, 혹은 많은 것을 가졌다고 네가 만족할 수 있는 것이 아니다. 도리어 모든 것을 하찮게 여기며 뿌리까지 뽑아 버려야만 네게 진정으로 유익할 것이다. 이는 단순히 금전이나 재산을 놓고 말하는 것이 아니라, 그 외에 영예나 명예를 탐하는 것에 대해서도 그렇다. 그 모든 것들은 세상과 더불어 지나가는 것이기 때문이다. 나에 대한 뜨거운 마음

이 없으면 어디에 있다 해도 그다지 안전하지 못하다. 마음에 참되고 튼튼한 기초가 없으면 밖에서 찾은 평화가 오래갈 수 없다. 즉 네가 내 안에 머무르지 않으면 변할 수는 있어도 나아질 수는 없을 것이다. 어느 순간에는 네가 피하려 했던 것을 다시 만나게 되는데, 이때는 전의 것보다도 더 나쁜 것을 만날 것이다.

4 **제자의 말**(마음의 정결과 천상 지혜를 청하는 기도) 하느님, 성령의 은총으로 저를 견고케 하소서. 당신의 힘으로 저를 내적으로 굳세어지게 하시고(에페 3,16 참조), 제 마음에서 쓸데없는 모든 걱정과 근심을 없애는 힘을 주시어, 천한 것에든 귀한 것에든 마음을 빼앗기지 않게 하시고, 그 모든 것을 다 지나가는 것으로 여기게 하소서. "태양 아래에서 이루어지는 모든 일을 살펴보았는데 보라, 이 모든 것이 허무요 바람을 잡는 일이다."(코헬 1,14) 하고 깨달은 이는 얼마나 지혜로운 사람입니까!

제27장 최상선을 얻는 데 방해가 되는 사사로운 사랑

5 주님, 천상의 지혜를 제게 내려 주시어, 모든 것 위에 당신을 찾아 만나게 해 주시며, 당신께만 맛들이고 사랑하게 해 주시며, 그 외에 것은 당신 지혜가 배정하는 그대로 알아보게 해 주소서. 아첨하는 자를 지혜롭게 피하고, 거스르는 자를 인내로 참게 해 주소서. 모든 바람과 같은 말에 흔들리지 않고, 악하게 아첨하는 자에게 귀를 기울이지 않는 큰 지혜를 주소서. 그렇게 한다면 제가 시작한 길을 무사히 갈 수 있을 것입니다.

제28장 비판하는 사람들의 말에 대하여

1 **주님의 말씀** 아들(딸)아, 남이 너를 잘못 생각하고, 네가 즐겨 듣지 않는 말을 한다고 해서 힘들어하지 마라. 너는 그 말보다 너 자신에 대해 더 나쁘게 생각해야 하고, 또 누구도 너보다 약한 사람은 없다

고 생각해야 한다. 내적 생활을 한다면 풍설에 크게 관계하지 않을 것이다. 유익하지 않은 일이 생기더라도 잠잠할 줄 알고, 어떤 경우에도 모든 것을 내게 향하고, 다른 사람이 이렇다 저렇다 한다고 해도 절대로 혼란스러워하지 않는 것은 큰 지혜다.

2 네 평화를 사람들의 입에 맡기지 마라. 그들이 너를 잘 이해하든 잘못 이해하든, 그로 인해 네가 다른 사람이 되는 것은 아니다. 참된 평화와 참된 영광은 어디 있느냐? 바로 나에게 있지 않느냐? 다른 사람의 뜻에 맞추려 하지 않고, 다른 사람과 뜻이 다르다고 두려워하지도 않는 사람은 평화를 누릴 것이다. 절제 없이 아무것이나 사랑하고, 헛되이 아무것이나 무서워하기 때문에 마음의 모든 불안과 오관의 혼란이 생기는 것이다.

제29장 고통을 당할 때 어떻게 하느님을 부르고 찬미할 것인가

1 제자의 말 주님, 제게 이런 고통을 주시고 이런 시련을 당하게 하셨으니, "당신의 이름은 영원히 찬미받으소서."(토빗 3,11) 그것을 제가 피할 수는 없사오니, 당신의 도움을 간구할 수밖에 없습니다. 저를 도와주시어 이 모든 괴로움을 선善으로 바꾸어 주소서. 주님, 저는 지금 곤란을 겪고 있고, 제 마음은 불안하고, 지금 당하는 시련 때문에 몹시 괴롭습니다. 선하신 아버지 하느님, 이를 무엇이라 하겠습니까? 저는 괴로움에 사로잡혀 있습니다. "이때를 벗어나게 해 주십시오."(요한 12,27) 그러나 제가 지금까지 당한 것은 제가 낮아진 다음에 비로소 당신 앞에서 해방되어, 오직 당신만 현양되시기 위해서입니다. "주님, 저를 기꺼이 구하여 주소서."(시편 40,14) 저같이 가난한 자가 당신 없이 무엇을 행할 수 있고, 도대체 어디로 갈 수 있겠습니까? 주님,

끝까지 참는 덕을 내려 주소서. 저의 하느님, 저를 도우소서. 당신께서 저를 도우시면 그 어떤 괴로움에 짓눌리든지 결코 두려울 것이 없을 것입니다.

2 이제 또 무슨 말씀을 드리겠습니까? "아버지의 뜻이 이루어지게 하십시오."(마태 26,42) 제가 괴로움에 짓눌리는 것은 당연합니다. 그러니 풍파가 끝나고 안정이 찾아올 때까지 저는 반드시 참아야 합니다. 인내하며 참게 하소서. 당신의 전능하신 손길은 저의 어떤 시련이라도 물리칠 수 있고, 제가 완전히 무너지지 않도록 그 맹렬한 공격을 꺾어 누를 수 있습니다. '하느님은 저의 힘'(시편 59,18 참조)이시니, 전에도 무수히 저를 도와주셨습니다. 시련이 크면 클수록 "지극히 높으신 분의 오른팔이 변해 버리신 것이"(시편 77,11) 더욱 쉽습니다.

제30장 하느님께 도움을 구하고 은총이 올 때를 기다림

1

주님의 말씀 아들(딸)아, 주님은 "당신께 피신하는 이들을 알아주시는 분이시다."(나훔 1,7) 괴로울 때는 바로 내게 오너라. 네가 천상의 위로를 빨리 받지 못하는 이유는 네가 기도하기를 너무 지체하기 때문이다. 너는 내게 힘써 기도하는 대신에 성급하게 많은 위로를 찾고 피조물한테서 위안을 구하려 한다. 그러나 바라는 사람을 구하는 이가 나인 줄을 깨닫기 전에는, 그 모든 것이 도움이 되지 않는다. 또 나를 떠나서는 아무런 도움을 받을 수 없고, 유익한 가르침도 없으며, 그 도움이 오랫동안 계속되는 방법도 없다. 이제 풍파가 지나갔으니, 정신을 회복하여 나의 인자로운 빛으로 기운을 차려라. 나는 모든 것을 완전하게 하고, 풍성하고 넘치게 열매를 맺게 하려고 너 가까이에 있다.

2   나한테 무슨 힘든 것이 있겠느냐? 누가 나보고 말만 하고 실행하지 않는다고 할 수 있겠느냐? 너의 신덕은 어디 갔느냐? 굳세게, 또 항구하게 서 있어라! 참는 마음을 잃지 마라! 용기를 잃지 마라! 때가 오면 위로가 있을 것이다. 간절한 마음으로 나를 기다려라! 내가 다시 와서 너를 낫게 하겠다. 너를 휘청거리게 하는 것은 한갓 시련에 불과하고, 겁내게 하는 것도 헛된 공포에 불과하다. 장차 닥칠 일에 대하여 걱정하는 것이 무슨 이로움이 되겠느냐? 근심에 근심을 더할 뿐이다. "그날 고생은 그날로 충분하다."(마태 6,34) 확실히 모르는 장래 일에 대하여 즐거워하거나 괴로워하는 것은 어리석고 쓸데없는 짓이다.

3   그 같은 상상에 사로잡히는 것은 사람의 일이다. 원수의 충동질에 쉽사리 귀를 기울이는 것은 아직도 네 영혼이 약하다는 증거다. 원수는 사실이든 헛

된 환상이든 이로써 사람을 속여 유인한다. 원수는 현세 것에 대한 사랑이나 장래 것에 대한 공포로 사람을 넘어뜨리는 데만 치중할 뿐 너를 상관치 않는다. 그러므로 겁을 내는 일이 없도록 하여라(요한 14,27 참조). 나를 믿고 나의 자비를 바라고 의지하라. 네가 나를 멀리 떠나 있다고 생각하는 때에도 나는 네 곁에 아주 가까이 있다. 네가 모든 일에 실패했다고 생각하는 그때가 실은 큰 공로를 세울 기회다. 바라는 대로 일이 진행되지 않는다 해서 결코 실패한 것이 아니다. 지금 느끼는 대로 판단해서는 안 된다. 또 어떤 어려움에 처해 있다고 해도, 그 원인이 무엇이든지 지나치게 그 어려움에 몰두하여 희망이 없는 것처럼 근심 걱정에 싸여 있지 말아야 한다.

4 내가 잠시 너를 괴롭게 한다고, 혹은 위로를 주지 않는다고 해서 너를 완전히 버린 것으로 생각

하지 마라. 천국에 가는 길은 그런 법이다. 너를 위해서나, 나를 섬기는 모든 이를 위해서나, 모든 일이 바라는 대로 되는 것보다는 괴로운 시련을 당하는 것이 더 낫다. 나는 네 마음속에 감추어 놓은 생각을 다 안다. 좋은 결과가 있을 때에는 자만심을 갖는 데다가, 하찮은 일에서 만족을 얻으려 하기에, 어떤 때에는 너를 하늘의 즐거움 없이 내버려 두는 것이 네 구원에는 차라리 유익하다는 것을 나는 잘 알고 있다.

5 내가 준 것은 다 내 것이요, 내가 도로 찾아가는 그것도 사실 네 것이 아니니, '온갖 좋은 선물과 모든 완전한 은사는 위에서 오는 것이다.'(야고 1,17 참조) 내가 네게 무슨 걱정거리를 안기고, 너를 거스르는 일을 당하게 하더라도 결코 원망하거나 낙심하여 용기를 잃지 마라. 나는 언제라도 그 짐을 벗겨 줄 수 있으며, 근심을 즐거움으로 변화시켜 줄 수 있기 때문이다. 내

가 너를 그렇게 대하더라도 나는 변함없이 의로우며, 너에게 완전한 찬미를 받아야 한다.

6 네가 올바르게 생각하며 진리를 따른다면, 어떤 괴로움에도 마음이 심란하지 않을 것이며, 오히려 즐거워하며 내게 감사할 것이다. 내가 너를 아끼지 않고 고통으로 괴롭게 하는 것을 값진 즐거움으로 생각하라. 나는 사랑하는 제자들에게 "아버지께서 나를 사랑하신 것처럼 나도 너희를 사랑하였다."(요한 15,9)라고 하였지만, 세상의 즐거움을 맛보기보다 큰 고통을 겪고, 명예를 취하기보다 모욕을 참아 받고, 한가로이 지내기보다 일하면서 지내고, 편히 쉬기보다 인내함으로 많은 열매를 맺도록 그들을 보낸 것이었다. 아들(딸)아, 너는 이 말을 명심하라.

제31장 조물주를 얻기 위하여
피조물을 하찮게 봄

1 제자의 말 주님, 사람이든 피조물이든, 제가 그것들로부터 방해받지 않는 경지에 이르려면, 제게는 아직 더 많은 은총이 필요합니다. 제가 어떤 피조물에 얽혀 있게 된다면 결코 당신께 자유롭게 나아갈 수 없습니다. "비둘기처럼 날개를 지녔다면 날아가 쉬련마는"(시편 55,7) 하고 부르짖던 그 사람은 자유롭게 주님께 나아가기를 간절히 원했습니다. 오직 하느님께만 목표를 둔 사람보다 더 편안한 사람이 누구겠습니까? 그리고 세상의 것을 하나도 탐하지 않는 사람보다 더 자유로운 사람이 누구이겠습니까? 그러므로 모든 피조물을 초월하고 자아를 완전히 떠나 탈혼 상태에 이르러, 만물의 창조주이신 당신은 다른 피조물과 결코 같지 않음을 깨달아야 할 것입니다. 어떤 피조물이든지 그것에 얽혀 있는 사람은 하느님의 일에 온전히 몰두하

지 못한 것입니다. 이처럼 모든 피조물을 완전하게 떠나고, 헛된 사물에서 벗어난 사람이 많지 않기 때문에 관상 생활을 하는 사람이 드문 것입니다.

2   그렇기 때문에 영혼을 울리고 자기 자신을 초월케 하는 큰 은총이 필요합니다. 사람이 그 영혼으로 높이 오르고 모든 피조물을 떠나 완전하게 하느님과 결합하지 않으면, 그가 안다는 것이나 그가 가진 모든 것은 아무런 가치도 없는 것입니다. 오로지 한 분이시고, 무한하시고, 영원하시고, 선善하신 당신 말고 다른 어떤 것을 귀하게 보는 사람은 오랫동안 약한 사람이 될 것이며, 하늘이 아니라 땅에로 기울어져 있을 것입니다. 하느님 아닌 그 어떤 것도 다 헛것에 불과하며, 마땅히 헛것으로 보아야 합니다. 천상의 빛을 받아 신심이 깊은 사람의 지혜는 학구적인 성직자의 지식과 결코 같을 수 없습니다. 하느님께서 영혼에게 친히 내리

시는 지식은 사람의 능력으로 얻은 지식보다 훨씬 더 존귀합니다.

3   많은 이가 관상 기도를 좋아하지만, 그에 필요한 것은 하지 않으려 합니다. 관상 기도를 하는 데 가장 크게 방해가 되는 것은 눈에 드러나는 표적과 감각물에 정신을 쏟고, 자기를 완전히 극복하는 일에는 전혀 마음을 쓰지 않는 것입니다. 잠시 있다가 사라질, 세상의 하찮은 사물을 위해서는 많은 수고를 하고 많은 걱정을 하면서도, 정작 저의 내적 행동에 대해서는 그다지 생각하지 않고, 생각하더라도 오관을 완전히 사용하여 생각하는 경우는 매우 드물기 때문에, 무슨 일이 일어나는지, 저를 이끄시는 분이 누구신지, 저의 정신이 무엇을 향해 가고 있는지 잘 모르겠습니다.

4 저는 애석하게도 조금 집중하다가도 외적인 일로 금세 정신을 흐트러뜨리고, 제 행동을 세밀히 살펴보거나 깊게 생각하지 않습니다. 제 마음이 어디로 향해 있는지 살피지 않고, 또 모든 것이 얼마나 더러운지 생각하며 탄식하지 않습니다. '모든 사람들이 세상에서 타락한 길을 걷고 있었습니다.'(창세 6,12 참조) 그래서 큰 홍수가 왔습니다. 마음이 썩었으니 자연히 거기서 나오는 행동도 썩은 것입니다. 이는 내적 능력이 없다는 것을 드러내는 것입니다. 깨끗한 마음에서 착한 생활의 열매가 나오는 법입니다.

5 사람들은 보통 무엇을 했는지 물을 뿐 어떤 덕을 지니고 그것을 했는지에 대해서는 그다지 관심을 기울이지 않습니다. 많은 사람들은 그가 용맹한지, 재산이 있는지, 아름다운지, 재주가 있는지, 글을 잘 쓰는지, 노래를 잘하는지, 일을 잘하는지 알려고 하나, 마음

으로 얼마나 가난한지, 얼마나 잘 참는지, 얼마나 온순한지, 얼마나 신심이 깊은지, 내적 생활은 어떻게 하는지, 그런 일에 대해서는 침묵합니다. 본성을 따르는 사람은 외적인 것에만 관심을 기울이나, 은총을 따르는 사람은 내적 생활에 관심을 둡니다. 본성에 따라 행동하는 사람은 자주 속아 넘어가고, 은총에 따라 행동하는 사람은 속지 않기 위해 하느님만을 바라봅니다.

제32장 자신을 이기고 모든 탐욕을 끊음

1

주님의 말씀 아들(딸)아, 너를 완전히 이기기 전에는 완전한 자유를 얻을 수 없을 것이다. 재물을 가진 자와, 자신만을 사랑하는 자와, 탐욕이 많은 자와, 호기심이 많은 자와, 방랑 생활을 하는 자와, 예수 그리스도께 관한 것을 찾지 않고 항상 즐거운 것만 찾으며 항구하지 못한 것만 계획하는 자들은, 누구나 다 차꼬에 채워져 있는 신세들이다. 하느님께로부터 나지 아니한 것은 모두 다 없어질 것들이다. 너는 다음의 말을 반드시 명심하라. "모든 것을 버려라. 그러면 모든 것을 얻을 것이다. 욕망을 품지 마라. 그러면 평화를 얻으리라." 이 말을 온 마음 다해 연구하라. 이 말을 실행하게 되면 모든 것을 알아들을 것이다.

2 **제자의 말** 주님, 말씀하신 그 일은 하루에 이루어질 일이 아니며, 어린아이들 장난도 아닙니다. 당신의 그 짧은 말씀에는 수도자들의 모든 완덕이 다 포함되어 있기 때문입니다.

3 **주님의 말씀** 아들(딸)아, 완덕에 나아간 사람들이 걸어간 길에 대해 듣고 절망할 것이 아니라, 오히려 더욱 분발하여 고상한 길을 걸어야 하고, 적어도 그 고상한 것을 갈망하는 마음만큼은 꼭 가져야 한다. 또

한 내 뜻과 내가 네게 가르쳐 준 성부의 뜻에 순종하게 되면 그때에 비로소 네가 내 마음에 들고, 네 삶은 즐거움과 평화로 가득 차게 될 것이다. 아직도 네게는 버릴 것이 많이 남아 있다. 네가 그 모든 것을 내게 맡기지 않으면 네가 구하는 것을 얻을 수는 없을 것이다. '네게 권한다. 나에게서 불로 정련된 금을 사서 부자가 되어라.'(묵시 3,18 참조) 세상의 모든 것을 포기하고 얻을 만한 가치가 있는 천상의 지혜를 사거라. 세상의 지혜와 사람들이 좋아하는 것과 자기가 좋아하는 것을 버려라.

4 내가 네게 이야기하는 것은 세상에서 귀하고 높다 하는 것을 버리고 그 대신에 천한 것을 사라는 말이다. 스스로 지혜롭다 하지 말고 세상에서 칭찬받으려 하지 마라. 천상의 참된 지혜는 매우 천하고 하찮은 사람들처럼 드러나지 않는다. 많은 사람들이 이 천상의 지혜를 선전하지만 말에 불과할 뿐, 그들의 생활은 전

혀 다르다. 사실 많은 사람들에게 이 천상 지혜는 밭에 묻혀 있는 값진 진주와 같다.

제33장 영혼의 불안, 우리의 최종 의향을 하느님께로 향하게 함

1 주님의 말씀 아들(딸)아, 네가 지금 느낀 것을 너무 믿지 마라. 지금은 그러하겠지만 얼마 되지 않아 그 심정이 변할 것이다. 네가 살아 있는 한 싫어도 어찌할 수 없이 그런 변천을 겪게 될 것이다. 슬프기도 하고 즐겁기도 하고, 고요하기도 하고 불안하기도 하고, 신심이 생겼다가도 냉담해지기도 하고, 활발하다가도 게을러지며, 신중하다가도 경솔해질 것이다. 그렇지만 지혜가 있고 영혼의 사정을 잘 아는 사람은 이 모든 변화를 초월한다. 그는 자기가 무엇을 느끼는지, 혹은 바람이 어디서 불어오는지 상관하지 않고, 오직 자

기 마음의 의향이 적당한지, 또 자기가 원하는 목적에 다가가고 있는지, 그것에만 마음을 둔다. 그렇기 때문에 많은 변화를 겪으면서도 주저하지 않으며, 항상 나를 향한 한결같은 참된 마음을 갖고 지낼 수 있다.

2 영혼의 지향이 깨끗할수록 온갖 풍파 중에서도 한결같은 마음으로 나아갈 수 있다. 그러나 많은 사람이 깨끗한 지향의 눈이 어두워져서 유쾌한 일이 생기면 그리로 눈을 돌린다. 자기의 편리를 도모하는 본성을 극복한 사람은 보기 드물다. 전에 유다인들이 마르타와 마리아의 집에 온 것도 "예수님 때문만이 아니라, 그분께서 죽은 이들 가운데서 다시 일으키신 라자로도"(요한 12,9) 보고 싶어서였다. 그러므로 네 지향을 순수하게 함으로써 그 지향이 만물을 넘어 항상 내게로 향하게 해야 할 것이다.

제34장 사랑하는 사람은
모든 것에 하느님만을 맞들임

1 **제자의 말** "저의 하느님, 저의 모든 것"(성 프란치스코), 제가 무엇을 더 원하고, 어떤 행복을 또 원할 수 있겠습니까? 이 말씀이 얼마나 달콤하고 유익합니까? 다만 세속과 세속에 있는 것을 사랑하지 않고 오직 당신 말씀만을 사랑하는 사람에게만 그렇습니다. "저의 하느님, 저의 모든 것!" 알아듣는 이에게는 이 한마디로 충분하고, 당신을 사랑하는 이에게는 이 말을 자주 되풀이한다 해도 재미가 있습니다. 당신이 계시면 모든 것이 유쾌하지만, 당신이 계시지 않으면 모든 것이 싫증이 납니다. 당신께서는 마음을 고요하게 하시고, 깊은 평화와 즐거움과 기쁨을 주십니다. 당신께서는 모든 것을 정당하게 생각하게 해 주시고, 모든 것에 당신을 찬미하게 하십니다. 당신 없이는 그 어느 것도 만족을 주지 못합니다. 어떤 것이든 우리 마음에 들고

즐거움을 주려면 당신의 은총이 있어야 하고 당신 지혜의 양념이 있어야만 합니다.

2 당신께 맛을 들인 이가 무엇인들 정당하게 맛을 들이지 않겠습니까? 당신께 맛을 들이지 않는 이에게는 그 무엇이 유쾌하겠습니까? 세상에서 지혜롭다 하는 사람들과 육체에 맛을 들이는 사람들은 당신의 지혜에서 떨어져 나가고 말 것이니, 세상의 지혜란 대부분 허무하고, 육체에는 죽음이 있기 때문입니다. 세상 일을 하찮게 보고, 육체를 괴롭히며 당신을 따르는 사람들은 참으로 지혜로운 사람들입니다. 그들은 헛된 사물을 떠나 진리로, 육체를 떠나 영혼으로 옮겨 가는 사람들입니다. 그들은 하느님께 맛들인 것입니다. 이런 사람들은 피조물한테서 좋은 것을 찾으면 그 모든 것을 조물주를 찬미하는 데 이용합니다. 실제로 조물주와 피조물에 대한 맛은 비교할 바가 못 되니, 그것은 영원한

것과 잠시 것의 맛 차이요, 조성되지 않은 광명과 빛을 받는 광명의 맛 차이라 할 것입니다.

3 오! 영원한 빛이시여! 모든 광명을 초월하는 빛이시여! 지존한 곳으로부터 저의 마음속으로 사무치는 광명을 보내소서. 저의 영혼과 모든 감각을 깨끗이 해 주시고, 즐겁게 해 주시며, 비추어 주시고, 살아나게 하시어, 제 영혼이 기쁨에 넘쳐 당신만을 사랑하게 하소서. 항상 복된 그때가 제게 언제쯤 오겠습니까? 주님께서 저와 함께 계심으로써 제가 만족하고, 당신이 모든 이에게 모든 것이 되실 그때가 언제 오겠습니까? 그때가 오기 전에는 완전한 즐거움이 있을 수 없습니다. 슬프게도 아직 제 속에는 옛 사람이 살아 있어 십자가에 완전하게 못 박히지 않았고, 완전하게 죽지도 않았습니다. 아직도 성령을 거슬러 탐욕을 부리고, 마음의 어지러움으로 영혼의 나라가 평화롭지 못합니다.

4 그러나 '오만한 바다를 다스리시고 파도가 솟구칠 때 그것을 잠잠케 하시는 당신 자애를 생각하시어 저희를 구원하소서.'(시편 89,10; 44,27 참조) '전쟁을 좋아하는 백성들을 흩어 버리시고, 당신 힘으로 그들을 흩어 버리고 쓰러뜨리소서.'(시편 68,31; 59,12 참조) 청하오니, 당신의 덕과 힘을 드러내시어, 당신의 전능하심을 찬미 찬송하게 하소서. 저의 주 하느님! 제게는 당신밖에 다른 희망이 없으며, 당신 말고는 어떤 피난처도 없습니다.

제35장 현세에는 시련이 없을 수 없음

1 **주님의 말씀** 아들(딸)아, 이 세상에서는 네가 결코 안심하고 살 수 없다. 네가 사는 동안에는 항상 영혼의 무기가 필요하다. 원수 가운데에 살고 있으니 좌우로 침입을 당하게 될 것이다. 그러므로 인내의 방

패로 사방을 막지 않으면 상처를 입을 수밖에 없다. 또 나를 위하여 모든 것을 참겠다는 순전한 네 뜻을 내 안에 견고히 세워 놓지 않으면, 그 맹렬한 싸움을 견딜 수가 없고, 성인들의 승리의 월계관도 얻을 수 없을 것이다. 그러므로 용감하게 온갖 고난을 돌파하며 굳센 팔로 적과 맞서야 한다. '승리하는 사람은 숨겨진 만나를 받을 것이고'(묵시 2,17 참조), 게으른 자는 수많은 고통을 당할 것이다.

2 이 세상에서 어떻게 영원한 평안을 얻을 수 있겠는가? 그러니 이 세상에서 평안히 쉬려고 애쓰지 말고, 오히려 고통을 잘 참는 데 힘을 쓰도록 하라. 참된 평화를 세상에서 구할 것이 아니라 천국에서 구할 것이며, 사람들이나 다른 피조물에서 구할 것이 아니라 오직 하느님 안에서만 구할 것이다. 하느님을 사랑하여 모든 것을 다 기꺼이 참아야 한다. 즉, 수고, 고통, 시련,

괴로움, 근심, 궁핍, 질병, 모욕, 비평, 책망, 천대, 수치, 징계, 멸시 따위가 그것이다. 이 모든 것을 참는 것은 덕행을 쌓는 데 도움이 되고, 그리스도를 따르는 사람에게는 시련의 재료가 되며, 천상의 화관을 만든다. 너의 잠깐 동안의 수고를 영원한 상으로 갚아 주고, 잠시 당하는 수치를 무한한 영광으로 갚아 주겠다.

3 영혼의 위로를 항상 네 뜻대로 받을 것이라 생각하느냐? 나의 성인들도 그런 위로를 항상 받은 것은 아니었다. 그들도 많은 노고와 여러 가지 시련과 혹독한 비애를 당하였다. 그러나 인내하며 자신보다도 하느님께 더욱 의탁하였는데, 이는 곧 "장차 우리에게 계시될 영광에 견주면, 지금 이 시대에 우리가 겪는 고난은 아무것도 아니라고 생각"(로마 8,18)했기 때문이다. 많은 사람이 눈물을 많이 흘린 다음에야 간신히 얻는 그것을 너는 잠깐 사이에 얻으려 하느냐? "주님께 바라라.

네 마음 굳세고 꿋꿋해져라."⁽시편 27,14⁾ 용감하여라. 의심하지 말고 떠나지도 마라. 하느님의 영광을 위하여 변함없이, 마지막까지 영육을 바쳐라. 내가 후하게 갚을 것이며, 네가 겪는 모든 고난과 함께 있겠다.

제36장 사람들의 헛된 판단

1 **주님의 말씀** 아들⁽딸⁾아, 네 마음을 주님께 모두 맡긴 후, 네 양심이 너를 경건하고 죄 없는 이라고 증명해 주거든 사람들의 판단을 두려워 마라. 그렇게 고통을 당하는 것이 오히려 좋고 행복한 것이다. 마음이 겸손하고 자기보다도 하느님을 믿는 사람에게는 그리 어려울 것도 없다. 사람들이 하는 말은 한두 가지가 아니니 그리 믿을 만한 것이 못 된다. 또 모든 사람을 만족시켜 준다는 것도 불가능한 일이다. 바오로 사도 역시 모든 이에게 모든 것이 되었지만⁽1코린 9,22 참조⁾,

세상 법정에서 심판을 받는 것은 그에게 문제가 되지 않았다(1코린 4,3 참조).

2 바오로 사도는 힘닿는 대로, 또 있는 재주를 다하여 다른 사람들의 구원에 힘썼으나, 다른 사람으로부터 비난당하거나 업신여김 당하는 것을 피할 수는 없었다. 그러므로 모든 것을 아시는 하느님께 모든 것을 맡기고, 나쁜 말을 하는 사람들이나 헛되고 거짓된 것을 생각하는 사람들과 제 마음대로 무엇이나 자랑하는 사람들에게서 인내와 겸손으로써 자기를 보호하였다. 그렇지만 자기가 말하지 않아 연약한 사람들이 넘어지는 일이 생길 때에는 가끔 응수하기도 했다.

3 "죽을 인생을 두려워하고 풀 같은 운명을 타고난 인간의 아들을 두려워하는 너는 누구냐?"(이사 51,12) 오늘 있다가도 내일이면 없어질 것을 두려워하지 마라.

오히려 하느님을 두려워하라. 그러면 사람들이 심어 주는 공포를 무서워하지 않을 것이다. 어떤 사람이 너를 거슬러 말하고 모욕을 준다한들 그것이 무슨 해를 끼치겠느냐? 그런 것은 너보다도 그 사람에게 더 해로우니, 그가 어떤 사람이든지 하느님 심판을 피하지는 못할 것이다. 너는 눈앞에 하느님을 모시고 있으면서 원망하는 말을 하며 남들과 다투지 마라. 네가 그 순간에는 당하지 않아야 할 수치를 당하는 것 같더라도 결코 분개하지 마라. 참지 못함으로써 네 영광에 손실을 입히지 마라. 그보다는 하늘을 향하여 주님을 바라보라. 나는 모든 모욕과 수치를 거두어 줄 수 있고, 각 사람에게 그 행실대로 갚아 줄 수 있다.

제37장 마음의 자유를 위해
자신을 완전히 끊어 버림

1 주님의 말씀 아들(딸)아, 자기 자신을 떠나라. 그러면 나를 얻으리라. 아무것도 따지지 말고 아무것도 자기 것으로 삼지 마라. 그러면 항상 이익을 얻으리라. 자기 자신을 끊어 버렸다가 다시 취하지 않으면 그 즉시 더 풍성한 은총을 받으리라.

2 제자의 말 주님, 저는 몇 번 저를 끊어 버리고, 어떤 일에서 저를 떠나야 합니까?

3 주님의 말씀 항상, 시간마다, 작은 일에나 큰일에나 자신을 끊어 버려야 한다. 하나도 빼놓지 않고 모든 일에서 다 자기를 떠난 사람이 되기를 바란다. 네가 안팎의 모든 뜻을 버리지 않는다면 어찌 네가 내 것이 되고, 나는 어찌 네 것이 될 수 있겠느냐? 네가 속

히 그렇게 할 수 있으면 그만큼 더 좋을 것이며, 완전하고 진실하게 할수록 내 마음에 더 많이 들 것이며, 더 많은 것을 얻을 것이다.

4 어떤 사람은 자기를 끊어 버리기는 하지만, 몇 가지를 빼놓는다. 그렇게 하느님께 완전히 의탁하지 않기 때문에 자기를 돌보려고 힘쓴다. 어떤 사람들은 처음에는 자신의 모든 것을 바치지만 후에 유혹을 당하게 되면 본래 자기 성정으로 돌아오게 되고 결국 완덕에서 어떠한 진보도 이루지 못한다. 자기를 완전히 끊고 매일매일 자기를 희생하지 않으면, 조촐한 마음의 참된 자유와 나와 친밀하게 지내는 은총을 받지 못한다. 자신을 희생하지 않고는 나와의 결합이 이루어질 수 없고, 그 결합이 있었다 하더라도 계속될 수 없다.

5 여러 번 말했던 것을 또다시 말한다. 자기 자신을 떠나고 끊어 버려라. 그리하면 마음의 평화를 풍부하게 누릴 것이다. 모든 것을 위하여 모든 것을 내어 주어라. 아무것도 찾지 말고 아무것도 구하지 말고, 망설임 없이 순전히 내 안에만 있어라. 그렇게 하면 나를 얻고, 마음의 자유를 누리고, 어둠이 너를 엄습하지 못할 것이다. 모든 것을 끊어 버리고, 모든 것을 버린 채 나만을 따르며, 네가 죽어 내 안에서 영원히 살 수 있는 방법만 힘써 구하며 고대하라. 그렇게 하면 모든 헛된 환상과 고약한 혼란스러움과 쓸데없는 걱정이 사라질 것이다. 두려움은 물러가고 절제 없는 사랑은 죽을 것이다.

제38장 주의하여 처신하고
위험 중에 하느님께 의탁함

1 주님의 말씀 아들(딸)아, 어디서나, 어느 활동에서나, 어떤 세상일에서나, 네 마음이 자유로워 자신을 다스릴 힘이 있고, 모든 것을 지배할 힘이 있어, 네가 지배를 받지 않도록 삼가 주의하여야 한다. 네가 네 행동의 주인과 관리자가 되어야지, 네 행동의 노예가 되어서는 안 된다. 노예 신분에서 벗어나서 하느님 아드님의 몫과 자유를 얻은 참히브리인이 되어라. 그런 사람은 비록 현세에 있지만 영원한 것을 동경하며, 왼쪽 눈으로는 무상無常한 현세를 바라보면서도 오른쪽 눈으로는 천상의 것을 바라본다. 그런 사람은 물욕에 이끌리지 않고, 오히려 세상 것을 이끈다. 그는 모든 피조물을 하느님께서 창조하신 질서에 따르도록 이끈다.

2 겉으로 드러나는 것에 개의치 말고, 보고 들은 것을 육신의 눈으로 판단하지 말고, 모세처럼 모든 일을 하느님께 여쭈러 장막에 들어가라. 그러면 어떤 때에는 하느님께서 대답하시는 말씀을 들어 현재와 장래의 많은 일에 대해 가르침을 받고 돌아올 것이다. 모세는 궁금한 것이 있거나 어려운 문제를 풀어야 할 때 항상 장막 안으로 들어갔으며, 위험이나 사람들의 악행을 피하려 할 때에도 장막으로 피신하여 기도를 하며 도움을 청하였다. 너도 그와 같이 네 마음의 은밀한 곳으로 피신하여 더욱 열심히 하느님의 도우심을 구해야 한다. 성경에 나오듯이, 여호수아와 이스라엘인들은 하느님께 먼저 의논하지 않고 거짓된 경건에 미혹되고 감언이설을 너무 쉽게 믿다가 기브온 사람들에게 속았다(여호 9장 참조).

제39장 어떤 일에든 당황하지 않음

1 주님의 말씀 아들(딸)아, 내게 네 일을 항상 맡겨라. 적당한 때에 내가 잘 처리해 주겠다. 나의 안배를 기다려라. 그러면 발전과 진보가 있음을 깨달을 것이다.

2 제자의 말 주님, 저의 생각이 유익하지 못하기에 저의 모든 것을 기꺼이 당신께 맡깁니다. 제가 장래의 일을 지나치게 많이 생각하지 않는 대신 당신의 뜻에 따라 지체 없이 저를 당신께 맡긴다면 오죽이나 좋겠습니까?

3 주님의 말씀 아들(딸)아, 사람이란 자기가 원하는 일이 있으면 그 일에 열중하지만, 정작 그것을 얻게 되면 달리 생각하기 시작한다. 사람의 애착심은 같은 일에 오래 머물지 않고 변덕스럽기 때문이다. 그러

므로 아주 작은 일에서도 자기를 끊어 버리는 것은 결코 쉬운 일이 아니다.

4 사람의 참된 발전은 자기를 끊어 버리는 데 있고, 또 자기를 끊어 버린 사람은 대단히 자유롭고 완전하다. 그러나 원수는 착한 사람 모두를 거슬러 싸우고, 끊임없이 유혹하며, 그 가운데 방심하는 사람이 있으면 그를 속여 올가미를 씌우려고 밤낮으로 중대한 음모를 꾸민다. 나는 분명하게 말한다. "유혹에 빠지지 않도록 깨어 기도하여라."(마태 26,41)

제40장 사람에게는 선도 없고, 영광으로 삼을 것이 없음

1 **제자의 말** '인간이 무엇이기에 이토록 기억해 주시며, 사람이 무엇이기에 이토록 돌보아 주십니

까?'(시편 8,5 참조) 저한테 어떤 공이 있다고 은총을 주십니까? 주님, 당신께서 저를 버리신다 해도 어찌 제가 당신을 원망할 수 있겠으며, 제가 청하는 것을 안 들어주신다 해도 어찌 감히 제가 당신께 반항할 수 있겠습니까? 제가 진실로 생각하고 드릴 수 있는 말씀은 "주님, 저는 아무것도 아닙니다. 저는 아무것도 할 수 없습니다. 제게 있는 좋은 것들은 제가 스스로 취한 것이 아닙니다. 그런 것은 하나도 없습니다. 저는 모든 면에서 부족하며, 허무한 그곳 죽음에로 끊임없이 가고 있을 뿐입니다."라는 말씀뿐입니다. 당신께서 저를 도와주지 않으시고, 또 저에게 내적인 힘을 주지 않으시면, 저는 완전히 냉담해지고 쇠약해지고 말 것입니다.

2   주님, 당신께서는 항상 계시고, 영원히 변함없이 선하시고, 의로우시고, 거룩하시고, 모든 것을 정의롭게 또 거룩하게 행하시며, 지혜롭게 안배하십니다.

그러나 저는 진보하기보다도 자주 잘못을 반복하여 항상 같은 상태에 있지 못하니, '그 마음이 하루에 일곱 번씩 변합니다.'(다니 4,13 참조) 그렇지만 주님께서 원하시고 손을 펴 저를 도우시면 즉시 나아질 것입니다. 사람의 도움은 필요 없고 당신만이 도와주실 수 있습니다. 당신만이 다시는 제 마음이 이리저리 기웃거리지 않고 항상 당신만을 향하고, 당신 안에 안정을 누릴 수 있게 해 주실 수 있습니다.

3 그러므로 제가 신심을 얻기 위해, 혹은 저를 위로해 줄 분이 당신밖에 없기 때문에 당신을 찾을 필요가 있어서, 또는 모든 인간적 위로를 끊어 버릴 줄 알게 되는 경우, 그때에는 당연히 당신의 은총을 바라고, 당신께서 주시는 새로운 위로에 대하여 즐거워할 수 있을 것입니다.

4 제게 이루어지는 모든 성공은 다 당신께로부터 오는 것이니, 감사드립니다. 저는 헛것에 불과하니, "당신 앞에서는 없는 것과 같습니다."(시편 39,6) 저는 항구한 마음이 없고, 나약한 사람에 지나지 않습니다. 그런 제가 세상 무엇으로 영광을 삼고, 남 앞에 명예를 얻을 수 있겠습니까? 그것들은 허무할 뿐입니다. 그 허무한 것을 영광으로 삼겠습니까? 그것은 가장 헛된 일입니다. 헛된 영광은 끔찍한 흑사병과 같고 너무나 허무한 것이니, 저를 참된 영광에서 멀어지게 하고 천상의 은총을 빼앗습니다. 사람이 스스로 만족하면 당신 마음에 들지 못하며, 인간의 칭찬을 즐겨 들으려 하면 참다운 덕행을 잃고 말 것입니다.

5 참다운 영광과 거룩한 기쁨과 즐거움은 자신이 아니라 당신을 자랑하는 일에 있으며, 자기 덕행이 아니라 당신 이름으로 즐거워하는 데 있으며, 당신

을 위해서만 어떤 피조물을 두고 기뻐하는 데 있습니다. 찬미를 받아야 할 것은 저의 이름이 아니라 당신 이름이며, 찬송을 받아야 할 것은 저의 업적이 아니라 당신 업적입니다. 당신의 거룩한 이름만 현양되어야 하며, 사람들이 드러내는 찬미는 조금도 제게 돌리지 말게 하소서. 당신께서는 저의 영광이시며, 저의 즐거움이십니다. 저는 당신 안에서 항상 자랑하고 즐겁고 기뻐하오니, '저 자신에 대해서는 제 약점밖에 자랑하지 않으렵니다.'(2코린 12,5 참조)

6 유다인들은 자기들끼리 서로 영광을 구하지만, 저는 하느님께만 있는 영광을 구하겠습니다. 당신의 영원한 영광에 비하면 인간의 모든 영화와 명예와 지위는 헛된 것이요 어리석은 것에 지나지 않습니다. 오! 저의 진리, 저의 인자로우신 사랑, 저의 하느님! 복되신 성삼이시여! 당신 홀로 찬미와 영예, 권능과 영광

을 영원히 받으소서.

제41장 세상의 모든 허영을 멸시함

1 주님의 말씀 아들(딸)아, 다른 사람은 존경을 받고 높은 지위에 오르는데 너는 멸시를 당하고 천대를 받는다고 마음 쓰지 마라. 대신 마음을 내게로 향하라. 그러면 사람들이 너를 경멸한다고 슬퍼할 일이 없을 것이다.

2 제자의 말 주님, 저희는 눈 먼 사람처럼 살아가므로 허영심에 이끌리기 쉽습니다. 이 세상에는 저를 모욕할 만한 것이 없다는 것을 똑똑히 깨닫는다면, 제가 어떤 모욕을 당했어도 당신을 원망하지 않을 것입니다. 사실은 제가 당신께 자주 죄를 범했기에 당연히 모든 피조물이 저를 거슬러 일어난 것뿐입니다.

그러므로 제가 수치와 멸시를 당하는 것은 지극히 당연한 일이며, 당신께서는 찬미와 존경과 영광을 받으시는 것이 마땅합니다. 모든 피조물이 저를 멸시하고 떠나는 것과, 남들이 저를 아무것도 아닌 것으로 여기는 것을 기꺼이 받아들일 각오가 되어 있지 않다면, 저는 마음에 평화를 얻지도 못하고, 견고해지지도 못하고, 성령의 빛도 받지 못하며, 당신과 완전하게 결합하지도 못할 것입니다.

제42장 평화를 사람에게 두지 않음

1 **주님의 말씀** 아들(딸)아, 너와 뜻이 같고 혹은 함께 산다고 해서 그 사람에게서 평화를 찾는다면, 너는 항구하지 못하고 불안할 것이다. 그러나 네가 믿고 의지하는 것이 불사불멸하고 불변하는 진리라면 친구가 떠나거나 죽는다고 근심하지 않으리라. 친구를

사랑하는 것도 내 안에서 해야 하며, 네가 좋다고 여기고 이 세상에서 가장 친하게 지내는 사람도 나를 위하여 사랑하여야 한다. 나 없이는 우애도 힘이 없으며 있다 해도 오래가지 못한다. 내가 맺어 놓은 사랑이 아니면 참되고 깨끗한 것이 아니다. 너는 그러한 인간적 애착에 무감각해져야 한다. 아무도 교제하지 않고 살기를 원해야 한다. 인간의 모든 위로를 멀리 피할수록 그만큼 하느님께 가까워진다. 또 자기 스스로를 깊이 낮추고 자기를 천하게 볼수록 그만큼 하느님께 올라간다.

2 자기에게 선한 것이 있다고 생각하는 사람은 하느님의 은총을 가로막는 사람이다. 이는 성령의 은총이 항상 겸손한 마음을 요구하는 까닭이다. 네가 자신을 완전히 허무한 것으로 여기고 또 피조물에 대한 사랑을 완전히 끊어 버릴 줄 안다면, 나는 풍성한 은총과 함께 네 안으로 흘러 들어갈 것이다. 네가 피조물

을 바라보면 조물주를 보지 못하게 될 것이다. 모든 일에서 조물주를 위하여 자신을 이기는 법을 배워라. 그렇게 하면 하느님을 알게 될 것이다. 아무리 작은 것이라도 무절제하게 사랑하여 바라보면, 가장 높은 것에서 멀어지게 되고 결국 해를 입는다.

제43장 세속적 헛된 지식

1 주님의 말씀 아들(딸)아, 너는 사람이 하는 말이 아름답고 사리에 밝다고 이끌리지 마라. '하느님의 나라는 말이 아니라 힘에 있다.'(1코린 4,20 참조) 마음을 뜨겁게 하고 정신을 밝혀 주는 내 말을 삼가 들을 것이니, 그것은 마음에 통회를 일으키고 여러 가지 위로를 주는 말이다. 남보다 박학하고 지혜롭다는 말을 듣겠다는 마음으로는 어떤 글도 읽지 마라. 악습을 고치는 데 힘써라. 그것이 어려운 문제를 많이 푸는 것보다 네게

더 유익하기 때문이다.

2 많이 읽고 많이 알아들었으면 항상 유일한 원리로 돌아가야 할 것이다. 그 원리는 사람에게 지식을 가르치며, 사람한테서 배워 알 수 있는 것 이상으로 명석한 이해력을 준다. 내가 가르치는 사람은 오래지 않아 지혜롭게 될 것이며, 영혼에는 큰 발전이 있을 것이다. 사람에게는 헛된 것을 많이 물으면서 나를 섬기는 일에는 그다지 관심을 기울이지 않는 사람에게는 화가 있을 것이다. 모든 선생의 스승이며 천사들의 주인인 그리스도가 나타날 때가 있을 터이니, 그때에는 모든 사람들이 그의 가르침을 들으러 올 것이다. 이는 그가 각 사람의 양심을 살피러 온다는 뜻이다. '그때에 나는 불을 켜 들고 예루살렘을 뒤지리니'(스바 1,12 참조), 모든 암흑에 숨은 것이 드러날 것이며, 혀는 변론을 그치고 잠잠할 것이다.

3 나는 겸손한 사람의 정신을 세상에서 들어 올려 수십 년간 학교에서 연구한 것보다 많은 영원한 진리의 이치를 삽시간에 통달케 할 것이다. 나는 요란한 소리 없이, 여러 의견의 복잡함 없이, 허영의 외식外飾 없이, 논쟁 없이 가르친다. 내가 가르치는 것은 세상 것을 천하게 보고, 잠시 지나갈 현세의 것을 피하고, 영원한 것을 찾고, 영원한 것에 맛을 들이고, 명예를 피하고, 악한 표양을 참아 견디고, 모든 희망을 나에게 두고, 나 외에는 아무것도 원하지 않고, 모든 것을 초월하여 나를 뜨겁게 사랑하라는 것이다.

4 어떤 사람은 나를 사랑하게 되면서부터 거룩한 진리를 배워 신비로운 말을 하였다. 어떤 사람은 연구를 통해서가 아니라 모든 것을 버리는 데서 발전을 이루었다. 그러나 나는 어떤 사람에게는 보통 것을 말해 주고 어떤 사람에게는 특별한 것을 말해 주며, 어떤

사람에게는 징표와 모습으로써 기꺼이 나를 드러내 주고, 어떤 사람에게는 수많은 빛 가운데 오묘한 도리를 계시해 준다. 말씀은 모든 사람에게 다 같은 말을 하지만, 그렇다고 모든 이를 똑같이 감화시키는 것은 아니다. 이는 내가 사람의 마음속에서 진리를 가르치고, 마음을 살피고, 생각을 통달하고, 행위를 장려하며, 공정한 판단에 따라 각 사람에게 맞는 은혜를 내려 주는 스승이기 때문이다.

제44장 바깥일에 마음을 두지 않음

1 주님의 말씀 아들(딸)아, 너는 아무것도 모르는 사람이 되어야 하며, 스스로를 세상에서 죽은 이처럼 여기고, 세상에서 완전하게 못 박혀 있게 된 것처럼 생각하여야 할 것이다. 또 세상일에 귀를 막고 지나가야 할 것이며, 오로지 네 평화에 관한 것만을 생각하여

야 한다. 마음에 들지 않는 일에서 눈을 돌리는 것이 네게는 유익하고, 다른 사람과 논쟁하여 공격하는 것보다는 그가 생각하는 대로 내버려 두는 것이 더 낫다. 네가 하느님을 항상 잘 모시고 있고, 그분의 판단에 의지하고 있으면, 남에게 지는 것을 쉽게 참을 것이다.

2 제자의 말 오! 주님, 저희가 지금은 어떤 상태에 있습니까? 세속에서 손해를 보았다고 울고, 보잘것없는 이익을 좇아 동분서주하지만, 이것이 영혼에 끼치는 해로움은 간과하고, 진정으로 영혼을 위하는 길은 찾는다 하더라도 너무 늦게 찾기 일쑤입니다. 별로 소용도 없고 전혀 도움도 되지 않는 일에는 주의를 기울이지만, 정말로 필요한 것에는 소홀히 하니, 이는 사람이 대체로 바깥일에만 관심을 두기 때문입니다. 하루빨리 이를 깨닫지 못하면 바깥일에 파묻혀 즐기려고만 할 것입니다.

제45장 모든 사람을 다 믿을 수 없음

1 **제자의 말** "저희를 적에게서 구원하소서. 사람의 구원은 헛됩니다."(시편 60,13) 믿었던 사람에게 얼마나 많이 실망했습니까! 제가 별로 기대하지 않았던 사람에게서 얼마나 많이 신뢰를 보았습니까! 그러므로 사람을 믿는 것은 헛된 일입니다. 의인들의 구원은, 주님, 당신께 있습니다. 저의 주 하느님, 저희가 겪는 모든 일을 통해 찬미를 받으소서. 저희는 약하고, 항구치 못하고, 쉽게 속고, 쉽게 변합니다.

2 모든 일에 완전하게 주의를 기울이고 조심하여, 단 한 번도 속아 넘어간 적이 없고, 단 한 번도 혼란스러움을 겪지 않은 이가 도대체 어디에 있겠습니까? 그러나 주님, 당신을 믿으며 순진한 마음으로 당신을 찾는 사람은 쉽게 넘어지지 않을 것입니다. 또한 어떤 곤경에 처하더라도, 아무리 복잡한 일을 겪는다 할지라

도, 당신이 계셔서 빨리 빠져 나올 수 있을 것이며, 당신께 위로를 받을 것이니, 당신께서는 당신을 믿는 사람을 끝까지 버리지 않으시기 때문입니다. 자기 벗이 곤경에 처해 있을 때 우정을 지켜 나가는 참된 벗은 드물지만, 주님, 당신 홀로 모든 벗 가운데 온전하게 믿을 수 있는 벗이며, 당신과 같은 사람은 한 명도 없습니다.

3 "내 마음은 견고해졌고 그리스도 안에 확고한 기초를 두었다."라고 부르짖은 저 거룩한 영혼은 얼마나 잘 생각한 것입니까! 저도 그럴 수 있다면 사람을 무서워하여 괜한 번거로움에 빠질 필요가 없을 것이며, 사람의 말이 무서워 그 말에 쓸데없이 움직일 필요도 없을 것입니다. 어느 누가 모든 것을 미리 내다보고, 장래에 닥칠 모든 재앙을 피할 수 있겠습니까? 미리 알고 있는 것도 가끔 잘못되어 영혼에 상처를 입히는데, 미리 알지 못하고 있다가 갑자기 당하여 중상을 입는 것

이 어찌 이상한 일이겠습니까? 그런데도 왜 저는 가련한 저 자신을 미리 더 잘 살펴보지 않고 있으며, 어떻게 다른 사람을 그렇게 쉽게 믿은 것입니까? 많은 사람이 저희를 천사와 같다고 여기고 혹은 천사라고 부르지만, 저희는 연약한 인간에 불과합니다. 주님, 누구를 믿어야 하겠습니까? 당신 외에 또 누구를 믿어야 하겠습니까? 당신께서는 속이지도 않고 속지도 않으시는 진리이십니다. 또 "사람은 모두 거짓말쟁이"(시편 116,11)며, 약하고 항구하지 못합니다. 특히 말에 있어서는 더욱 그러하여, 겉으로 바르게 들리는 말도 사실은 곧이곧대로 믿기 어렵습니다.

4 "사람들을 조심하여라."(마태 10,17) 하신 당신의 말씀이 얼마나 지혜로운 말씀입니까? '집안 식구가 바로 원수가 되며'(마태 10,36 참조), "'그리스도께서 여기 계시다!', 또는 '아니, 여기 계시다!'"(마태 24,23) 하더라도 믿

을 것이 못 됩니다. 저는 해로운 경험을 하고 나서야 깨달았습니다. 이 경험을 통해 앞으로 더욱 조심하고 주의할 것이고, 그 때문에 미련한 짓을 하지 않게 되면 정말 다행이 아니겠습니까? 어떤 사람이 제게 무슨 말을 하고 나서 "주의하고 또 주의하여 비밀을 지켜 달라."라고 했기에 저는 말을 하지 않았고 그리하여 그 말이 비밀 중에 있는 줄로 알았는데, 제게 비밀을 지켜 달라고 청하던 그가 가만히 있을 수가 없어 곧바로 저를 팔고 다닙니다. 주님, 제가 그런 이야깃거리가 되지 않게 하시고, 조심성 없는 사람에게서 저를 보호하시어 그들의 손에 떨어지지 않게 하시고, 저 역시 그 같은 일을 결코 하지 않도록 해 주소서. 저의 바람은 진실된 말만, 확실한 말만 하고, 간사한 말은 제게서 멀리 있게 하는 것입니다. 제가 겪고 싶지 않은 것을 제가 하지 않도록 모든 힘을 다 기울여 주의하겠습니다.

5

남의 말을 하지 않고, 모든 것을 분별없이 다 믿지 않고, 들은 것을 가볍게 옮기지 않고, 저 자신을 아무렇게나 드러내지 않고, 항상 마음을 보살펴 주시는 당신만 찾으며, 바람과 같이 이러저러한 말에 흔들리지 않고, 안팎의 모든 일이 당신 뜻대로 이루어지기를 원한다면, 그 얼마나 좋으며, 얼마나 큰 평화를 얻을 수 있겠습니까! 사람들 앞에 드러나는 것을 피하고, 자랑거리가 될 만한 것을 원하지 않으며, 오로지 개과천선하려는 마음으로 열심히 당신을 따르는 일만을 찾아 실천하는 것이야말로 천상의 은총을 보존하는 안전한 방법이 아니겠습니까! 남에게 덕을 드러내고 너무 일찍 칭송을 받게 되어 상처를 입은 사람이 얼마나 많습니까! 모든 것이 유혹이며 전쟁인 이 위험한 세상에서 은총을 은밀하게 보존하는 것이야말로 그 얼마나 유익합니까!

제46장 비난을 당할 때 하느님께 의탁함

1 **주님의 말씀** 아들(딸)아, 굳세게 서 있고 나를 믿고 있어라. 말은 무엇이냐? 말은 말에 지나지 않을 뿐이고, 공중에 흩어질 뿐이지 단단한 돌에 상처조차 입히지 못한다. 만일 네가 죄를 지었거든 기꺼이 고쳐야 한다고 생각하라. 만일 잘못한 것이 하나도 생각나지 않는데도 비난의 소리를 들으면, 하느님을 위하여 기꺼이 참아 나가야 된다고 생각하라. 네게는 큰 어려움을 이겨 낼 힘이 아직도 없으니, 때에 따라서는 비록 남의 말이라도 듣고 참는 경우가 생기는 것도 괜찮다. 그처럼 하찮은 일이라도 그것이 네 마음을 사로잡는다는 것은 아직도 네가 육체를 따라 살고 체면을 중요하게 여기고 있다는 뜻이 아니고 무엇이겠느냐? 다른 사람이 너를 업신여길까 봐 두려워하기 때문에 잘못에 대한 책망을 싫어하고, 핑계를 대며 그 잘못을 가리려고 하는 것이다.

2 그러나 너 자신을 잘 살펴보라. 아직도 네 안에는 세속이 살아 있고, 사람들의 뜻에 맞추겠다는 헛된 사랑이 살아 있다는 것을 깨닫게 될 것이다. 네가 천대받지 않으려 하고, 과오가 있어도 수모를 당하려 하지 않는 것은 분명히 네가 겸손하지 않다는 것을 의미한다. 또 세상에 대하여 죽지 않았으며, 세상 역시 네 안에서 완전히 극복되지 못했음을 의미한다. 그러나 내 말을 들으면 사람들이 하는 그 많은 말에 관심을 두지 않을 것이다. 사람들이 너를 거슬러서 상상할 수 있는 모든 악한 말을 한다 할지라도 그저 지나가게 내버려 두고, 그 말들을 티끌처럼 여긴다면 네게 해로울 것이 하나도 없을 것이며, 네게서 머리털 하나도 빠지지 않을 것이다.

3 그러나 마음을 진정시키지 못하고 항상 하느님을 목전에 모시지 않는 사람은 비난의 소리를 들으

면 금세 흔들린다. 그러나 나를 믿고 자기의 판단을 따르지 않는 사람은 사람에 대한 두려움에서 자유롭다. 나는 판관이며 모든 비밀을 알고 있으니, 일이 어떻게 된 것인지를 알고, 욕하는 사람도, 욕을 먹는 사람도 안다. "많은 사람의 마음속 생각이 드러날 것"(루카 2,35)이라고 내가 말했다. 내가 허락했기 때문에 그 일이 일어난 것이다. 나는 죄인과 무죄한 이들을 판단할 것이다. 그러나 은밀하게 둘 다 먼저 시험하고 나서 판단하겠다.

4 사람이 증명해 주는 것은 사람을 속이지만, 나의 판단은 참되며 영원하고 또 무너지지도 않는다. 이러한 판단은 흔히 숨어 있기 마련이어서 그것을 깨닫는 사람은 아주 적다. 나의 판단은 한 번도 그르친 적이 없으며, 비록 미련한 사람들의 눈에는 바르지 않게 보여도 결코 그르칠 수가 없다. 그러니 나의 모든 판단에 따르고 자신의 의견을 따라 행하지 마라. 의로운 사람

은 하느님께로부터 무슨 일을 당하든지 그 "뿌리는 흔들리지 않는다."(잠언 12,3) 의로운 사람은 불의하게 자기를 거슬러 하는 말에 별로 상관치 않는다. 또 다른 사람에게 이치에 맞게 설명했다 하여도 그것을 두고 즐거워하지도 않는다. '내가 사람의 속과 마음을 꿰뚫어 보고'(묵시 2,23 참조), 사람의 얼굴이나 드러나는 겉모습을 보고 판단하지 않는다는 것을 그는 알고 있기 때문이다. 사람들이 잘했다고 칭찬하는 것도 내 눈에는 잘못된 것으로 보일 때가 많다.

5 **제자의 말** 주 하느님, 의로우시고 용맹하시고 참을성이 많으신 판관이시여! 당신께서는 사람의 연약함과 악함을 아시니, 저의 힘이 되어 주시고, 저의 모든 즐거움이 되어 주소서. 제게는 양심 하나만으로는 부족합니다. 제가 알지 못하는 것을 당신께서는 아시니, 제가 어떤 책망을 듣더라도 스스로 겸손해야 했

고 착하고 순수하게 참아야 했습니다. 그렇게 하지 않은 모든 것을 너그럽게 용서해 주시고, 더욱더 잘 참을 수 있는 은총을 다시 내려 주소서. 저는 양심을 변호하기보다는 당신의 풍요로운 자비로 용서를 구하기 위해서 의덕을 쌓겠습니다. '잘못한 것이 없음을 알고 있어도'(1코린 4,4 참조), 의로운 사람이라고 할 수는 없사오니, "당신의 종과 함께 법정으로 들지 마소서. 산 이는 누구도 당신 앞에서 의로울 수 없습니다."(시편 143,2)

제47장 영생을 얻기 위하여 모든 어려운 일을 감수함

1. **주님의 말씀** 아들(딸)아, 나를 위하여 맡은 일 때문에 용기를 잃지 말고, 또 무슨 곤란한 일을 겪는다 해도 결코 실망하지 마라. 내가 허락한 모든 일에서 너를 견고케 하고 위로할 것이다. 나는 모든 저울과

모든 한계를 초과하여 넉넉하게 갚아 줄 수 있다. 너는 그렇게 오랫동안 수고하지 않을 것이며, 또 항상 고통으로 짓눌리지도 않을 것이다. 잠시만 기다리면 고난의 끝을 볼 것이다. 모든 수고와 혼란이 끝날 때가 올 것이다. 세월과 함께 지나가는 것들은 그 수명이 짧고 하찮은 것들이다.

2

네가 해야 할 일을 하여라. 나의 포도밭에서 충실히 일하여라. 내가 네 품값이 되리라. 쓰고, 읽고, 노래하고, 탄식하고, 침묵하고, 기도하라. 용감하게 역경을 참아라. 영원한 생명을 위해서는 그 모든 것을, 아니 그보다 더 큰 싸움을 치러야 한다. 하느님께서만 아시는 그 어느 날에 평화가 찾아올 것이니, 그때에는 이 세상이 낮도 아니고 밤도 아닐 것이며, 오직 영원한 빛과 한없는 영광과 흔들림 없는 평화와 안전한 안식만이 있을 것이다. 그때에는 "누가 이 죽음에 빠진 몸에서 나를 구해 줄 수 있습니까?"(로마 7,24) 하지 않고, 또 "아, 내 신세여! … 케다르의 천막들 사이에서 지내야 했으니!"(시편 120,5) 하고 소리 지르지도 않을 것이다. 죽음은 파멸을 당할 것이며, 구원에는 어떠한 결함도 없을 것이며, 아무 근심도 없고, 즐거운 복락과 사랑스럽고 안락한 만남만 있을 것이다. 성인들은 이 세상에서 지낼 때 극심하게 천대를 받고 현세에서 사는 것조차 부당한 것처럼 생각되었으나, 지금 그들이 얼마나 큰 영광 속에서 즐거워하며, 또 그들의 영원한 면류관은 얼마나 빛나고 있는가! 아! 네가 그 장면을 단 한 번만이라도 본다면, 너는 즉시 땅에까지 스스로를 낮출 것이며, 한 사람이라도 발아래 두기보다는 네가 모든 사람 아래 있게 되기를 원할 것이다. 또 이 세상의 아무리 즐거운 날이라도 원하지 않을 것이며, 하느님을 위해서라면 차라리 즐거이 곤경을 겪으려 할 것이며, 사람들 가운데에서 가장 보잘것없는 작은 이,

제47장 영생을 얻기 위하여 모든 어려운 일을 감수함

극히 작은 이로 인정받기를 바랄 것이다.

3 오! 만일 네가 이것을 깨닫고 마음 깊이 새겨 둔다면, 어떻게 감히 원망할 수 있겠느냐? 영원한 생명을 위해서 그 모든 수고를 견딜 것 아니겠느냐? 하느님의 나라를 잃는다면 네가 얻은 것은 아무 소용이 없다. 그러므로 하늘로 얼굴을 들어 보라. 이 세상에서 큰 싸움을 겪은 나의 모든 성인들이 나와 함께 즐거워하고, 위로를 받고, 안심하고 쉬며, 영원한 하느님의 나라에 머물고 있다.

제48장 영원한 날과 현세의 곤궁

1 **제자의 말** 오! 천상의 나라의 지극히 복된 곳이여! 밤도 어둡게 할 수 없는 영원한 진리가 항상 빛나는 영원한 날이여! 항상 즐겁고 늘 안전하고 그 상

태에서 한 번도 변하지 않는 날이여. 오! 얼른 그날이 밝아 현세의 모든 것이 끝났으면! 영원한 광채의 그날이 성인들에게는 환하게 빛나지만, 나그네인 저희에게는 멀리 '거울에 비추어 보듯이 어렴풋이'(1코린 13,12 참조) 보일 뿐입니다.

2 천국의 백성은 그날이 얼마나 즐거운지 잘 알지만, 귀양살이를 하는 하와의 후손들은 이 세상에서의 하루하루가 괴롭고 지루하여 탄식만 할 뿐입니다. 현세의 날은 짧은 데다가 그나마 악하여 고통과 난감한 일이 가득합니다. 여기서는 사람이 많은 죄에 물들어 더러워지고, 사욕에 얽혀 있으며, 두려움에 휩싸여 있고, 걱정으로 시달리며, 부질없는 호기심으로 분심을 겪으며, 허영심에 이끌리고, 미혹 속에서 방황하며, 힘겨운 일로 쇠퇴하고, 시련에 짓눌리며, 쾌락으로 허약해지고, 가난으로 들볶입니다.

3 오! 언제쯤 이 모든 불행이 끝나겠습니까? 언제쯤 악습의 가련한 속박에서 벗어나겠습니까? 주님, 언제쯤 당신 한 분만을 생각하겠습니까? 언제쯤 당신 안에 완전히 즐거워하며 지내겠습니까? 언제쯤 참된 자유를 누리며 아무런 거리낌도 없이 지내며, 몸과 마음의 불편함이 없이 지내겠습니까? 언제쯤 굳건한 평화가 있고, 흔들리지 않고 완전한 평화가 있겠으며, 안팎으로 또 모든 면에서 견고한 평화가 있겠습니까? 착하신 예수님, 언제쯤 당신을 뵈러 당신 대전에 나아가겠습니까? 언제쯤 당신 나라의 영광을 뵙겠습니까? 언제쯤 당신께서 제게 모든 것의 모든 것이 되시겠습니까? 오! 언제쯤 당신께서 사랑하시는 사람들을 생각하시어 영원으로부터 준비하신 당신 나라에 머물게 하시겠습니까? 저는 원수의 땅에서 귀양살이하며 가난하게 지내고 있으니, 여기는 날마다 전쟁이요, 불행이 가득합니다.

4 저의 귀양살이를 위로해 주시고, 제 고통을 가볍게 해 주소서. 저의 모든 바람은 당신께로만 향해 갈 것입니다. 이 세상이 제게 주는 그 모든 위로는 짐밖에 되지 않습니다. 당신을 온전하게 누리고 싶지만 그럴 수가 없습니다. 천상의 것에만 마음을 붙이려고 하지만, 이 세상 사물과 극복하지 못한 사욕이 저를 짓누르고 있습니다. 정신으로는 모든 것을 초월하고자 하지만, 육신으로 말미암아 모든 것 밑에 있도록 속박을 당하고 있습니다. 이렇게 저는 자신과 싸우고 있는 불행한 처지라, 정신은 위로 오르려 하나, 육신은 아래로 내려가려 하므로 '저는 제게 무거운 짐이 되었나이다.'(욥 7,20 참조)

5 오! 어찌 이렇게 제 안의 괴로움이 심한 것입니까? 정신으로 천상의 것을 묵상하고 기도하는 중에도 그 즉시 세상 것의 무리가 덤벼듭니다. 저의 하느

님, "제게서 멀리 계시지 마소서. 분노하며 당신 종을 물리치지 마소서."(시편 71,12; 27,9) '번개를 치시고 당신 화살들을 보내시면'(시편 144,6 참조) 원수의 모든 환상은 사라질 것입니다. 제 모든 감각을 당신께로 모아 주시고, 세상 모든 것을 잊게 해 주시며, 악습의 모든 환상을 재빨리 가볍게 여기고 단호히 배척하게 해 주소서. 영원한 진리시여, 어떤 허영도 저를 흔들지 못하도록 도와주소서. 천상의 아름다운 맛이시여, 어서 임하소서. 당신 대전에서 모든 불결한 것이 물러가게 하소서. 또한 기도 중에 당신 외에 다른 무엇을 생각하거든 그때마다 너그럽게 용서해 주시고 또 용서하소서. 제가 자주 분심한다는 사실을 솔직히 고백합니다. 저는 자주 제 육신이 있는 곳에 머물지 않고 제 생각이 머무는 곳에 가 있습니다. 또한 제 생각은 제 사랑이 있는 곳에 머뭅니다. 본성적으로 좋아하고 습관적으로 즐겨 찾는 것이 쉽게 마음에 들어오기 때문입니다.

6 그러므로 진리이신 당신께서는 "너의 보물이 있는 곳에 너의 마음도 있다."(마태 6,21)라고 분명히 말씀하신 것입니다. 제가 천국을 사랑하면 즐겨 천국 일을 생각할 것이나, 세상을 사랑하면 세상의 행복을 즐거워하거나 세상의 역경에 쉽게 슬퍼할 것입니다. 제가 육신을 사랑하면 육신의 것을 자주 생각하고, 영혼을 사랑하면 거룩한 일에 대하여 생각하기를 좋아할 것입니다. 또한 무엇이든지 사랑하는 것을 즐겨 말하고 들으며, 그 환상을 가지고 집에 돌아올 것입니다. 그러나 주님, 당신 때문에 모든 피조물이 떠나가도록 내버려 두는 사람은 복됩니다. 당신께 깨끗한 양심으로, 한마음으로 기도를 바치고 안팎으로 세상의 모든 것을 완전하게 떠나 천사들의 반열에 오르기 위해서, 자기의 본성을 힘껏 누르고 영혼의 열성으로 육신의 사욕을 복종시키는 사람은 복됩니다.

제49장 영원한 생명을 위해
용맹히 싸우는 사람에게 허락된 행복

1. **주님의 말씀** 아들(딸)아, 영원한 행복을 사모하는 마음은 천상에서 주시는 것임을 깨닫고, 조금도 변치 않는 나의 광명을 보려고 육체의 장막을 걷어낼 듯이 생기거든, 네 마음을 넓혀 간절한 원의를 갖고 거룩한 영감을 받아라. 너를 이와 같이 돌보시고, 너그럽게 찾으시며, 뜨겁게 격려해 주시고, 네가 세상 것에 떨어지지 않도록 힘차게 거두어 주시는 지극히 어지신 분에게 정성을 다해 감사하라. 그 같은 원의는 네 생각이나 노력으로 얻을 수 있는 것이 아니라, 천상 은총의 힘과 하느님의 돌보심으로만 얻는 것이다. 그 같은 원의를 네게 주신 것은 덕행에 진보하고, 겸손하도록 더 힘쓰며, 장래에 치를 싸움을 위하여 준비하고, 온전한 마음으로 나만을 사랑하며, 열심을 다하여 나를 섬기는 데 힘을 쓰라는 뜻에서다.

2 아들(딸)아, 불은 쉽게 붙지만 연기 없는 불꽃이 오르지 않는다. 마찬가지로 어떤 사람들은 그 원의가 하늘로 오르기는 하지만, 욕정의 유혹에서 벗어나지 못한다. 그러므로 그들이 하느님께 진지하게 청원하는 듯이 보일지라도, 그것이 하느님의 영광만을 위하여 구하는 것이 아니다. 네가 성급하게 드러낸 원의도 흔히 그러한 종류의 것이다. 자기의 이해를 위하는 마음이 섞인 원의는 깨끗하고 완전한 것이 아니다.

3 네게 흥미롭고 편한 것을 구하지 말고, 내 뜻에 맞고 내게 영광이 될 것을 구하라. 네가 옳게 생각한다면, 네 바람이나 희망이 아니라 나의 뜻을 더 좋아해서 따라야 한다. 나의 안배를 더 중요하게 여기고 그에 따라야 한다. 나는 네 원의를 알고 있으며 네 탄식 소리도 가끔 들었다. 너는 이미 하느님의 자녀들이 누릴 영광의 자유를 얻기를 원하고, 이미 영원한 가정

을 그리워하고, 이미 즐거움이 가득한 천상 고향을 사모하고 있지만 아직 그때가 오지 않았다. 아직은 그때가 아니다. 즉 아직은 싸울 때며, 수고와 시험을 당할 때다. 너는 당장 지극히 높은 선을 누리고자 하지만, 지금은 그렇게 될 수 없다. 내가 바로 그 지극히 높은 선이다. 하느님의 나라가 올 때까지 나를 기다려라.

4 너는 아직 세상에서 시험을 겪어야 하고, 많은 일로 단련을 받아야 한다. 어떤 때에는 너에게 위로를 주겠지만, 완전히 흡족하게 해 주지는 않을 것이다. 그러니 네 본성에 반하는 것을 참는 일과 그것을 실천하는 일에 굳세고 용감해야 한다. 반드시 새사람을 입고 다른 사람으로 변해야 한다. 종종 네가 싫어하는 일도 해야 하고, 좋아하는 일도 그만두어야 한다. 때로는 다른 사람이 좋아하는 것은 잘되고, 네가 좋아하는 것에는 발전이 없을 것이다. 때로는 다른 사람들이 말하는 것은

사람들이 귀 기울여 듣지만, 네가 말하는 것은 아무것도 아닌 것처럼 여길 것이다. 때로는 다른 사람들은 구하면 받겠지만, 너는 구해도 얻지 못할 것이다.

5 사람들이 다른 이를 칭송하여도, 너에 대해서는 아무 말도 없을 것이다. 다른 사람들에게는 이런 일 저런 일을 맡기겠지만, 너는 마치 아무 쓸데없는 사람처럼 버림을 받을 것이다. 너는 그 때문에 슬퍼하겠지만 그럼에도 아무런 동요 없이 그것을 받아들여 인내하면 정말 위대한 일이 될 것이다. 그런 식으로 또는 그와 비슷한 방법으로 나의 충실한 종은 숱한 시험을 아무렇지도 않게 겪는다. 모든 일에서 얼마나 자기를 억제하고, 자기를 이기는 힘이 있는지를 내가 보려는 것이다. 뜻에 맞지 않는 일을 하거나, 혹은 아무런 재미도 없고, 또한 유익하지 않은 것처럼 보이는 일을 하라고 명령을 받았을 때야말로, 자신을 극복할 수 있는 기회

가 된다. 네가 다른 사람 아래에 있다면 감히 그에게 항거하지 못하고, 오히려 네 주관을 버리고 그의 뜻에 따라야 한다. 그것이 정말 어려운 일이다.

6 그러나 아들(딸)아, 그 수고의 결과를 생각하며, 그 모든 것이 곧 끝나면 상급이 후하다는 것을 기억하라. 그러면 그다지 어렵지 않을 것이며, 인내와 힘 있는 위로가 생길 것이다. 네가 지금의 작은 바람을 스스로 버린다면 천국에서는 항상 네 원의대로 될 것이다. 그곳에서는 원하는 모든 것을 다 가질 것이며, 사모할 수 있는 모든 것을 다 얻을 것이다. 그곳에서는 잃어버릴 염려도 없이 모든 좋은 것을 마음대로 사용할 권리가 있을 것이다. 그곳에서는 네 뜻이 항상 나의 뜻과 일치하여 그 밖의 다른 것이나 사사로운 것을 원하지 않을 것이다. 그곳에서는 아무도 네게 대적하지 않을 것이며, 아무도 너를 원망하지 않을 것이며, 아무도 장애

가 되지 않을 것이다. 또한 아무것도 거리낄 것이 없을 것이고, 오로지 네가 원하는 그 모든 것이 다 있을 것이며, 네 모든 욕망을 흡족케 하고 완전하게 채워 줄 것이다. 나는 그곳에서 모욕 대신에 영광을 주고, 근심 대신에 찬미의 의복을 입혀 주고, 마지막 자리 대신에 영원한 나라의 자리를 정하여 주겠다. 그곳에서는 순명의 효과가 나타날 것이며, 괴로워하던 수고는 즐거움으로 변할 것이며, 겸손하게 복종한 상으로 영광스러운 월계관을 받을 것이다. 그러므로 지금은 모든 사람의 아랫사람이 되어 겸손하게 자신을 낮추어라. 누가 그런 말을 하고, 또 누가 그런 것을 명령했는지 캐내지 마라. 누가 어떤 일을 하라고 하였거나, 하기를 바라는 것 같거든, 그가 어른이건, 아랫사람이건, 친구건 상관 없이, 모두 다 좋은 것으로 생각하고 성의껏 그 뜻을 채우려고만 힘써라. 이 사람은 이런 것을, 저 사람은 저런 것을 찾게 내버려 두어라. 이 사람은 이러한데, 저 사람은 저러한데 하며 사람으로부터 천만 번 찬미를 받는다 하더라도, 너는 오로지 너 자신을 낮게 보는 것과, 내 뜻에만 맞추어 나만을 찬미하는 것을 즐거워하라. 네가 원해야 할 단 한 가지는 죽으나 사나 하느님께서 네 안에서 변함없이 영광을 받으시는 것뿐이다.

제50장 위로가 없을 때 하느님께 의탁함

1 제자의 말 성부이신 주 하느님, 지금과 같이 영원히 찬미받으소서. 지금까지 당신이 원하시는 대로 되었습니다. 또 당신이 하시는 일은 모두 다 좋은 것입니다. 당신의 종은 당신 안에서만 늘 즐거워할 것이니, 저 자신한테서나 다른 무엇에서도 즐거워하지 않게 하소서. 주님, 당신만이 참된 즐거움이시며, 저의 희망이시며, 저의 화관이시며, 저의 기쁨이시며, 저의 영광이신 까닭입니다. 당신께로부터 받은 것 말고 당신 종이 가진 것이 무엇이겠습니까? 당신께서 주시고 행하신 그 모든 것이 다 당신의 것입니다. "어려서부터 저는 가련하고 죽어 가는 몸, 당신에 대한 무서움을 짊어진 채 어쩔 줄 몰라합니다."(시편 88,16) 제 영혼이 어떤 때에는 눈물을 흘리며 슬퍼합니다. 또 어떤 때에는 달려드는 사욕으로 인하여 혼란스럽습니다.

2 평화가 주는 즐거움을 저는 원합니다. 주님께서 위로의 빛으로 기르시는 당신 자녀들에게 주신 평화를 저에게도 내려 주소서. 제게 평화와 거룩한 즐거움을 내려 주시면, 당신 종의 영혼은 감미로운 음악에 잠겨 있을 것이며, 당신을 찬미하는 데 신심을 드러낼 것입니다. 그러나 매우 자주 그러하시듯, 당신께서 그 얼굴을 돌리시면 저는 당신의 계명의 길을 걸어갈 수가 없고, 가슴을 치며 무릎을 꿇을 수밖에 없습니다. 머리 위에 당신 광명이 비치고 당신 날개 밑에서 보호를 받아 어제나 그제와는 오늘이 다르기 때문입니다.

3 공평하시고 의로우시며 찬미받으실 하느님, 당신 종이 시련을 당할 시기가 되었습니다. 사랑하는 아버지 하느님, 당신 종이 당신을 위하여 이 시간에 어떤 고통도 받는 것은 당연합니다. 영원토록 공경받으실 아버지 하느님, 당신 종이 겉으로는 억눌려 있으면서

도, 안으로는 항상 당신과 살 때가 왔으니, 당신께서는 처음부터 그때를 미리 아셨습니다. 당신 종은 당신과 함께 새로운 광채 속에서 부활하여 천상에서 영광을 받기 위해서, 천대를 받고, 멸시를 당하고, 사람 앞에 체면을 잃고, 사욕과 고통으로 눌려 부서져도 개의치 않겠습니다. 아버지 하느님, 당신이 그렇게 원하셨으니, 당신께서 친히 명령하신 대로 그렇게 된 것입니다.

4 당신의 사랑을 위해 세상에서 고통과 역경을 당하는 것은 그것이 몇 번이든지, 또 누구에게서 받게 되든지 상관없이 모두 당신 벗에게 주시는 은혜일 뿐입니다. 당신의 계획과 안배가 없고, 또 이유가 없이는 이 세상에서 이루어질 수 있는 것은 아무것도 없습니다. 주님, "제가 고통을 겪은 것은 좋은 일이니 당신의 법령을 배우기 위함이었습니다."(시편 119,71) 모든 교만한 마음과 주제넘은 마음을 없애는 데에는 저 자신

을 낮추는 것이 좋은 길입니다. 부끄러움으로 제 얼굴을 가리게 되면 사람에게보다도 당신께 위로를 구하게 되니 오히려 제게는 도움이 됩니다. 당신께서는 의인을 죄인과 다름없이 괴롭게 하시니, 당신이 공평하지 않고 정의롭지 않으셔서가 아니라, 그에게도 당신 심판의 두려움을 가르치시기 위해서입니다.

5

당신이 저의 죄악을 없애지 않으시고, 고통을 안기시며, 안팎으로 근심을 보내시어 매서운 매질로 저를 부서뜨리셨으니 감사하나이다. 저의 하느님, 영혼을 낫게 하시는 천상의 의사이신 당신 외에는, 하늘 밑에 있는 모든 이 가운데에서 저를 위로할 수 있는 이가 아무도 없습니다. '당신께서는 벌을 내리기도 하시지만 자비를 베풀기도 하시고 땅속 가장 깊은 곳 저승으로 내려가게도 하시지만 그 무서운 파멸에서 올라오게도 하십니다.'(토빗 13,2 참조) 당신 계명으로 저를 다스리시고, 채찍으로 저를 가르쳐 주소서.

6 사랑하는 아버지 하느님, 보소서. 저는 당신 손안에 있나이다. 당신이 벌하시려 든 채찍 밑에 꾸부려 있나이다. 제 등과 목을 때리시어, 저의 비뚤어진 마음을 당신 의향대로 바로 펴 주소서. 당신께서 항상 하시는 것처럼, 저를 경건하고 겸손한 제자가 되게 하시어, 당신께서 지도하시는 대로 살게 해 주소서. 당신께 저와 저의 모든 것을 바쳐 저를 고쳐 주시기를 바라오니, 후세에서보다 지금 힐책을 당하는 것이 훨씬 낫기 때문입니다. 당신께서는 모든 것을 하나하나 다 아시고, 사람의 마음속에 있는 것 가운데 모르시는 것이 아무것도 없습니다. 일이 되기 전에 이미 그 일의 장래를 아시기에 세상에서 이루어지는 일을 누가 당신께 가르쳐 드리거나 알려 드릴 필요가 없습니다. 당신께서는 제가 발전하는 데 무엇이 요긴한지 아시고, 악습을

벗기 위해 곤란을 겪는 것이 얼마나 유익한지를 아십니다. 당신 의향대로 저를 지도해 주시고, 어느 누구보다도 가장 잘 아시는, 저의 죄 많은 일생을 주님 내치지 마소서.

7 주님, 저로 하여금 알아야 할 것을 알게 하시고, 사랑해야 할 것을 사랑하게 해 주시며, 당신 마음에 맞는 것을 찬미하게 하시고, 당신께서 귀하다고 하시는 것들을 귀하게 여기도록 해 주시며, 당신 눈에 더럽게 보이는 것들을 저도 하찮게 보게 해 주소서. 눈에 보이는 대로 판단하지 않게 해 주시고, 경험이 없는 사람들의 말을 듣고 그대로 판단하지 않게 해 주시며, 유형한 것과 영적인 것을 바로 식별하게 하시고, 또 모든 것을 초월하여 당신 의향을 항상 제대로 알게 해 주소서.

8 사람들은 흔히 오관이 받아들이는 대로 판단하기 때문에 그르치며, 세속을 사랑하는 이들은 유형한 것만 사랑하기 때문에 그르칩니다. 사람에게서 낫다는 평판을 듣는다고 실제로 그 사람이 훌륭합니까? 사람이 높여 주는 것은 거짓말쟁이가 거짓말쟁이를, 허무한 사람이 허무한 사람을, 소경이 소경을, 약한 사람이 약한 사람을 속이는 것이오니, 헛되이 사람을 찬미하는 사람은 반드시 부끄러운 일을 당하게 됩니다. "누구든지 당신 눈에 보이는 그대로의 가치가 있을 뿐이며, 조금도 더하거나 뺄 것이 없습니다."라고 겸손한 프란치스코 성인은 말했습니다.

제51장 위대한 일에 힘이 부족하면 작은 일에 전력함

1 주님의 말씀 아들(딸)아, 너는 덕행에 대해 항상 열렬한 마음으로 매진할 수는 없으며, 또 고상한 관상 기도를 언제나 계속해 나갈 수도 없을 것이다. 사람은 원죄로부터 오는 부패한 인성을 갖고 있기 때문에, 어떤 때에는 낮은 데로 내려가서 싫증이 나더라도 부패한 생활의 짐을 지게 될 것이다. 죽을 육신을 지니는 동안에는 염증을 느끼고 마음의 고통을 느낄 수밖에 없다. 그러므로 너는 영혼을 살피고 천상의 관상 기도에 정진하지 못하게 하는 육신의 짐을 생각하며 탄식해야 한다.

2 그런 때에는 자신을 새롭게 하기 위하여 다른 일을 하고 좋은 행위를 하면서, 내가 올 때와 하늘로부터의 방문을 기다리는 것이 좋다. 또 내가 너를 다

시 찾아와 모든 근심 걱정을 없애 줄 때까지 현세에서의 귀양살이와 마음의 건조함을 참고 견디는 것이 좋다. 나는 네 모든 수고를 잊어버리게 해 줄 것이며, 마음의 편안함을 누리도록 해 줄 것이다. 성경의 풀밭으로 인도하여, 마음껏 내 계명의 길을 걷게 해 줄 것이다. 그때 너는 "장차 우리에게 계시될 영광에 견주면, 지금 이 시대에 우리가 겪는 고난은 아무것도 아니라고 생각합니다."(로마 8,18)라고 할 것이다.

제52장 위로보다 벌 받는 것을 마땅하게 생각함

1

제자의 말 주님, 저는 당신의 위로를 받기에 부당하고, 당신께서 제 영혼을 찾아 주시는 것도 너무 죄송합니다. 그러므로 아무런 위로도 없이 저를 불쌍하게 내버려 두시는 것이 당연합니다. 제가 바닷물만큼 눈물을 흘릴 수 있다 해도 당신의 위로를 받기에는 합당치 못합니다. 저는 당신을 심각하게 모욕했고 많은 일에서 잘못했으니, 매를 맞고 벌을 받는 것 외에 다른 것이 없을 것입니다. 그러므로 당신의 공정하신 잣대로 판단하신다면 제게는 아주 작은 위로조차도 받을 자격이 없습니다. 그러나 인자하시고 자비로우신 하느님, 당신께서는 당신 종에게 그의 공로 이상으로, 또한 사람의 판단 이상으로 위로를 내리시고자, 또한 자비의 그릇에 당신의 풍성한 선함을 보여 주시고자 당신의 구원 사업이 흐트러지지 않게 하실 것입니다. 당신의 위로는 사람의 말과는 전혀 다릅니다.

2 주님, 제가 천상의 위로를 받을 만한 일을 한 것이 무엇이 있습니까? 제가 잘한 것이 있다고 기억하지 못할 뿐더러 저는 어느 때나 악습에 기울어지고, 회개하는 데 항상 게을렀습니다. 이는 너무나 분명하여

제가 부정할 도리가 없습니다. 제가 다르게 말한다면, 당신께서는 즉시 거슬러 일어나실 것이며, 그리하면 저를 변호해 줄 사람이 하나도 없게 됩니다. 제 죄악으로 말미암아 지옥의 영원한 불 말고 제가 벌어 놓은 것이 무엇이 있겠습니까? 진실로 고백하오니, 저는 온갖 조롱과 능멸을 받아도 마땅하며, 저를 당신의 경건한 이들 가운데 하나로 생각해 주시는 것은 부당할 뿐입니다. 이러한 말씀을 드리는 것이 제게 쉬운 일은 아닙니다. 다만, 당신의 자비를 더 쉽게 구하기 위하여 이처럼 저의 죄를 고백합니다.

3 정말 부끄러운 범죄자인 제가 무슨 말씀을 아뢰겠습니까? "주님, 저는 죄를 지었나이다. 저를 불쌍히 여기시고 저를 용서해 주소서." 이 말밖에는 제 입이 당신께 드릴 말씀이 없습니다. 암흑의 나라, 죽음의 어둠이 덮인 그곳으로 가기 전에 "조금이나마 생기를

되찾게 저를 놓아주십시오."(욥 10,20) 죄인이, 불쌍한 죄인이, 자기 죄를 알고 통회하며 스스로 겸손해지는 것 말고 당신께서 무엇을 바라시겠습니까? 진실한 통회와 진정한 겸손으로, 용서받을 희망이 생기고, 어지러운 양심이 평화로워지고, 잃은 은총을 얻게 되고, 장차 겪을 하느님의 거룩한 분노를 피하게 되며, 통회하는 영혼은 하느님과 만나 포옹할 것입니다.

4 주님, 죄인의 겸손한 통회는 당신 의향에 맞는 제사가 되고, 당신 대전에 유향보다도 더 좋은 향기가 되고, 당신의 거룩한 발에 부어 드리기를 바라시는 좋은 향액이 되니, 당신께서는 '부서지고 꺾인 마음을 업신여기지 않으십니다.'(시편 51,19 참조) 그곳은 성난 원수의 얼굴을 피하는 피난처며, 다른 곳에서 더러워지고 악하게 된 모든 것을 씻고 고치는 곳입니다.

제53장 세상에 맛들이는 사람에게는 하느님의 은총이 내리지 않음

1 **주님의 말씀** 아들(딸)아, 내 은총은 귀중한 것이다. 내 은총을 다른 것이나 세상의 위로와 비교할 수도 섞을 수도 없다. 그러므로 은총을 원하거든 은총에 방해가 되는 모든 것을 없애야 한다. 고요한 곳을 찾아 혼자 있기를 좋아하고, 사람과 이야기 나누기를 원치 말고, 오직 하느님께 신심을 다하여 기도함으로써, 통회하는 마음과 조촐한 양심을 보존하도록 힘써라. 온 세상을 아무것도 아닌 것처럼 생각하고, 모든 세상 사물보다도 하느님과 사귀는 것을 소중하게 생각하라. 네가 나와 가까이 지내면서 동시에 지나가는 세상의 것을 즐겨 누릴 수는 없다. 너를 아는 사람들과 친구들을 멀리하여 세상의 어떤 위로 없이도 마음을 보존할 수 있어야 한다. 베드로 사도는 그리스도 신자들에게 이 세상에서 나그네와 이방인같이 자신을 절제하라고 권고

하였다(1베드 2,11 참조).

2 세상의 것에 조금도 마음을 두지 않았던 사람이라면 죽을 때에 이르러, 얼마나 자신이 있을까! 그러나 병든 정신을 가진 사람은 자기 마음이 모든 것에서 벗어나야 한다는 것을 깨닫지 못하고, 자연의 인간은 내적 생활을 하는 사람이 누리는 자유를 알지 못한다. 그러나 사람이 참된 영성 생활을 하려면, 먼 것이나 가까운 것이나 다 버려야 하며, 무엇보다도 자기 자신에 주의를 기울일 필요가 있다. 네가 너 자신을 완전히 이기게 되면 다른 것은 어렵지 않게 굴복시킬 것이다. 완전한 승리는 자신을 이기는 데 있다. 무슨 일에든지 육정은 이성理性에, 또 이성은 내게 복종하도록 해라. 자기 육정과 이성을 다스리는 것이 진정으로 자기를 이기는 것이며, 그런 사람이야말로 세상의 주권을 잡은 사람이다.

3   네가 이 완덕의 절정에 이르고자 한다면, 너 자신과 모든 사사로운 이익과 물질에 대한 무절제한 성향을 그 뿌리부터 뽑아 없애야 한다. 이를 위해서 너는 도끼를 뿌리에 댄 사람처럼 시작해야 한다. 뿌리째 없애 버려야 할 모든 악습은 거의 다 자기 자신을 지나치게 사랑하는 데서 생긴 것이다. 그러므로 바로 이 악습을 쳐 이겨 완전히 굴복시키면 항상 평화가 가득할 것이다. 그렇지만 자기에 대하여 완전히 죽고, 또 자기를 완전히 초월하여 나아가려는 사람은 많지 않다. 오히려 많은 사람들이 자기 자신한테 얽힌 채 앞으로 나아가지 못하고, 자기를 벗어나 거룩한 세상에로 오르지 못한다. 나와 함께 자유로이 거룩한 세상에 오르려는 사람은 악하고 무절제한 모든 감정을 억제해야 하며, 어떠한 피조물에 대해서도 사사로운 감정으로 애착하지 말아야 한다.

제54장 본성과 은총의 작용이 서로 다름

1 **주님의 말씀** 아들(딸)아, 본성의 작용과 은총의 작용을 잘 관찰하여 식별하라. 이 둘은 서로 반대로 작용하지만 오묘하게 작용하기 때문에 영적 생활을 하는 사람, 내적으로 하느님의 빛을 받은 사람이 아니면 분별하기가 매우 어렵다. 누구든지 다 선을 원한다고 하며, 선을 내세워 말하고 행동한다. 그러므로 선이라는 가면에 많이 속을 수 있다. 사람의 본성은 매우 교활해서 사람을 끌어들이고, 옭아매고, 속이는데, 항상 본성 그 자체를 마지막 목적으로 삼는다. 그러나 은총은 순수하고 정직하게 행하고, 죄의 그림자도 다 피하고, 속이려 하는 일도 없고, 모든 것을 하느님을 위해서만 하며, 하느님을 최후의 목적으로 삼아 하느님 안에서 쉰다.

2 본성은 기꺼이 죽거나 남에게 지거나, 굴복하거나, 복종하기를 싫어한다. 그러나 은총은 극기에 힘쓰고, 육욕에 저항하고, 남의 밑에 들어가기를 바라고, 남에게 지기를 바라며, 자기 뜻에 따라 하려 하지 않고 규칙을 따르기를 좋아한다. 또한 다른 사람을 다스리기를 바라지 않고, 항상 하느님의 손안에 머물러 살기를 원하며, 하느님을 위하여 자기 자신을 모든 사람 아래에 겸손하게 두려고 준비하고 있다. 본성은 자기 이익을 위해 움직이고, 다른 사람들한테서 무슨 이익을 얻을 수 있는지를 셈한다. 은총은 자기에게 유익할 것을 찾지 않고, 다른 많은 사람들에게 유익할 것을 도모한다. 본성은 명예를 얻고 존경받는 것을 대단히 좋아하지만, 은총은 모든 명예와 존경을 하느님께 온전하게 돌려보낸다.

3 본성은 수치와 천대받는 것을 무서워하지만, 은총은 '예수님의 이름으로 말미암아 모욕을 당할 수 있는 자격을 인정받았다고 기뻐한다.'(사도 5,41 참조) 본성은 한가함과 육신의 편함을 좋아하지만, 은총은 한가로이 시간을 보낼 수가 없어 스스로 일을 찾아 착수한다. 본성은 특별하고 아름다운 것을 찾고 천하고 거친 것을 싫어하지만, 은총은 단순하고 비천한 것을 좋아하고, 거친 것이라도 싫어하지 않고, 낡은 옷 입는 것을 싫어하지 않는다. 본성은 현세 사물을 돌보고, 현세의 이로움을 즐거워하며, 손해를 슬퍼하고, 욕되는 말을 들으면 분노하지만, 은총은 영원한 것에 마음을 두기에 현세 것에 애착하지 않고, 세상 재물을 잃어도 혼란스러워하지 않으며, 억울한 말을 들어도 노여워하지 않는다. 은총을 따르는 사람은 자신의 참된 보화와 즐거움을 천국에 간직해 두었기 때문이다.

4 본성에는 탐욕이 있어 주기보다 받기를 더 좋아하며 자기가 소유하는 것과 자기 것으로 삼는 것만을 좋아하나, 은총은 경건하기에 공동체를 생각하고, 이기적이며 개인적인 것을 피하고 적은 것으로 만족하며, "주는 것이 받는 것보다 더 행복하다."(사도 20,35)라는 것을 안다. 본성은 피조물, 자신의 육체, 허영과 방황에 기울어지나, 은총은 사람을 하느님과 덕행으로 이끌고, 피조물을 끊어 버리고, 세속을 피하고, 육체가 원하는 것을 미워하고, 바깥나들이를 적게 하여 사람들 앞에 나가기를 부끄러워한다. 본성은 오관을 즐겁게 하는 외부의 위로를 좋아하나, 은총은 하느님 안에서만 위로받기를 원하고, 모든 유형한 것을 초월하여 최고선에 도달하기를 원한다.

5 본성은 무엇을 하든지 유익함이나 편리함을 바라고, 아무런 대가 없이 하지 않으며, 적합한 혹은

더 많은 보수를 바라고, 찬미나 총애를 바라고, 자기가 한 일이나 자기가 준 것은 크게 여겨 선물 받기를 희망한다. 그러나 은총은 잠시 지나가는 세상의 것은 아무것도 찾지 않고, 하느님 외에 다른 상급을 구하지 않고, 영생을 얻는 데 필요한 것 외에는 세상의 재물에 대하여 바라고 기대하는 것이 없다.

6 본성은 주변에 친구와 친척이 많은 것을 즐겨 내세우기를 좋아하고, 높은 지위와 귀한 문벌을 영광으로 삼고, 권세 있는 사람에게 호감을 사려 애쓰고, 부자에게 아첨하며, 자기와 한편인 사람을 찬양한다. 그러나 은총은 원수도 사랑하고, 친구가 많다고 하여 교만을 부리지도 않고, 지위가 높고 문벌이 대단하다 하여도 덕행이 많지 않은 사람이라면 귀하게 여기지 않고, 부자보다도 가난한 사람에게 호의를 베풀고, 세력가보다도 무죄한 사람을 동정한다. 또한 신용이 없는

사람과 친하게 지내지 않고 진실한 사람을 좋아하고, 착한 사람에게 "더 큰 은사를 열심히 구하고"(1코린 12,31 참조), 덕행을 닦아 하느님의 아드님과 닮은 사람이 되기를 힘쓰라고 항상 권면한다. 본성은 곤궁한 경우를 당하고 귀찮은 것을 만나면 금세 원망하지만, 은총은 곤궁한 것이 있어도 잘 참아 나간다.

7 본성은 모든 것을 자기에게로 이끌고 자기를 위하여 싸우며 변명한다. 그러나 은총은 만물의 근원이신 하느님께로 모든 것을 돌리고 자기가 좋은 일을 했다고 내세우지 않는다. 은총은 오만하고 주제넘게 행동하지 않고, 논쟁을 하지 않고, 자기 의견을 남의 의견보다 낫다고 생각하지 않고, 모든 생각과 의견을 영원한 지혜와 하느님의 판단 아래에 둔다. 본성은 비밀을 알려 하고, 새로운 소식을 듣고자 하고, 밖에 나가 자기를 내세우려 하고, 오관으로 많은 것을 체험하려 하고,

남이 자기를 알아주기를 고대하고, 다른 사람의 감탄과 찬미를 받으려는 일만을 하려고 한다. 그러나 은총은 새로운 것과 신기한 것을 찾지 않는다. 그런 것들은 예로부터 부패한 곳에서 나오는 것이요, 땅 위에는 새것도 없고 장구한 것도 없기 때문이다. 그러므로 은총은 오관을 잘 제어하고, 헛된 자만심과 허영심을 피하고, 찬미와 감탄을 받을 만한 일은 겸손하게 감추고, 어떤 일에서든지 어떤 학문에서든지 영혼에 유익한 것과 하느님의 찬미와 영광을 찾고 구하라고 가르친다. 은총은 자기 몫으로 찬미받기를 원하지 않고, 순전한 사랑으로 모든 것을 후하게 베풀며 선물을 주시는 하느님께서 찬미와 찬송받으시기를 원한다.

8 은총은 초자연적 광명이며, 하느님의 특별한 선물이며, 처음부터 선택된 사람들의 기호이자 영광의 증거다. 은총은 사람으로 하여금 세상의 것을 떠

나 천상의 것을 사랑케 하고, 육체적 인간을 영적 인간이 되게 한다. 그러므로 본성을 누르고 이길수록 더 많은 은총을 받게 되고, 하느님과의 새로운 만남으로 날마다 사람이 변하고, 더욱더 하느님의 모습을 닮아 가게 되는 것이다.

제55장 본성의 부패와 은총의 효력

1 **제자의 말** 저의 주 하느님, 당신께서는 저를 당신 모상대로 창조하셨나이다. 구원에 필요하다고 하신 이 위대한 은총을 제게 내리시어, 저로 하여금 죄와 멸망으로 이끌어 가는 악한 본성을 이기게 하소서. 제 몸 안에 죄의 법이 있음을 깨달았습니다. '제 지체 안에는 다른 법이 있어 제 이성의 법과 대결하고 있음을 저는 봅니다. 그 다른 법이 저를 제 지체 안에 있는 죄의 법에 사로잡히게 합니다.'(로마 7,23 참조) 그러므로

제 마음에 내리신 당신의 가장 거룩한 은총이 열렬하게 저를 도와주지 않으면, 그 사욕에 저항할 수 없습니다.

2 어려서부터 항상 악으로 기울어지는 저의 본성을 이기기 위해서는 당신 은총이 필요하고 또 많은 은총이 필요합니다. 본성은 원조 아담의 죄로 말미암아 타락하고 부패했고, 그 죄의 벌까지 모든 사람들에게 전하게 되었습니다. 그 때문에 당신께서 만드실 때에는 좋고 바르던 본성이, 그저 부패한 악습과 나약함에 잠기게 되었습니다. 그래서 그것을 움직이는 그대로 내버려 두면 악으로 기울어지게 됩니다. 그나마 있던 힘은 마치 재 속에 파묻힌 불씨와도 같습니다. 이렇게 약한 힘은 짙은 암흑 속에 싸여 있는 본성적 이성입니다. 정당하다고 생각하는 것을 모두 실행하지 못하고, 진리의 광명을 제대로 받지 못하고, 모든 감정이 건전하지 못해도 이 약한 이성의 힘으로 여전히 선과 악을 분별할

줄을 알고, 진실한 것과 그른 것이 서로 상반되는 것을 아는 것입니다.

3 저의 하느님, '저의 내적 인간은 하느님의 법을 두고 기뻐합니다.'(로마 7,22 참조) 당신 계명이 좋고 공정하며 거룩하다는 것을 알고, 모든 악과 죄는 피해야 한다는 것을 알면서도, 이성보다 육정을 따르기에 몸으로는 죄의 법에 복종합니다. 그러므로 '저에게 원의가 있기는 하지만 그 좋은 것을 하지는 못합니다.'(로마 7,18 참조) 그러기에 선한 일을 실천하기로 자주 결심하지만, 저의 약함을 돕는 당신의 은총이 없다면 저는 아주 작은 장애에도 실망하여 물러나게 될 것입니다. 따라서 저는 완덕의 길을 알고 또 어떻게 해야 한다는 것도 훤히 보고 있으나, 부패한 본성의 무게에 짓눌려 완덕의 길로 나아가지 못하고 있습니다.

4 오! 주님, 어떤 선행을 시작하거나 계속하거나 완성하는 데 당신의 은총이 얼마나 많이 필요합니까? 당신의 은총 없이는 아무것도 할 수 없으며, 당신 은총이 저를 견고케 하면 당신 안에서 모든 것을 할 수 있게 됩니다. 오! 참된 천상 은총이여! 그 은총이 없으면 아무것도 제 공로로 돌리지 못하고, 어떠한 본성의 은혜도 가치가 없습니다. 주님, 은총이 없으면 당신 대전에 예술도, 재산도, 미美도, 용맹도, 재주도, 웅변도 아무 가치가 없습니다. 이런 본성의 은혜는 선인에게나 악인에게나 똑같이 있는 것이나 은총, 즉 사랑은 뽑힌 사람들만이 가진 특은特恩이므로, 이 은총의 표를 가진 사람은 영생을 받을 자격이 있습니다. 이 은총은 가장 귀한 것이므로 예언이나 기적을 행할 특은, 아무리 고상한 명상이라도, 은총이 없으면 아무런 가치도 없습니다. 그뿐 아니라 신덕이나 망덕이나 다른 덕행이라도 사랑과 은총이 없으면 당신 뜻에 맞을 수 없습니다.

5 오! 가장 복된 은총이여! 마음으로 가난한 사람을 덕행으로 부요하게 하고, 많은 재산으로 부요한 사람을 마음으로 겸손하게 합니다. 오소서! 제게 내리소서! 아침에 저를 위로로 충만히 채우시어, 마음이 피로하고 건조하여 영혼이 기진해지지 않게 하소서. 주님, 당신 대전에서 총애받기를 간절히 청하오니, 본성이 원하는 그 모든 것을 하나도 얻지 못한다 하더라도, 당신 '은총을 넉넉히 받았습니다.'(2코린 12,9 참조)라고 할 수 있으면 됩니다. 당신 은총만 제게 있으면, 시련을 겪고 곤란으로 괴로워도 두렵지 않습니다. 은총은 저에게 용기와 충고와 도움을 줍니다. 은총은 어떤 원수보다도 더 힘이 있고, 어떤 지혜로운 사람보다도 더 지혜롭습니다.

6 은총은 진리의 스승이며, 수계守誡의 지도자며, 마음의 빛이며, 환난의 위로며, 근심을 쫓아 버리고

제55장 본성의 부패와 은총의 효력

공포를 막으며, 신심을 더하고 눈물이 흐르게 합니다. 은총이 없으면 저는 내버려질 마른 나무와 쓸모없는 장대와 다르지 않습니다. 그러므로 "주님, 당신 은총이 항상 저를 인도하고 저의 뒤에 따르게 하시어, 저로 하여금 길이 선한 공덕 쌓기에 열심케 하시며, 당신 아드님 예수 그리스도를 통하여 이를 행하소서. 아멘."

제56장 자기를 끊고 십자가를 지고 그리스도를 따름

1 주님의 말씀 아들(딸)아, 네가 너 자신을 떠나면 떠나는 만큼 내게로 올 수 있다. 바깥 것을 전혀 탐내지 않으면 내적 평화를 누릴 수 있는 것처럼, 내적으로 자기를 버리면 하느님과 하나가 될 것이다. 나는 네가 나의 뜻 안에서 어떤 반항이나 원망도 없이 완전히 자신을 끊어 버릴 줄 알기를 원한다. "나를 따라라."(마

태 9,9) "나는 길이요 진리요 생명이다."(요한 14,6) 길 없이는 다닐 수가 없고, 진리 없이는 인식할 수가 없으며, 생명 없이는 살 수가 없다. 나는 네가 따라야 할 길이요, 네가 믿어야 할 진리요, 네가 바라야 할 생명이다. 나는 어긋날 수 없는 길이요, 그르칠 수 없는 진리요, 영원한 생명이다. 나는 가장 바른 길이요, 가장 높은 진리요, 참된 생명이요, 복된 생명이며, 창조되지 않은 생명이다. 나의 길에 머물러 실천하면 진리를 알게 될 것이며, 진리가 너를 자유롭게 할 것이며, 영생을 얻게 될 것이다.

2 "네가 생명에 들어가려면 계명들을 지켜라."(마태 19,17) 네가 진리를 알고자 하거든 나의 말을 믿어라. "네가 완전한 사람이 되려거든, 가서 너의 재산을 팔아 가난한 이들에게 주어라."(마태 19,21) 나의 제자가 되고자 하거든 자신을 끊어 버려라. 복된 생활을 얻고자 하거든 현세의 생명을 하찮게 여겨라. 천국에서 높

은 자리를 원하거든 세상에서 자신을 낮추어라. 나와 더불어 다스릴 마음이 있거든 나와 더불어 십자가를 져라. 십자가의 종이 된 사람만이 행복의 길, 참광명의 길을 얻는다.

3 **제자의 말** 주 예수님, 당신의 길은 좁고, 세상은 그 길을 하찮게 여겼으나, 제게는 세상을 가볍게 여기고 당신을 배울 수 있는 은혜를 베푸소서. '제자는 스승보다 높지 않고, 종은 주인보다 높지 않습니다.'(마태 10,24 참조) 당신 종이 당신의 행적에 익숙해지게 하소서. 그렇게 하는 것이 저에게는 구원이 될 것이고, 그럼으로써 참된 성덕을 닦을 수 있습니다. 당신 행적 말고는 그 어떤 것을 읽거나 들어도 저를 편하게 하고 완전하게 만족시키는 것은 없습니다.

4 **주님의 말씀** 아들(딸)아, 네가 그것을 알고 또 나의 행적에 대한 것을 모두 읽었으니, 이제 그대로 실천하면 복될 것이다. "내 계명을 받아 지키는 이야말로 나를 사랑하는 사람이다. 나를 사랑하는 사람은 내 아버지께 사랑을 받을 것이다. 그리고 나도 그를 사랑하고 그에게 나 자신을 드러내 보일 것이다."(요한 14,21) 또 나의 아버지의 나라에서 나와 함께 있게 할 것이다.

5 **제자의 말** 주 예수님, 당신이 말씀하시고 허락하신 것이 그대로 이루어지기를 바랍니다. 또 제게 허락된 공로도 얻게 하소서. 제가 당신한테서 십자가를 받았으니 죽을 때까지 그 십자가를 지고 가겠습니다. 착한 수도자의 일생은 진정 십자가의 삶입니다. 그러나 그 십자가는 저를 낙원으로 인도할 것입니다. 이미 시작했으니 결코 뒤로 물러나서도 버려서도 안 될 것입니다.

6 그러니 형제자매들아, 같이 나아가자! 예수님께서 우리와 같이 계실 것이다. 예수님을 위해서 우리가 이 십자가를 받았으니 예수님을 위하여 끝까지 십자가를 지고 가자! 우리의 인도자요, 우리보다 앞서 가신 그분은 우리를 도우실 것이다. 우리를 위하여 싸워 주실 우리 주님께서 우리 앞에 서서 나아가신다. 용감하게 그분을 따르자! 누구도 공포를 두려워하지 말자! 싸움터에서 용감히 죽기를 각오하자! 십자가를 피하여 우리의 영광을 더럽히지 말자!

제57장 과실이 있다고 낙심하지 않음

1 **주님의 말씀** 아들(딸)아, 나는 순탄하게 지내며 신심이 깊은 사람보다는, 역경을 참으면서도 겸손한 사람을 더 좋게 생각한다. 남에게 싫은 말 좀 들었다고 어찌 그리 걱정이 많으냐? 그보다 더한 것이 있어도

마음이 동요하지 말아야 했다. 이제는 그런 것들이 지나가게 내버려 두어라. 그런 일이 처음 있는 것도 아니고, 새로운 것도 아니며, 또 마지막이 되는 것도 아니기 때문이다. 아무런 역경이 없을 때에는 용감하기가 어렵지 않다. 다른 이는 말로써 잘 훈계하여 견고케 하면서도, 정작 네 앞에 어떤 고난이 갑자기 닥치면 너는 네 계획과 능력을 잃어버린다. 사소한 일로 자주 경험하여 알고 있듯이, 자신이 매우 약하다는 것을 잊지 마라. 그런 일 혹은 그와 비슷한 일이 생기는 것은 모두 네 구원을 위한 것이다.

2 남에게 싫은 말을 들었다면 그 생각을 마음에서 지우도록 하라. 비록 그 말이 마음을 상하게 했을지라도, 결코 실망하지 말고 오랫동안 그 말에 얽혀 있지 마라. 참을 수 없으면 인내심을 발휘해서라도 참아라. 어떤 말이 듣기 싫어서 화가 날지라도 잘 참아야 한

다. 혹여 약한 사람이 걸려 넘어질 만한 말을 무절제하게 입 밖에 내지 마라. 그러면 격분한 마음이 빨리 평안해지고, 되돌아온 은총으로 마음의 고통은 즐거움으로 변할 것이다. 나는 여전히 살아 있다. 네가 내게 의탁하여 나를 신뢰하고 나의 도움을 청하면, 나는 너를 도울 것이며, 보통 때보다 더 큰 위로를 줄 것이다.

3 마음이 공정해야 한다. 또 인내의 덕을 완전히 쌓아라. 곤란을 겪고 시련이 심하다 할지라도, 모든 것이 실패한 것은 아니다. 너는 사람이지 하느님이 아니다. 네 육체가 있는 인간이지 천사가 아니다. 하늘에 있는 천사들과 낙원에 있는 원조들조차 항상 완전한 덕행의 상태로 있었던 것이 아닌데, 하물며 인간인 네가 어떻게 항상 덕행의 상태에 있겠느냐? 나는 근심하는 사람들을 일으켜 구원하고, 또 자신의 약함을 아는 사람들을 나의 신성에로 데려가 준다.

4 **제자의 말** 주님, 당신의 말씀은 찬미를 받으소서. 제 입에는 당신 말씀이 꿀과 엿보다 더 답니다. 주님 당신께서 거룩한 말씀으로 저를 튼튼하게 해 주지 않으시면 큰 어려움과 힘겨움 앞에서 제가 어떻게 되겠습니까? 제가 영혼 구원의 항구에 도착할 수만 있다면, 아무리 힘겨운 일을 겪고, 아무리 큰 고통을 당하더라도 괜찮습니다. 마무리를 잘하게 하시고, 이 세상을 행복하게 떠나게 하소서. 저의 하느님, 저를 생각해 주소서. 저를 바른길로 인도하시어 당신 나라로 데려다주소서. 아멘.

제58장 심오한 문제와 하느님의 은밀한 판단을 탐구하지 않음

1 **주님의 말씀** 아들(딸)아, 심오한 문제와 하느님의 은밀한 판단에 대하여 논하지 마라. 즉 하느님께

서 왜 이 사람은 이렇게 버려두시고 저 사람에게는 저러한 은총을 주시는가, 이 사람은 왜 큰 고통을 겪고 저 사람은 왜 높은 지위를 얻었는지 논할 생각을 마라. 그 모든 것을 깨닫는 것은 사람의 능력을 넘어서는 일이며, 하느님의 판단을 알아내는 것은 무엇으로도 가당치 않다. 그러므로 원수가 하느님의 판단을 알아내라고 유혹하거나 호기심이 많은 어떤 사람이 그런 이야기를 꺼내거든 예언자의 말씀을 빌려 주님께서는 "의로우시고 당신의 법규는 바릅니다."(시편 119,137)라고 하고, 또 "주님의 법규들은 진실이니 모두가 의롭네."(시편 19,10)라고 대답하여라. 나의 판단은 사람의 이지理智로 알아들을 수 없는 것이므로, 논할 것이 아니라 다만 두려워해야 할 것이다.

2 또 성인들의 공로를 연구하지 말고 이를 설명하지도 마라. 즉 어느 성인이 더 거룩하다든지, 누가

천국에서 더 높은 자리를 차지하였다든지 하는 문제를 다루지 마라. 그런 문제는 흔히 쓸데없는 논쟁을 일으키고, 교만함과 허영심만 키울 뿐이다. 이 사람은 이 성인이 낫다, 저 사람은 저 성인이 낫다고 하며 서로 교만하게 다투기 때문에 질투와 분쟁이 생긴다. 그런 것을 알고 연구하려는 것은 아무 도움이 되지 못할 뿐 아니라, 성인들도 반기지 않는다. 주님께서는 불목의 하느님이 아니라 평화의 하느님이시며, 그분의 평화는 자기를 높이는 데 있지 않고 참된 겸손에 있기 때문이다.

3 어떤 사람은 열정을 지니고 어떤 성인에게 더 뜨겁게 다가가기도 하나, 그것은 하느님께로부터 오는 열정이라기보다도 사람의 마음에서 나오는 것이다. 모든 성인들을 창조한 이는 나다. 그들에게 은총을 주고 영광을 준 이 역시 나다. 각 성인의 공로를 알고 그들에게 먼저 자애로운 강복을 준 이도 나다. 나는 천지

창조 이전부터 나의 사랑하는 사람들을 미리 알고 있었고, 그들을 세상에서 선택하였다. 그들이 나를 먼저 선택한 것이 아니라, 내가 그들을 은총으로 불렀으며, 자비롭게 이끌었고, 여러 가지 시련으로 단련시켜 끝까지 인도하였다. 내가 그들에게 큰 위로를 주었고, 그들에게 항구한 마음과 인내의 덕을 베풀어 주었다.

4 나는 가장 큰 성인도 알고 가장 작은 성인도 안다. 나는 헤아릴 수 없는 사랑으로 모든 성인을 품어 준다. 나는 모든 성인들 때문에 찬송을 받는다. 나는 미리 성인들을 선택하여 그들을 높은 품위에 오르게 하였으며, 그 모든 성인들 때문에 찬미와 영광을 받는다. 그러므로 아무리 작은 성인이라도 가볍게 본다는 것은 위대한 성인도 공경하지 않는다는 것이니, 작은 성인이건 큰 성인이건 모두 공경해야 한다. 내가 그들을 만들었기 때문이다. 성인 가운데 한 명의 명예를 더

럽히는 사람은 나의 명예와 하늘나라에 있는 모든 이의 명예를 더럽히는 것이다. 모든 성인들은 다 사랑의 연결고리로 하나가 되어, 생각이 같으며, 동시에 모두 하나가 되도록 서로 사랑하기 때문이다.

5 그러나 그보다 더 위대한 것은, 성인들이 자기 자신이나 자신의 공로보다도 나를 더 사랑하는 것이다. 그들은 자기를 초월하여 더 이상 자신을 사랑하지 않고 오직 나만을 사랑하기에, 그 사랑을 누리면서 즐길 뿐이다. 나에 대한 이 사랑에서 그들을 떼어 내거나 가로막을 수 있는 것은 하나도 없는데, 그들 안에는 영원한 진리가 충만하고 끌 수 없는 사랑의 불이 타고 있기 때문이다. 그러므로 고작 사사로운 즐거움 정도만 좋아하는 사람, 짐승의 처지와 별반 다를 것이 없는 육신을 지닌 사람은 성인들의 처지에 대해 언급하지도 마라. 그런 사람은 고작 제 생각에 맞추어 덜하기도 하고

더하기도 할 뿐, 영원한 진리에 맞게 생각할 수 없기 때문이다.

6 하느님의 거룩한 빛을 제대로 받지 못한 많은 사람들은 영적 사랑을 하는 법을 알지 못한다. 본성의 감정과 인간의 우정에 이끌려 이 사람에게 혹 저 사람에게 다가가면서 마치 천국에서도 그렇게 될 것이라 생각한다. 그러나 불완전한 사람이 생각하는 것과 하느님의 거룩한 빛을 받은 사람들이 천상의 계시로 명상하는 것 사이에는 천양지차天壤之差가 있다.

7 그러므로 아들(딸)아, 네 지식으로 파악할 수 없는 일에 대해 부질없는 호기심으로 논할 생각을 하지 말고, 오직 하느님의 나라에서 작은 인물이나마 되려고 힘껏 노력해라. 비록 천국에서 누가 더 거룩하고 누가 더 높다는 것을 안다 해도, 그런 지식으로 내 앞

에서 더 겸손해지는 것이 아니고, 나의 이름을 더욱 찬미하는 것이 아니라면, 그런 지식이 무슨 소용이 있겠느냐? 자기 죄가 크고 덕이 모자라다는 것과, 또 자기가 성인들의 완덕에 비하면 얼마나 보잘것없다는 것을 아는 사람이 성인 가운데 누가 위대하고 누가 그렇지 않다는 것을 논하는 사람보다 하느님의 뜻에 더 맞는 일을 하고 있는 것이다. 쓸데없는 수고를 하면서 성인들의 비밀을 알아내려고 하는 것보다, 성인들에게 마음을 다해 기도하고 눈물로 간구하며, 겸손한 마음으로 그들의 거룩한 전구를 청하는 것이 훨씬 낫다.

8 만일 사람들이 스스로 만족할 줄 알고, 쓸데없는 말을 억제할 줄 안다면, 성인들도 매우 만족할 것이다. 성인들은 모든 것을 자기한테 돌리지 않고, 모두 다 내게로 돌리니, 자기의 공로로 어떤 영광도 취할 생각조차 없다. 이것은 내가 마르지 않는 사랑으로 그들

에게 모든 것을 주기 때문이다. 그들에게는 하느님의 사랑과 즐거움이 충만하기 때문에 영광과 행복이 조금도 부족하지 않다. 모든 성인들은 자신들이 누리는 영광이 높을수록 그만큼 겸손하여 내게 더 가깝고 더 사랑스럽다. 그러므로 그들은 하느님 앞에서 제 월계관을 벗어 놓으며, 어린양 앞에 엎디어 "찬미와 영예와 영광과 권세가 영원무궁하기를 빕니다."(묵시 5,13)라고 경배했다고 기록되어 있다.

9 하느님 나라에서 끝자리나 차지할 수 있을지도 확실히 모르는 사람들이나 천국에서 누가 더 높은 자리에 있는지 알려 한다. 위대한 이들만 있는 천국에서는 제일 천한 자리를 차지한다 하여도 큰 것이니, 거기서는 다 "하느님의 자녀라 불릴 것"(마태 5,9)이요, 또 하느님의 아들들이 될 것이기 때문이다. "가장 보잘것없는 이가 한 부족을 이루고 그들 가운데 가장 하잘것

없는 이가 강대한 민족이 되리라."(이사 60,22) "백 살에 못 미친 자를 저주받았다 하리라."(이사 65,20)라고 한 이사야 예언자의 말은 죄인에게 딱 맞는 말이다. 천국에서 누가 높은 자리에 있는지를 놓고 다투던 제자들은 "너희가 회개하여 어린이처럼 되지 않으면, 결코 하늘나라에 들어가지 못한다."(마태 18,3)라는 말씀과 "누구든지 이 어린이처럼 자신을 낮추는 이가 하늘나라에서 가장 큰 사람이다."(마태 18,4)라는 대답을 들어야 했다.

10 어린아이와 같이 겸손하지 않은 사람에게는 화가 미칠 것이다. 이는 천국의 낮은 문턱마저도 그런 이들에게는 턱없이 높기 때문이다. 현세에서 많은 복을 누린 부자들에게는 화가 미칠 것이다. 가난한 사람들이 천국으로 들어갈 때에 그들은 밖에 서서 부르짖을 것이다. 겸손한 사람들아 즐거워하고, 가난한 사람들아 기뻐 뛰어라. 진리의 길을 끝까지 걷기만 하

면 하느님의 나라는 너희 것이 될 것이다.

제59장 하느님께만 모든 희망과 믿음을 둠

1\. **제자의 말** 주님, 저는 현세에서 무엇을 믿고 살겠습니까! 하늘 밑에 있는 모든 것 가운데 도대체 무엇이 저에게 큰 위로를 주겠습니까? 저의 주 하느님, 당신의 자비는 끝이 없으니 당신밖에 제가 믿을 것이 또 무엇이 있겠습니까? 당신 없이 저 홀로 행복할 수 있겠습니까? 당신을 떠나 부자가 되는 것보다, 당신 때문에 가난하게 살기를 바랍니다. 당신을 떠나 하늘을 차지하는 것보다는 당신과 더불어 이 세상에 떠돌아다니는 것을 좋아합니다. 당신이 계신 그곳이 곧 천국이며, 당신이 안 계신 그곳은 곧 죽음과 지옥입니다. 저는 주님을 사랑하며 그리워합니다. 그러므로 당신을 향하여 탄식하고 부르짖고 간구하는 것은 당연합니다. 힘들고 어려

운 가운데 제가 의탁하고, 저를 합당하게 도와주실 수 있는 분은 저의 하느님 당신밖에 없습니다. 당신은 저의 희망이시며, 저의 의탁이시며, 저의 위로자시며, 모든 일에서 가장 성실하고 변함없는 저의 벗이옵니다.

2 모두가 자기에게 좋은 것만 찾으나, 당신께서는 저의 구원과 저의 발전을 원하시고 그 모든 것을 저에게 좋은 것으로 만들어 주십니다. 제가 여러 고통과 역경을 겪는 것은 모두 저에게 도움이 되도록 당신께서 마련해 주신 것인데, 이는 모든 방법을 다 써서 당신께서 사랑하시는 사람을 단련하시기 때문입니다. 그러므로 저를 시험하실 때에도 천상의 위로를 충만히 내려 주실 때와 마찬가지로 당신을 사랑하고 찬미해야 할 것입니다.

3 그러므로 저의 주 하느님, 주님께 저의 모든 희망을 두고, 당신만을 피난처로 삼겠습니다. 저의 모든 곤란과 근심 걱정을 당신께 맡기오니, 당신 외에는 제가 보는 모든 것은 다 보잘것없고 항구하지 못합니다. 당신만이 저와 함께 계시고, 저를 도와주시고, 저를 튼튼하게 해 주시고, 위로하시고, 가르치시고, 지켜 주십니다. 당신께서 지켜 주시지 않으면 아무리 친구가 많아도 소용이 없으며, 아무리 힘 센 사람이 도와주어도 쓸데없으며, 아무리 지혜로운 사람이라도 제게 옳은 길을 보여 주지 못하며, 아무리 훌륭한 학자들의 좋은 책이 있어도 저는 만족하지 못하며, 아무리 귀중한 보물이 있어도 저를 구하지 못하며, 아무리 은밀하고 편한 곳이 있어도 저를 안심시키지 못할 것입니다.

4 평화와 행복이 있더라도 그 모든 것이 당신 없이는 아무것도 아니며, 그 무엇이라도 참된 행복을

줄 수 없습니다. 그러므로 당신이야말로 모든 선과 생명의 목표며 절정이며 극치이십니다. 모든 것을 초월하여 당신께만 희망을 두는 것이 당신 종들에게는 가장 큰 위로가 됩니다. 저의 하느님이시며 "인자하신 아버지"(2코린 1,3), 저의 눈은 항상 당신께로 향하고 언제나 당신께 모든 것을 맡기고 있습니다. 천상의 축복으로 저의 영혼에 복을 내리시어, 저로 하여금 당신께서 머무르시는 거룩한 거처가 되게 하소서. 제 영혼을 강복해 주시어 당신의 영원한 어좌가 되게 하소서. 존엄하신 당신 앞에서 제가 당신을 거스른다면 당신의 거룩한 성전에서 아무것도 찾지 못하게 하소서. 당신의 크신 선의와 무한하신 자비로 저를 돌보시고, 죽음의 그늘진 이 땅에서 귀양살이하는 동안 드리는 불쌍한 종의 기도를 들어주소서. 죽어야 할 운명이 겪는 그 수많은 위험 중에서 당신 종의 영혼을 보호하시고, 보존하시며, 항상 평화의 길로 인도하시며, 영원히 빛나는 고향에 이르게 하소서. 아멘.

제4권

존엄한 성체성사에 대하여

영성체를 권함

주님의 말씀

"고생하며 무거운 짐을 진 너희는 모두 나에게 오너라. 내가 너희에게 안식을 주겠다."(마태 11,28)

"나는 하늘에서 내려온 살아 있는 빵이다. 누구든지 이 빵을 먹으면 영원히 살 것이다. 내가 줄 빵은 세상에 생명을 주는 나의 살이다."(요한 6,51)

"받아 먹어라. 이는 너희를 위한 내 몸이다. 너희는 나를 기억하여 이를 행하여라."(마태 26,26; 1코린 11,24)

"내 살을 먹고 내 피를 마시는 사람은 내 안에 머무르고, 나도 그 사람 안에 머무른다."(요한 6,56)

"내가 너희에게 한 말은 영이며 생명이다."(요한 6,63)

제1장 공경을 다하여 그리스도를 영함

1 제자의 말 영원한 진리이신 그리스도님, 이 말씀들은 한때에 말씀하신 것도 아니며, 어느 한 곳에만 기록된 것도 아닌 분명한 당신의 말씀입니다. 이는 진리의 말씀이므로 모두 기꺼이 받아야 합니다. 이 말씀은 당신의 말씀이며, 당신께서 정말 그 말씀을 하셨습니다. 또한 이를 제 말이라 해도 좋은데 바로 저를 위해 하신 말씀이기 때문입니다. 당신의 입에서 나온 그 말씀을 달갑게 받아 제 마음에 깊이 새기려 합니다. 그토록 인자하신 당신의 말씀, 사랑과 하늘의 기쁨으로 가득 찬 이 말씀은 저를 감동시켜, 제가 지은 죄악을 생각할 때 떨리고, 당신의 이 위대한 신비를 받아들이기에는 깨끗하지 못한 저의 양심이 저를 꾸짖습니다. 당신의 말씀은 자애로이 저를 이끌고 있지만 많은 죄악이 저를 짓누릅니다.

2 당신께서는 당신과 함께하려면 굳은 신뢰를 가지고 당신께 가까이 오라고 하셨고, 영원한 생명과 영광을 누리려면 불사불멸의 양식을 먹으라고 하셨습니다. 또한 당신은 "고생하며 무거운 짐을 진 너희는 모두 나에게 오너라. 너희에게 안식을 주겠다."(마태 11,28)라고 하셨습니다. 죄인의 귀에는 이 말씀이 얼마나 인자하고 고맙게 들리겠습니까? 저의 주 하느님, 당신께서는 지극히 거룩하신 당신의 몸을 영하라고, 가난한 자를 부르십니다. 그러나 주님, 제가 누구이기에 당신 대전에 감히 나아가겠습니까? 보소서! 천상의 하늘도 당신을 받아들일 수 없는데, 어찌 당신께서는 "너희는 모두 나에게 오너라." 하십니까!

3 어떤 연유로 그리도 지극히 인자하시고 친절하게 저를 초대하십니까? 저는 제가 당신의 부르심에 따를 만한 자격이 없다는 것을 아는데, 어찌 감히 나

설 수 있겠습니까? 제가 그토록 큰 당신의 자애로운 마음을 상하게 해 드렸건만, 어찌 당신을 제 집에 모실 수 있겠습니까? "저 하늘, 하늘 위의 하늘도 당신을 모시지 못할 터인데"(1열왕 8,27), "너희는 모두 나에게 오너라." 하십니까? 주님, 당신의 말씀이 아니라면 누가 이를 참말이라고 하겠습니까? 당신의 명령이 아니면 누가 감히 따르겠습니까? 노아는 의인이면서도 몇 사람을 살릴 배를 만드는 데 백 년을 노력했거늘, 저는 세상을 창조하신 분을 영하기 위하여 한 시간밖에 준비하지 않는다면 어찌 되겠습니까?

4 당신의 위대한 종이요, 특별한 벗이었던 모세도 십계판을 넣어 둘 궤를 썩지 않은 나무로 만들고 아무것도 섞이지 않은 순금으로 입혔는데, 타락한 피조물인 제가 어찌 법률을 만드신 입법자시요, 생명을 주시는 당신을 감히 쉽사리 영할 마음을 가질 수 있겠습

니까? 지혜가 출중했던 이스라엘의 임금 솔로몬은 당신의 이름을 현양하기 위하여 칠 년 동안이나 웅대한 성전을 지었고, 팔 일 동안 헌당식을 지냈으며, 수천의 희생을 바치고 음악을 연주하고 노래를 부르면서 계약 궤를 미리 준비해 놓았던 장소에 모셨습니다. 이에 비해 지극히 비천하고 불쌍한 저는 고작 반 시간밖에 마음을 다해 준비하지 못합니다. 단 한 번이라도 이를 합당하게 준비해 보았으면 좋겠습니다. 그렇게라도 하지 않으면 어떻게 당신을 제 집에 영접할 수 있겠습니까?

5 오, 저의 하느님, 그들은 당신 마음에 들기 위해 얼마나 애를 썼습니까? 그렇지만 저의 준비는 얼마나 보잘것없습니까? 영성체를 준비하는 데 얼마나 적은 시간을 보냅니까? 완전하게 마음을 준비한 적이 드물고, 모든 분심을 없앤 적은 매우 드뭅니다. 그러나 당신의 존엄한 신성을 대할 때 조금이라도 부당한 생

각이 있어서는 안 되며, 그 어떤 피조물을 마음에 두어서도 안 된다는 것에 티끌만큼의 의심도 없습니다. 제 집의 천사를 영접하려는 것이 아니라, 천사들의 주님을 영접하려는 것이기 때문입니다.

6 그리고 유물遺物을 넣어 둔 계약 궤와 말로 형언할 수 없는 권능을 지니신 당신의 깨끗한 육신을 비교한다면 그 차이는 너무나 큽니다. 또 장차 거행될 제사를 준비하는 것에 불과한 모세의 제사와 구약의 모든 제사를 완성하는 당신 성체의 참된 제사를 비교한다면 그 차이는 너무나 큽니다. 그런데 어찌하여 당신의 존엄한 대전에 나온 제 마음에는 사랑의 불이 더 뜨겁게 타오르지 않는 것입니까? 옛 성조와 예언자들과 임금들과 군주들이 온 백성과 함께 당신을 공경하는 예식에 그렇게도 열렬한 신심을 드러냈는데, 저는 어찌 당신 성체를 영하는 데 더 많은 열정으로 준비하지 않는 것입니까?

7 신심이 깊은 다윗 임금은 과거에 하느님께서 성조들에게 베푸신 은혜를 생각하며 하느님의 계약 궤 앞에서 온 힘을 다해 춤추었으며, 여러 종류의 악기를 만들어 연주하고 시를 지으며 즐겁게 노래하기를 명했습니다. 또한 성령의 도우심으로 거룩한 영감을 받아 자주 거문고를 탔고, 이스라엘 백성을 가르쳐 한마음 한소리로 하느님을 매일 찬미하고 찬송하게 했습니다. 계약 궤를 모시고도 이렇게 신심이 깊고, 하느님을 찬미하는 마음이 깊었거늘, 저와 모든 그리스도교 신자는 존엄한 그리스도의 성체 앞에서, 이 지극히 고귀하신 성사를 영할 때에 도대체 얼마나 더 깊은 공경과 정성을 기울여야 하겠습니까?

8 많은 사람들이 사방으로 순례를 하며 성인들의 성해聖骸를 참배하고, 그들의 행적을 듣고 이를 경이롭게 생각합니다. 또한 그들을 기념하는 웅장한

성전을 참배하고, 비단과 금으로 장식한 그들의 성해를 친구親口합니다. 그러나 저의 하느님이시요, 성인들에 비할 바 없이 거룩하신 분이시며, 사람을 창조하신 분이시며, 천사를 주재主宰하시는 당신께서 제 앞의 제대 위에 계십니다. 그 같은 순례에는 흔히 새것을 보려고 하는 호기심만 많고 실상 개과천선의 결과가 적고 특히 참된 통회 없이 분주히 돌아다니는 경우가 많습니다. 그러나 성체성사에는 저의 참하느님이시며 참사람이신 예수 그리스도께서 완전히 계시니 제가 합당하게 신심을 다하여 영하면 영원한 구원의 결실을 풍성하게 얻을 것입니다. 성체를 모시는 데는 어떤 경솔한 마음도, 어떤 호기심도, 어떤 사욕도 있어서는 안 되며, 오직 굳은 믿음과 열렬한 바람과 성실한 사랑만 있어야 할 것입니다.

9　우주의 유형무형한 창조주이신 하느님, 당신께서는 저희에게 얼마나 경이로운 방법으로 행하십니까? 당신께서 뽑은 사람들에게는 또 얼마나 자애롭고 친밀하게 대하십니까? 당신은 성체성사로써 그들에게 당신 자신을 양식으로 주십니다. 이 성체성사는 실제로 저희의 모든 지력을 초월하고, 신심이 깊은 사람들의 마음을 끌어 주며 그 열정을 왕성하게 해 주십니다. 그들은 당신의 충실한 종들로서 일생을 자기의 허물을 고치는 데 힘을 쓰고 있기 때문에 지극히 존엄한 이 성사를 통하여 신심의 은총과 덕행을 사랑하는 은혜를 받습니다.

10　오! 성체의 오묘하고 신비로운 은총! 이 은총은 그리스도교 신자들만 아는 것이며, 외교인들과 죄의 종살이하는 사람들은 체험할 수조차 없습니다. 이 성사는 거룩한 은총을 주고, 잃은 덕행을 돌

려주며 죄악으로 더러워진 저희의 영혼을 아름답게
해 줍니다. 신심이 깊은 사람이 은총을 풍성히 받아 그
의 영혼뿐만 아니라 연약한 육체도 힘을 더 많이 받는
데에서 이 은총의 위대한 힘이 드러납니다.

11 그러나 그리스도를 영하기에는 저희는 열정이
나 성실함도 없고, 오히려 경솔하기만 한데, 그
야말로 애통하고 가련할 뿐입니다. 구원을 받아야 할
사람들의 희망도 공로도 모두 그리스도께 있기 때문입
니다. 그리스도께서는 저희의 거룩하심이며, 저희의 구
속이시며, 나그네의 위로시며, 성인들의 영원한 행복이
십니다. 천국 시민을 즐겁게 하고 온 세상을 구원하는
이 오묘한 성사를 많은 사람이 그다지 잘 알고 있지 못
한 것은 참으로 통한할 일입니다. 슬프다! 어둡고 완고
하고 악한 인간의 마음이여! 성체성사의 이 경이로운
은혜에 그다지 주의를 기울이지 않고 날마다 성체를 모

시기에 이를 대수롭지 않게 여기기까지 합니다.

12

이 거룩한 성사를 세상의 어느 한 곳에서만 지 낸다면, 또 한 사제를 통해서만 성체를 받아 모실 수 있다면 신성한 이 신비에 참례하고자 하는 마음은 얼마나 간절하겠으며, 그 사제를 얼마나 사모하겠습니까! 하지만 이제는 사방에서 수많은 사제들이 미사를 봉헌합니다. 이처럼 거룩한 성사가 온 세상에 널리 퍼짐으로써 사람에 대한 하느님의 사랑과 은총이 더욱 명백하게 드러납니다. 영원하신 목자, 착하신 예수님, 귀양살이하는 불쌍한 저희를 어여삐 여기시어 보배로운 당신의 성체와 성혈로 저희를 기르심에 감사드립니다. 또 저희가 이 성사를 영하도록 당신께서는 그 거룩하신 입으로 저희를 초대하여 "고생하며 무거운 짐을 진 너희는 모두 나에게 오너라. 내가 너희에게 안식을 주겠다."(마태 11,28) 하셨으니 감사하나이다.

제2장 성체에 드러나는 하느님의 위대한 어지심과 사랑

1

제자의 말 주님, 당신의 어지심과 인자하심에 의지하여 제가 당신께로 나아갑니다. 주님, 저는 치유자께로 나아가는 병자로, 생명의 샘으로 향하는 주리고 목마른 자로, 하늘의 임금께로 나아가는 가난한 자로, 주인께로 나아가는 종으로, 창조주께로 향하는 피조물로, 온유한 위로자께로 나아가는 처량한 영혼으로 왔습니다. 그런데 당신께서 제게 오신다니 어찌 된 일입니까? 제가 무엇이기에 당신을 제게 주십니까? 죄인이 어떻게 당신 대전에 나타날 수 있습니까? 또 당신께서는 어떻게 죄인에게 오실 수 있습니까? 당신께서는 당신 종을 잘 알고 계시니 당신 종에게는 당신께 드릴 만한 좋은 것이 하나도 없다는 것을 잘 아실 것입니다. 그러므로 저는 저의 비천함을 고백하고 당신의 선하심에 승복하며, 당신의 착한 마음을 찬미하고, 그 지극한 사랑에 감사드립니다. 당신께서 제게 오시는 것은 제게 어떠한 공로가 있어서가 아니라 당신을 위해서 오시는 것이니, 이는 저희에게 당신의 선하심과 겸손하심을 더 분명히 드러내고, 저희가 당신의 사랑을 또렷하게 알도록 하기 위함입니다. 당신께서 그렇게 하기를 원하시고 명하셨으니 저도 당신의 그 후의厚意를 기꺼이 받습니다. 다만 저의 죄악이 장애가 되지 않기를 바랄 뿐입니다.

2   오, 지극히 착하시고 인자하신 예수님, 당신의 품위는 누구도 충분히 헤아릴 수 없으니, 당신의 성체를 영하려면 얼마만 한 공경과 감사와 끊임없는 찬미를 드려야 하겠습니까? 그러나 성체를 영하러 주님께 나아갈 때 신심 있게 영할 마음은 간절하지만, 합당하게 존경할 능력이 제게 없으니 어찌 해야 하겠습니까? 제가 당신 대전에 겸손하고 당신의 무한한 자비를 높이 들어 올리는 것 외에 더 낫고 유익한 태도가 또 어디 있

겠습니까? 저의 하느님, 당신을 찬미하고 영원히 높이 올리나이다. 저 자신을 하찮게 보고, 저 자신의 비천함을 생각하며, 당신 대전에 저를 낮출 뿐입니다.

3   보소서! 당신은 가장 거룩한 성인보다 더 거룩한 분이시지만, 저는 더러운 죄인에 불과합니다. 이렇게 당신을 뵙기에도 부당한 저를 당신께서는 굽어보십니다. 당신께서는 저에게 오시고, 저와 함께 계시고자 하시고, 저를 당신 잔치에 초대하십니다. 당신께서는 저에게 천상의 양식, "천사들의 빵"(시편 78,25)을 주고자 하시니, 이는 다른 것이 아니라 "하늘에서 내려와 세상에 생명을 주는"(요한 6,33) 당신의 살을 저희에게 내어 주시는 것입니다.

4   오, 사랑의 근원이시여! 당신의 인자하심은 얼마나 빛이 납니까! 당신께서 하신 그 모든 것에 얼마

나 감사하고 찬송해야 하겠습니까! 성사를 세우신 당신의 계획은 얼마나 좋고 유익하겠습니까! 당신 자체를 양식으로 내놓으시는 그 잔치는 얼마나 좋고 즐겁겠습니까! 주님, 당신의 업적은 얼마나 오묘하겠습니까! 당신의 권능은 얼마나 크겠습니까! 당신의 진리는 얼마나 오묘하겠습니까! 당신께서 말씀하시자 모든 것이 이루어졌고, 당신께서 명하시자 모든 것이 그대로 되었습니다.

5 참하느님이시며 참사람이신 저의 주 하느님, 당신께서는 작은 면병과 술의 형상 안에 온전히 계시며, 그것을 영하여도 없어지지 않는다는 사실은 인간의 지력을 넘어 신앙으로써만 믿을 수 있습니다. 우주 만물의 하느님, 당신께서는 아무 부족함이 없으시면서도 성체성사로써 저희와 함께 사시고자 하셨습니다. 제 몸과 마음을 온전하게 보존케 해 주시어, 당신의 영광을 위하여, 당신을 영원히 기념하기 위하여, 또 저의 영

원한 구원을 위하여 설정하신 이 성사를 즐겁고 깨끗한 양심으로 자주 영하게 하소서.

6 내 영혼아, 눈물의 골짜기에 남아 있는 너에게 남겨 주신 이 고귀한 예물과 특별한 위로를 생각하고 즐기며 하느님께 감사하여라. 네가 이 성사를 거행할 때와 그리스도의 성체를 영할 때마다 구속 사업이 계속해서 이루어지며, 그리스도의 모든 공로에 참례하게 되는 것이다. 그리스도의 사랑은 조금도 줄어들지 않으며, 그분께서 너를 어여뻐 여기시는 마음은 조금도 없어지지 않는다. 그러므로 항상 마음을 새롭게 하여 이 성사를 잘 영하도록 준비하고, 정신을 차려 이 구원의 신비를 묵상해야 한다. 미사를 드리거나 혹 참례할 때마다 그리스도께서 사람이 되시어 동정녀의 태중에 내려오신 것처럼, 혹은 사람의 구원을 위하여 십자가에 달려 고난을 받아 돌아가신 것처럼, 그만큼 중대하고

새롭고 기쁜 일로 여겨야 한다.

제3장 자주 영성체함은 매우 유익함

1 제자의 말 주님, 제가 당신께 나아갑니다. 그래서 당신께서 주신 선물로 저는 풍요로워지고, "당신께서 가련한 이를 위하여 호의로 마련하신"(시편 68,11) 당신의 거룩한 잔치를 즐기럽니다. 저의 모든 희망을 둘 수 있고 또 두어야 할 분은 당신뿐입니다. 당신께서는 저의 구원이시며, 구속이시며, 희망이시며, 용기시며, 명예시며, 영광이십니다. 그러므로 주 예수님, "당신께 제 영혼을 들어 올리니 주님, 당신 종의 영혼을 기쁘게 하소서."(시편 86,4) 저는 지금 당신을 온 마음을 다해 공경하며 영하기를 갈망하며, 또 자캐오처럼 당신께 강복을 받아 아브라함의 자손이 되어 당신을 제 집으로 모시기를 간절히 원합니다. 제 영혼은 당신 성체를 원

하고, 제 마음은 당신과 결합하기를 간절히 바랍니다.

2 당신을 제게 주소서. 그것만으로도 저는 만족하니, 당신 외에는 그 어느 것도 제게 위로가 되지 못합니다. 당신께서 계시지 않으면 저는 지낼 수가 없고, 당신께서 저를 방문해 주시지 않으면 저는 살 수가 없습니다. 그러므로 당신께 자주 나아가 구원의 약이 되시는 당신을 영해야 합니다. 이는 천상 양식을 받지 못한 채 혹시 길에서 기진할까 두렵기 때문입니다. 지극히 인자하신 예수님, 당신 백성에게 강론하시며 여러 가지 병을 낫게 해 주실 때에 "저 군중이 가엾구나. 벌써 사흘 동안이나 내 곁에 머물렀는데 먹을 것이 없으니 말이다. 길에서 쓰러질지도 모르니 그들을 굶겨서 돌려보내고 싶지 않다."(마태 15,32)라고 말씀하셨습니다. 그러므로 이미 당신께서는 신자들을 위로하기 위하여 성체성사에 머물러 계십니다. 그러니 제게도 그렇게 해

주소서. 당신께서는 맛있는 영혼의 양식이시요, 또 당신을 합당하게 영하는 사람은 영원한 영광에 참여하고 또 당신의 상속자가 될 것입니다. 그러나 저는 자주 넘어지고 죄를 지으며 금세 지치고 나태해지기에 자주 기도하고 고해성사를 받으며 당신 성체를 영함으로써 저를 새롭게 하고 깨끗하게 하며 열렬케 할 필요가 있습니다. 너무 오래 이 영혼의 양식을 먹지 않아 거룩한 뜻으로부터 멀어지는 일이 생겨서는 안 될 것입니다.

3 사람의 마음은 본래 악으로 기울어지기 때문에 하느님께서 주시는 약이 없으면 이내 더 큰 악으로 떨어집니다. 그러므로 영성체하는 것은 사람으로 하여금 죄를 멀리하고 선을 행할 수 있는 강한 힘을 줍니다. 성체를 영하며 미사를 지내는 데도 이렇게 경솔하고 제 마음이 차가운데, 만일 이 약을 쓰지 않아 큰 도움을 받지 않는다면 어찌 되겠습니까? 비록 적절하게

준비하지 못하여 미사를 드리기에 합당치 못한 날이 있다 해도 천상의 은혜를 영하고 그 은총을 얻기 위해 힘쓰겠습니다. 충실한 영혼이 당신을 멀리 떠나 죽을 육신을 끌고 다니며 사는 동안 특별히 위로로 삼는 것은 자주 하느님을 생각하여 신심 깊은 마음으로 사랑하는 분을 영하는 것입니다.

4 오! 주 하느님, 모든 신들을 만드신 당신께서 제가 바라는 것을 주시려 신성과 인성을 다하여 이 불쌍한 영혼 위에 내리시니, 저희에 대한 당신의 사랑은 경이로울 뿐입니다. 주 하느님 당신을 신심을 다하여 영하고, 당신을 영함으로써 거룩한 즐거움을 가득히 누리는 영혼은 얼마나 행복하며 복됩니까? 그 영혼이 영하는 주님은 얼마나 위대하십니까? 당신을 맞아들이는 이는 얼마나 사랑에 넘치는 사람이겠습니까? 당신을 환영하는 사람은 얼마나 기쁘겠습니까? 그가 받

아 모시는 정배인 당신은 얼마나 아름다우시고 높으신 분이시겠습니까! 사랑스러운 모든 것, 탐나는 모든 것보다 당신은 얼마나 사랑스럽고 탐나는 분이십니까? 지극히 착하신 사랑하올 분이시여, 당신 대전에는 하늘과 땅과 모든 만물이 침묵해야 할 것입니다. 경탄할 만한 아름다움이 있다 해도 그것은 당신께서 자애롭게 저희에게 주신 것에 지나지 않고, 측량할 수 없는 지혜를 갖추신 당신의 영광에 비하면 아무것도 아니기 때문입니다.

제4장 신심으로 영성체하는 사람은 많은 축복을 받음

1

제자의 말 저의 주 하느님, 저에게 자애로이 강복하시어 당신의 위대한 성사를 신심을 다해 타당하게 영하게 해 주소서. 제 마음을 당신께 향하게 하시고, 저의 나약함을 없애 주소서. 깊은 샘 숨겨진 물처럼 성체성사 안에 숨겨진 당신 사랑의 달콤함을 제 영혼이 맛들이도록 구원의 은총으로 찾아오소서. 그 오묘한 신비를 깨닫도록 제 눈을 밝혀 주시고, 의심 없는 신덕을 갖도록 저를 견고하게 해 주소서. 이 신비는 인간의 능력으로 하거나 발명된 것이 아니라 당신께서 거룩히 세우신 업적입니다. 천사의 명석한 지력도 초월하는 이 사실을 알아듣고 꿰뚫어 볼 수 있는 재주를 가진 사람은 하나도 없습니다. 그러니 흙과 먼지에 불과한 부당한 죄인인 제가 이렇게 고상하고 거룩한 신비를 어찌 연구하여 알아들을 수 있겠습니까?

2 주님, 제 순진한 마음과 참되고 견고한 신앙과 당신 명에 복종하는 뜻으로 정성을 다하여 희망을 품고 당신께 나아가니, 당신께서는 참으로 이 성사 안에 신성과 인성으로 계심을 확실히 믿습니다. 그리고 당신께서는 제가 당신을 영하여 당신과 사랑으로 결합하기를 원하십니다. 그러므로 당신의 자비를 구하며 그에 합당한 특별한 은총을 내려 주시기를 간절히 청하오니, 제가 당신 안에 완전히 녹고, 사랑에 깊이 잠기며, 당신 말고는 다른 어떤 위로도 찾지 않게 하소서. 이 지극히 높고 지극히 존귀한 성사는 영혼과 육신의 구원이며, 모든 영혼의 병을 치료하는 약이니, 이 성사로써 제 악습을 고치고, 욕망을 제어하고, 시련을 이기거나 적게 하고, 은총을 더 풍성히 받고, 시작된 덕행이 더 커지고, 신덕이 견고해지고, 희망이 두터워지고, 사랑이 열렬해지고 넓어집니다.

3 제 마음을 붙들어 주시고, 나약한 저를 보살펴 주시고, 모든 내적 위로를 주시는 저의 하느님! 당신께서 사랑하고, 신심을 다해 성체를 영하는 사람들에게 당신께서는 은혜를 더 자주 베풀어 주십니다. 그들이 여러 고난을 잘 참아 나아갈 수 있도록 많은 위로를 내려 주십니다. 또 그들을 번민에서 일으키시어 당신의 보호를 바라게 해 주십니다. 새로운 은총으로 그들의 마음을 활기차고 밝게 해 주시기에 성체를 영하기 전에는 근심에 싸이고 아무런 마음이 없던 그들이 천상의 양식을 받고서는 훌륭하게 변하였음을 깨닫고는 합니다. 당신께서 뽑은 사람들에게 그렇게 하시는 것은 사람이 자기 혼자서는 너무나 약하다는 것과 어떤 좋은 것이든 은총은 당신께로부터 받는다는 것을 인정하고 체험하게 하시려는 뜻입니다. 그들이 원래 냉정하고 무정하고 신심이 없으나, 당신께서 도우시면 열정이 생기고, 쾌활해지고, 신심이 생기게 됩니다. 지극히 선하신

샘을 향하여 겸손하게 나아가는 사람이 어찌 작은 즐거움이나마 누리지 못하겠습니까? 뜨거운 불 옆에 서 있는 사람이 어찌 따뜻함을 느끼지 못하겠습니까? 당신께서는 항상 가득하고 넘치는 샘이시며 항상 타면서도 전혀 식지 않는 불이십니다.

4 그러므로 만일 제가 이 가득한 샘에서 물을 긷지 못하게 되고, 또 배부르도록 마시지 못하게 된다면, 적어도 제 입을 그 천상의 관管에 대고 몇 방울 물이라도 마시어 갈증을 풀고 말라 죽지 않고자 합니다. 비록 제가 완전하게 천상의 인간이 되지 못하고, 또 커룹들과 사랍들같이 열성으로 불타오르지는 못할지라도, 신심을 일으켜 힘껏 제 마음을 준비하여 저를 살게 하는 성사를 겸손하게 영하겠습니다. 이를 통해 하느님의 뜨거운 불길의 작은 불꽃이라도 받게 하소서. 거룩하신 구세주, 착하신 예수님, 제게 부족한 그 모든 것을 인자

하고 착하신 당신 마음으로 채워 주소서. 당신께서는 "고생하며 무거운 짐을 진 너희는 모두 나에게 오너라. 내가 너희에게 안식을 주겠다."(마태 11,28)라고 하시고 모든 사람을 다 당신께로 불러들이셨습니다.

5 저는 땀을 흘리며 일하고, 마음의 고통으로 괴롭고, 죄는 무거운 짐과 같고, 시련이 있어 평안히 있지 못하고, 여러 가지 악한 사욕에 이끌려 짓눌리는데, 저를 도와줄 분은 저의 구세주 하느님 당신밖에 아무도 없으니 당신께 저와 저의 모든 것을 맡깁니다. 저를 보호해 주시고 영원한 생명으로 인도해 주소서. 당신은 저를 위하여 성체와 성혈을 양식으로 준비해 주셨으니, 당신의 거룩한 이름의 영광과 찬미를 위하여 저를 받아 주소서. 저의 구원이신 주 하느님, 당신 성체를 자주 영함으로써 저의 신심이 더욱 뜨겁게 타오르게 하소서.

제5장 성체성사의 고귀함과 사제의 지위

1 주님의 말씀 네가 천사처럼 깨끗하고 요한 세례자처럼 거룩하다 할지라도 이 성사를 영하거나 거행하기에는 부당할 것이다. 사람이 그리스도의 성체를 축성하고, 만지며, 천상의 떡을 양식으로 받는 것은 그에게 무슨 공로가 있어서 그런 것이 아니다. 사제들이 얼마나 고귀한 직무와 얼마나 위대한 품위를 가졌는가! 천사들에게도 주지 않은 권한을 사제들에게 준 것이다. 성교회의 법에 따라 성품성사를 받은 사제들만이 미사를 거행하고 그리스도의 성체를 축성할 권한이 있다. 사제는 하느님의 명령과 약속에 따라서 하느님의 말씀을 사용하는 하느님의 시종이다. 하느님만이 유일한 집권자며, 무형한 주례자시니, 원하시는 것이 다 그분께 속하고, 그분이 명령하시면 무엇이든지 복종한다.

2\. 그러므로 이 지극히 존엄한 성사에 있어 사람은 자기의 오관이나 유형한 표적보다는 전능하신 하느님을 더욱 믿어야 한다. 이 성사에 나아갈 때는 두려운 마음과 공경하는 마음을 가져야 한다. 너는 주교의 안수를 받음으로써 누구의 직무를 맡게 되었는지 결코 잊지 마라. 너는 사제가 되고, 미사를 거행하기 위하여 성품을 받은 것이니, 늘 자신을 살펴 충실하게 또 신심을 다하여 제때에 하느님께 제사를 드리고, 결코 하느님 앞에 비난받지 않도록 주의하여라. 너는 성품을 받음으로써 네 짐을 가볍게 한 것이 아니라, 도리어 더 엄한 규율의 사슬로 너를 묶었고, 또한 더 완전한 성덕을 닦을 의무가 생겨났다. 사제는 모든 덕행으로 무장한 사람이 되어 남에게 좋은 생활의 모범을 보여야 한다. 그는 사람들이 따르는 보통 길을 걷지 말고, 천국에 있는 천사들이나 완덕에 도달한 사람들이 간 길을 가야 할 것이다.

3   제의를 입은 사제는 자기와 모든 백성을 위해서 간절한 마음으로 겸손하게 하느님께 기도하는 그리스도의 대리자다. 제의 앞면과 뒷면에 십자가가 있는 이유는 그리스도의 수난을 항상 기억하기 위해서다. 제의 앞면에 십자가가 있는 것은 항상 그리스도의 길을 열심히 따르기 위해서며, 제의 뒷면에 십자가가 있는 것은 어떤 곤란도 하느님을 위해 잘 참기 위해서다. 또한 제의 앞면에 십자가가 있는 것은 자기의 죄를 슬퍼하며 울기 위해서며, 제의 뒷면에 십자가가 있는 것은 다른 사람이 범한 죄까지도 동정하여 슬피 울고, 하느님과 죄인 사이에 중개자가 된 것을 생각하며, 하느님의 자비와 은총을 얻을 때까지 열심히 기도하고 미사성제를 드리기 위해서다. 사제가 미사를 드리면, 하느님을 경배하고, 천사들을 즐겁게 하고, 성교회를 건설하고, 살아 있는 사람들을 돕고, 죽은 이들을 평안히 쉬게 하고, 자기 자신을 모든 선에 결합시키게 된다.

제6장 영성체하기 전에 할 수업에 대한 질문

1. **제자의 말** 주님, 당신의 고귀한 품위를 생각하고 저의 비천함을 생각하면 몹시 두렵고 부끄럽기만 합니다. 앞으로 나아가지 않으면 생명을 피하는 것이 되고, 만일 부당하게 나아가면 당신 마음을 상하게 해 드리는 것이 됩니다. 저를 도와주시고, 제가 곤란함에 처하면 충고하시는 저의 하느님, 제가 어찌 해야 하겠습니까?

2. 당신께서는 제게 바른길을 가르쳐 주시고, 성체를 영하는 데 필요한 합당한 교훈을 내려 주소서. 당신 성체를 효과 있게 영하는 데 있어서, 그처럼 위대하고 신성한 제사를 지내는 데 있어서, 제 마음을 어떻게 준비해야 하는지, 어느 정도의 신심과 공경으로 준비해야 하는지 아는 것은 말할 수 없이 큰 도움이 됩니다.

제7장 자기 양심을 살피고
죄를 고치기로 결심함

1. **주님의 말씀** 하느님의 사제는 이 성사를 거행하고 성체를 만지고 영하려 할 때 특별히 겸손한 마음과 간절한 공경과 하느님의 영광을 드러낼 경건한 지향을 갖고 있어야 한다. 부디 네 양심을 성찰하고 힘껏 통회하고 겸손하게 고백함으로써 양심을 깨끗이 하고 빛나게 하여, 마음에 걸려 자유로이 나가지 못하게 하는 큰 일이 없도록 하거나 적어도 없는 줄 알아야 한다. 모든 죄를 통회해야 하는데, 특별히 날마다 잘못하는 일에 대해 통회하고 탄식해야 할 것이다. 또한 시간이 있을 때 네 마음의 은밀한 곳에 자리하고 있는 모든 가련한 사욕을 하느님께 고백하라.

2. 아직도 그렇게 육체에 속해 있고, 세속을 따르고, 사욕을 억제하지 못하고, 여러 가지 욕망으

로 가득 차 있는 너 자신을 탄식하고 원통히 여겨야 한다. 또 너는 그처럼 오관을 잘못 사용하고, 그렇게 자주 여러 가지 잡념에 빠져 있고, 그렇게 바깥일에는 몰두하면서 내적 일을 돌보는 데는 소홀하고, 그렇게 쉽게 웃고 방탕하게 즐기면서 울고 통회하는 데는 그렇게 완고한 마음을 가지고 있다. 육신이 편한 일에는 그렇게 민첩하지만 조금이라도 엄하고 열심히 해야 할 일에는 그렇게 느리고, 새것을 듣고 아름다운 것을 보는 일에는 그렇게 호기심이 많으나 천하고 낮은 것을 만나는 일에는 그렇게 게으르다. 받는 일에는 그렇게 욕심을 내어 많이 가지려 하나 주는 일에는 그렇게 인색하고, 가지려는 일에는 그처럼 악착스럽고, 말하는 데에는 그처럼 조심이 없으며 침묵을 지키는 데에도 그처럼 참지 못하고, 행실은 그처럼 단정하지 못하다. 그처럼 염치가 없는 행동을 하고, 먹는 데는 그렇게 정신을 팔지만 하느님의 말씀을 듣는 데는 그처럼 귀를 막고, 쉬는 데는 그처럼 빠르나 일하는 데는 그렇게 느릿느릿하고, 지나간 이야기를 듣는 데는 그처럼 정신을 집중하나 거룩하게 밤을 새울 때에는 그처럼 졸기만 한다. 일을 빨리 마치려고만 하고, 주의해야 할 때에는 그렇게 산만하고, 성무일도를 하는 것은 그처럼 소홀하고, 미사를 거행하는 것에는 그처럼 열심히 하지 않고, 성체를 영하는 일에는 그렇게 냉랭하다. 너무 빨리 마음이 산란하고 정신을 온전히 집중하는 때가 극히 드물고, 갑자기 감정에 휘둘려 분노하기를 잘한다. 쉽게 남의 마음을 상하게 하고, 쉽게 남을 판단하고, 가혹하게 남을 책망하고, 잘 풀릴 때에는 그렇게 좋아하지만 역경 앞에서는 그렇게 연약하고, 자주 좋은 뜻을 세우지만 별로 실행하는 것이 없다. 이런 것들을 탄식하고 원통하게 여겨야 한다.

3 그렇게 많은 것을 결심해야 한다는 것을 마음 아프게 여기고, 또 자신이 그처럼 연약하다는 것을 진정으로 슬퍼해야 한다. 그렇게 아프고 슬픈 마음으로 고백하고 통곡한 다음에는, 반드시 행동을 고치고 선함을 발전시킬 굳은 결심을 해야 한다. 그다음에는 네 육신과 영혼을 신뢰하는 마음으로 내게 맡기고, 나의 이름과 영광을 위하여 너 자신을 완전히 내게 의탁하고, 온전한 마음으로 너 자신을 봉헌하되, 나의 마음의 제단 위에 영원한 희생 제물로 바쳐야 한다. 이런 방법으로 한다면, 합당하게 하느님께 제사를 드리러 나아가고, 또 내 성체를 유효하게 영할 은혜를 받을 것이다.

4 미사를 거행하고 성체를 영할 때, 자기 자신을 아무런 허물없이 완전하게 봉헌하는 것보다 더 나은 봉헌이 없고, 범한 죄에 대한 더 나은 보속이 없다. 사람이 제 힘을 다하여 진정으로 죄를 통회하고 죄의

용서와 은총을 얻으러 내게로 나올 때마다, 나는 "악인의 죽음을 기뻐하지 않는다. 오히려 악인이 자기 길을 버리고 돌아서서 사는 것을 기뻐한다."(에제 33,11)라고 할 것이다. 왜냐하면 '나는 그들의 죄와 그들의 불의를 기억하지 않을 것'(히브 10,17 참조)이기 때문이며, 그 사람은 모든 죄의 용서를 받을 것이기 때문이다.

제8장 그리스도의 십자가 상 제사와 우리 자신을 하느님께 맡김

1

주님의 말씀 나는 네 죄를 용서하기 위하여, 벗은 몸으로 두 손을 십자가 위에 펴고, 자유로이 나 자신 전부를 아버지 하느님께 바쳐 내게는 아무것도 남겨 놓지 않았다. 그렇게 하여 하느님과 너를 화해시키는 완전한 제사가 되게 하였다. 너도 그렇게 매일 미사 때 자유로이, 할 수 있는 정성을 다하여, 너 자신의 모든 것을 거룩한 제물로 삼아 나에게 바쳐야 한다. 나는 네가 너 자신을 온전히 내게 맡기는 일에만 힘쓰기를 바란다. 네가 너 자신이 아닌 다른 모든 것을 바친다 하더라도 나는 그것에 마음을 두지 않는다. 나는 너의 선물을 바라는 것이 아니라 바로 너 자신을 바라기 때문이다.

2 네가 너 자신이 아닌 것을 모두 다 차지한다 할지라도 만족하지 못하는 것처럼, 너 자신을 내게 바치지 않는다면 네가 무엇을 주든지 그것이 내게 만족스러울 수 없다. 너를 내게 바치고 하느님을 위하여 모든 것을 다 바쳐라. 그것이야말로 합당한 희생이 될 것이다. 나는 너를 위하여 아버지께 나를 온전히 바쳤고, 또 나의 몸과 피를 양식으로 내주어 온전히 네 것이 되고, 너도 나의 것이 되게 하고자 하였다. 네가 아직도 네 안에 머물러 있고, 네 뜻을 기꺼이 나에게 맡기지 않는다

면 완전한 희생이 될 수 없고, 너와 나 사이에 완전한 결합이 이루어지지 못한다. 그러므로 자유와 은총을 얻으려 한다면 그 어떤 일보다 먼저 하느님의 손에 너 자신을 기꺼이 바쳐야 한다. 마음의 광명을 받고 자유를 얻는 사람이 그처럼 적은 것은 자신을 온전히 희생할 줄 모르기 때문이다. "누구든지 자기 소유를 다 버리지 않는 사람은 내 제자가 될 수 없다."(루카 14,33)라고 한 말은 확실한 것이니, 네가 나의 제자가 되려거든 너 자신을 너의 모든 마음을 다해 나에게 바쳐라.

제9장 자신을 하느님께 바치고 모든 이를 위해 기도함

1 제자의 말 주님, 하늘과 땅에 있는 모든 것은 다 당신의 것입니다. 저는 자유로이 저를 당신께 제물로 바치기를 원하고, 영원히 당신의 것으로 머물러

있기를 원합니다. 주님, 저는 오늘 깨끗한 마음으로 저를 당신의 영원한 종으로 바치며, 순명의 희생과 영원한 찬미의 제사로 저를 당신께 바칩니다. 눈으로 볼 수 없는 모든 천사들이 당신을 모시는 대전에 저와, 제가 봉헌하는 당신의 존귀한 성체의 제사를 함께 받아 주시어, 저와 모든 백성의 구원에 도움이 되게 하소서.

2　주님, 저의 모든 죄악과 모든 과실, 제가 처음으로 죄를 범하게 된 때로부터 이 시간까지 당신과 천사들 대전에 범한 모든 잘못을 속죄하며, 그 모든 것을 당신 제대 위에 바치니, 당신 사랑의 불로 모두 태우시고, 제 죄의 모든 더러움을 없애 주시고, 제 양심을 모든 죄악에서 씻어 주시고, 완전히 용서하시어 죄를 범함으로써 잃어버린 은총을 회복케 해 주시고, 자애로이 저를 받아 평화의 친구로 삼아 주소서.

3 제 죄악을 겸손하게 고백하고, 하염없이 울면서 당신의 너그러우신 속죄를 간절히 구하는 것 외에 제가 할 수 있는 다른 것이 어디 있겠습니까? 저의 하느님, 당신께 간구하오니, 당신 대전에 서 있는 저를 너그러이 받아들이소서. 저의 모든 죄악을 참으로 원통하게 생각하고, 다시는 죄를 범하지 않기 위해 그 죄에 대해 울고, 또 제가 사는 동안 울며 회개하기 위해, 될 수 있는 대로 힘껏 보속하고자 합니다. 하느님, 저를 용서해 주소서. 당신의 거룩하신 이름을 위하여 저의 죄악을 용서해 주소서. 당신의 보배로운 피로 구원하셨던 제 영혼을 구해 주소서. 보소서, 당신의 자비에 저를 맡기며 당신 손에 저를 맡깁니다. 저의 잘못과 죄로 저를 판단하지 마시고, 당신의 자비로 받아 주소서.

4 비록 작고 불완전하지만 저에게 있는 모든 좋은 것을 모두 당신께 바치오니, 저를 씻어 주시고 거

룩하게 해 주소서. 제가 드리는 것이 당신 마음에 들고 당신께서 즐기시는 것이 되게 하시고, 게으르고 쓸데없는 저 같은 사람도 항상 더 나은 데로 이끌어 주시고, 사람들이 노래하는 행복한 곳으로 인도해 주소서.

5 또한 신심 깊은 사람들의 정성된 원의를 모두 당신께 바칩니다. 부모와 친구와 형제와 자매와 제가 사랑하는 모든 사람들, 또한 당신 사랑을 청하는 저와 다른 사람들, 당신의 은혜를 입은 사람들의 모든 원의를 당신께 전합니다. 또 살아 있든 이미 세상을 떠났든 자기와 자기 모든 친척을 위하여 기도하고 미사 드려 주기를 제게 원하고 청한 사람들의 원의를 바칩니다. 이 모든 이들이 다 당신 성령의 도움을 받고, 당신 위로를 받으며, 위험에서 보호를 받고, 벌을 면하게 된다는 사실을 깨닫게 해 주시며, 모든 불행에서 구원되어 당신께 경건하고 깊은 감사를 드리게 해 주소서.

6 또한 제 마음을 어떤 이유에서든 상하게 하고, 제게 근심을 끼치고, 저를 비난하고, 혹 무슨 해나 고통을 준 사람들을 위해서도 화해의 제물과 기도를 바칩니다. 또한 제가 전에 말이나 행실, 또 알게 모르게 근심과 걱정을 끼친 사람들, 괴롭힌 사람들, 좋지 못한 표양을 보인 사람들을 위해서도 당신께 이 제사와 기도를 바치니, 저희의 모든 죄악과 서로의 잘못을 너그러이 용서해 주시기를 청합니다.

주님, 저희 마음에서 모든 의심과 원한과 분노와 쟁론과 그 밖에 무엇이든지 애덕을 거스르고 형제적 사랑을 훼손한 그 모든 것을 다 없애 주소서. 주님, 당신의 자비를 구하는 저희를 불쌍히 여기시고 가엾게 여기소서. 모든 면에서 많이 부족한 저희에게 은총을 주소서. 또한 저희가 당신의 은총을 누리고 영원한 생명에 이를 수 있는 자격을 갖춘 사람이 되게 해 주소서. 아멘.

제10장 영성체를 함부로 빼먹지 않음

1. **주님의 말씀** 네 사욕과 악습을 고치고, 모든 시련과 마귀의 꾐에 주의를 기울이고 대항할 힘을 더 얻으려면 은총의 샘으로, 하느님의 자비의 샘으로, 모든 선과 정결함의 샘으로 자주 찾아가야 할 것이다. 원수는 성체를 영하는 효과와 결실이 얼마나 큰지를 알고 있으므로, 온갖 수단과 방법을 다하고 모든 기회를 이용하여 열심히 생활하는 신자들이 영성체를 못하도록 방해한다.

2. 어떤 사람은 성체를 영하려고 준비할 때마다 사탄의 맹렬한 유혹을 겪는다. 그 사탄은(욥기에 기록된 것같이) 하느님의 아들들 가운데 섞여 악한 계교를 써서 그들의 마음을 어지럽히거나, 과도한 공포를 느끼게 하거나, 정신을 복잡하게 하여 그 마음에서 성체에 대한 마음을 덜어 내거나, 위협을 주어 신앙을 없애려 한

다. 혹은 전혀 영성체를 하지 않게 하거나, 영한다 해도 아무런 열성도 없이 하게 한다. 그러나 그 계교와 환상이 아무리 더럽고 흉측하다 할지라도 조금도 걱정할 것은 없으며, 그 모든 환상을 전부 마귀에게 돌려보내면 그만이다. 가련한 그 마귀를 천하게 보고 업신여기고, 그가 충동을 일으키더라도 결코 영성체를 빼먹어서는 안 된다.

3 너무나 뜨거운 열정을 갖추려는 노력이나 고해성사에 대한 걱정이 성체를 영하는 데 방해가 될 수도 있다. 지혜로운 사람들의 훈계를 따라 함으로써 걱정을 끊어 버리고 지나치게 세심하지 말아야 하는데, 그런 태도는 하느님의 은총에 장애가 되고 신심을 약하게 하기 때문이다. 어떤 작은 걱정이 있고 마음이 조금 어지럽다고 영성체를 빼먹어서는 안 된다. 오히려 빨리 고해성사를 하고 다른 사람이 네 마음을 상하게 한 것

을 기꺼이 용서해 주어야 한다. 그렇지만 네가 다른 사람의 마음을 상하게 한 일이 있거든 겸손하게 용서를 구하라. 그렇게 하면 하느님께서 네 죄를 기꺼이 용서해 주실 것이다.

4 오랫동안 고백을 하지 않고 성체를 영하지 않으면 무슨 유익함이 있겠느냐? 시급히 네 마음을 비우고, 빨리 독을 토해 버리고, 급히 약을 써라. 오래도록 영성체를 미루는 것보다는 그렇게 하는 것이 훨씬 낫다. 오늘 이런 일이 있다고 영성체를 빼먹으면 내일은 아마 더 큰 장애를 만날 것이다. 그렇게 되면 성체를 영하는 데 장애가 생길 것이고, 너는 더욱 부당한 사람이 될 것이다. 될 수 있는 대로 빨리 지금의 무거운 짐과 태만을 벗어 버려라. 오랫동안 근심 걱정하고, 혼란한 상태로 지내고, 매일매일의 장애 때문에 하느님의 성체를 받지 않으면 좋을 것이 하나도 없다. 오랫동안 영성체를 미루

는 것은 매우 해로운데, 그리되면 열정이 줄어들게 마련이기 때문이다. 오! 슬프다. 냉담하고 방탕한 사람들일수록 고해성사를 미루고 또 영성체를 미루려 하는데, 이는 성체를 자주 영하려면 자신에 대해 좀 더 엄격한 주의를 기울여야 하기 때문이다.

5 슬프다, 영성체를 그렇게 쉽게 미루는 사람은 성체에 대한 사랑이 얼마나 적고 그 열정은 얼마나 미약한가! 특별히 남들의 이목을 끌지 않으면서도, 매일 영성체할 마음을 갖고 또 영성체할 준비를 하고 살며 자신의 양심을 깨끗하게 지키는 사람은 얼마나 복되며 하느님의 마음에 들 것인가! 만일 겸손하기 위해서나, 정당한 이유가 있어 영성체를 못하는 사람이 있다면 이는 성체에 대한 존경심을 가진 것이니 이해할 만하다. 그러나 그 원인이 나태함이라면 그런 사람은 빨리 자기 자신을 격려하여 최선을 다해 고쳐야 한다. 그

리하면 하느님께서는 그의 착한 지향을 특별히 돌아보시고 살펴 주실 것이다.

6 정당한 이유가 있어 성체를 영하지 못하게 될 때에는 성체를 영하고자 하는 착한 바람과 경건한 지향을 가짐으로써, 성체성사의 효과를 볼 수도 있을 것이다. 열정이 있는 사람은 누구든지 때를 가리지 않고 신령성체를 할 수 있다. 그래도 정한 날과 정한 때에 구세주의 성체를 사랑하고 공경하는 마음으로 성사를 통해 영성체를 해야 하는데, 이때 자기를 위로하기보다는 하느님께 더 큰 찬미와 영광을 드리도록 해야 한다. 그리스도의 강생 구속의 신비와 수고 수난을 정성껏 묵상하고, 주님을 사랑하는 마음이 지극할 때마다 신령성체를 하고, 그렇게 함으로써 자기의 영혼을 키워 가야 한다.

7 축일이 임박할 때, 혹은 습관적으로 영성체할 때, 성사를 받을 준비가 부족할 수 있다. 미사를 드리거나 영성체할 때마다 제 몸을 주님께 희생으로 드리는 사람은 복되다. 미사를 지낼 때에는 너무 느리게도, 너무 빨리도 하지 말고, 네가 속한 공동체의 바람직한 관습대로 하라. 미사 드릴 때에 참례하는 이들에게 불쾌한 느낌이나 싫증을 일으키게 하지 말고, 선조들이 해 온 보통 길을 따라가라. 자기 정성이나 감정대로 행하지 말고, 다른 이들에게 유익함을 주도록 힘써라.

제11장 신심을 기르려면 주님의 성체와 말씀이 필요함

1 **제자의 말** 지극히 감미로우신 주 예수님! 당신 잔치에 당신과 함께 참례하는 신심 깊은 영혼이 누리는 거룩한 기쁨은 얼마나 크겠습니까? 이 잔치에서

먹을 음식은 다른 것이 아니라 이 세상의 모든 희망과 원의의 목표며 목적인 당신입니다. 마리아 막달레나 성녀가 그러한 것처럼 저는 제 마음의 가장 깊은 곳에서 흘린 눈물로 당신 발을 씻어 드리고 싶습니다. 그러나 저에게 그런 열정이 어디에 있겠습니까? 그런 거룩한 눈물은 어디에 있겠습니까? 당신과 당신의 거룩한 천사들 앞에서 저의 온 마음이 타야 하고 기쁨의 눈물을 흘려야 될 것입니다. 당신은 비록 떡과 술의 형상으로 감춰 계시지만 이 성사에 진실로 저와 함께 계십니다.

2 만일 당신께서 떡과 포도주의 형상에 감춰 계시지 않고 하느님의 영광을 드러내신다면 저의 눈이 감당하지 못할 것이며, 온 세상이 당신의 존엄한 영광을 감당하지 못할 것입니다. 그러므로 당신은 저와 당신 백성의 연약함을 생각하시어 당신의 본체를 드러내시지 않고 성체성사 안에 감춰 계시는 것입니다. 천

사들이 천국에서 흠숭하고 모시는 그분을 저도 모시고 흠숭합니다. 그러나 천사들은 숨어 계시지 않은 당신의 본체를 흠숭할 수 있으나 저는 아직은 신덕의 눈으로 보며 당신을 흠숭할 뿐입니다. 저는 영원한 광명의 날이 와서 표상의 그림자가 지나갈 때까지는 당신을 믿음의 빛으로 뵙는 것으로 만족해야 하고, 그 빛 속에서 거닐 것입니다. 그러나 "온전한 것이 오면"(1코린 13,10) 성사를 영하는 일이 없을 것이니 천상의 영광을 누리는 성인들에게는 성사의 신약神藥이 필요하지 않기 때문입니다. 그때에는 주님을 직접 대면하는 영광을 영원히 주님 앞에서 즐길 것입니다. 그때에는 항상 무량하신 하느님의 빛으로 더욱 영화롭게 되어 사람이 되신 하느님의 말씀을 처음과 같이 영원한 그대로 누릴 것입니다.

3 그때를 생각하면 영혼의 위로를 포함하여 다른 모든 현세의 것이 제게는 그다지 중요하지 않으

니, 이는 제가 영광의 저의 주님을 명백하게 보기 전에는 이 세상에서 보고 들은 것을 아무것도 아닌 것으로 여기기 때문입니다. 저의 주 하느님, 제가 영원토록 뵈옵기를 갈망하는 당신 외에는 아무것도 저를 위로하지 못하고, 어떤 피조물도 제게 평화를 주지 못한다는 것을 당신께서는 잘 아십니다. 그러나 당신을 영원토록 보는 일은 제가 이 죽음의 세상에 머물러 있는 동안에는 이룰 수 없는 일입니다. 그러니 아직은 인내의 덕으로 참고, 모든 뜻에 있어 당신께 복종할 뿐입니다. 주님, 지금 이 순간 천국에서 당신과 함께 기뻐하고 있는 성인들도 이 세상에 살았을 때에는 신앙과 큰 인내의 덕으로 당신 영광이 오는 것만을 고대했습니다. 그들이 믿은 것을 저도 믿고, 그들이 바란 것을 저도 바라고, 그들이 도달한 곳에 저도 당신 은총의 도움을 받아 도달하기를 바랍니다. 지금은 성인들의 표양을 본받아 굳세어져서 신앙의 길을 걷겠습니다. 성경은 제게 위로와 생활의 거울이 되고, 당신 성체는 제게 유일무이한 신약과 피난처가 될 것입니다.

4 이 세상에서 살아가는 데 특별히 두 가지가 필요하다고 생각합니다. 그것들이 없으면 저는 이 세상 생활을 견딜 수 없을 것입니다. 육신의 감옥에 갇힌 제가 간절히 바라며 요구하는 그 두 가지는 음식과 빛입니다. 당신께서는 연약한 제게 당신 성체를 영혼과 육신의 양식으로 주셨고, 또 '제 발에 등불인 당신 말씀을 주셨습니다.'(시편 119,105 참조) 이것 없이는 제가 살 수 없으니, 하느님의 말씀은 제 영혼의 빛이요, 당신 성사는 생명의 떡입니다. 이것은 성교회의 보물 창고에 마련된 두 개의 상(床)이라고 할 수 있습니다. 한 상은 제대인데, 그 위에는 거룩한 면병 곧 그리스도의 성체를 모셨습니다. 다른 상은 하느님의 법의 상인데, 그 안에는 거룩한 교리가 있어 옳은 신앙을 가르치고 휘장 뒤에

있는 지성소에까지 안전하게 인도합니다. 영원한 빛 중의 빛이신 주 예수님, 당신 종인 예언자들과 사도들과 다른 학자들을 통해 저희에게 이 성경의 상을 마련해 주심에 감사를 올립니다.

5 인류를 창조하고 구속하신 분, 당신의 사랑을 모든 사람에게 드러내시기 위하여 큰 잔치를 마련하셨으니 감사드립니다. 당신께서는 이 잔치에 단순히 상징적인 의미의 어린양을 주시지 않고 오직 당신 성체와 성혈을 양식으로 주십니다. 당신께서는 이 잔치에서 모든 신자들을 즐겁게 해 주시고, 모든 축복의 기쁨을 가진 구원의 잔으로 저희를 취하게 하십니다. 천사들은 더 큰 행복으로 저희와 함께 이 잔치에 참례합니다.

6 오! 사제의 직무가 얼마나 위대하고 명예롭습니까! 사제들은 존엄하신 주님을 거룩한 말씀으로

축성하고, 입술로 찬미하고, 손으로 들고, 자기 입으로 영하고, 다른 사람들에게 영해 줄 권리를 받았습니다. 오! 그 손은 얼마나 깨끗해야 하며, 그 입은 얼마나 깨끗해야 하며, 그 육신은 얼마나 거룩해야 하겠습니까! 정결의 근원이신 하느님께서 그렇게 자주 들어가시는 사제의 마음은 얼마나 정결해야 하겠습니까? 그렇게 자주 그리스도의 성사를 영하는 사제의 입에서는 거룩한 말씀, 정직한 말씀, 유익한 말씀만 나와야 할 것입니다.

7 그리스도의 성체를 자주 보는 그 눈은 순직하고 정결해야 되며, 하늘과 땅의 창조주를 자주 만지게 되는 그 손은 순결해야 되며, 하늘에 바친 것이 되어야 할 것입니다. 성경에 따르면 특별히 사제들에게는 "주 너희 하느님이 거룩하니 너희도 거룩한 사람이 되어야 한다."(레위 19,2)라고 하셨습니다.

8 전능하신 하느님, 사제의 직무를 받은 저희를 당신 은총으로 도우시어, 저희로 하여금 합당하고 정성을 다해 완전히 깨끗해져서 순결한 양심으로 당신을 섬기게 하소서. 또 저희가 마땅히 죄 없는 생활을 해야 함에도 그렇지 못한 경우에 범한 죄를 합당하게 뉘우쳐 울 수 있는 은혜를 주시고, 또 겸손한 영혼으로 좋은 뜻을 결심하고, 더욱 열심히 당신을 섬기게 하소서.

제12장 성체를 영하는 사람은 착실히 예비를 해야 함

1 **주님의 말씀** 나는 정덕을 사랑하며 모든 성덕의 근원이다. 나는 정결한 마음을 찾으며, 그러한 마음만이 나의 안위를 만날 것이다. "이미 자리를 깔아 준비된 큰 이층 방을 보여 줄 것이다. 거기에다 차려라."(마르 14,15) 내가 내 제자들과 더불어 너에게 파스

카를 행하겠다. 내가 네 안에 머물기를 원한다면 묵은 누룩은 없애고 네 마음의 처소를 깨끗이 하여라. 세속과 모든 요란한 악습을 물리치고 "지붕 위의 외로운 새처럼"(시편 102,8) 앉아서 서러워하는 마음으로 네 죄악을 생각하라. 누구를 막론하고 사랑하는 사람을 위해서는 가장 화려하고 아름다운 자리를 마련해 놓는다. 이를 통해 사랑하는 사람을 대접하는 사람의 정이 그곳에서 드러난다.

2 그러나 네 노력으로만 그런 준비를 충분하게 할 수는 없다. 비록 네가 일 년 동안 다른 것을 생각지 않고 준비만 했더라도 부족하다. 네가 내 잔칫상에 나오게 된 것은 순전히 나의 자비와 나의 특별한 허락 때문이다. 이는 마치 걸인이 어떤 부자의 초대를 받았을 때 부자에게 겸손하게 감사를 드리는 것밖에 다른 아무런 방법이 없는 것과 같다. 너는 힘을 다해 철저하

게 준비해야지 단순히 습관적으로, 혹은 억지로 해서는 안 된다. 너를 은혜로이 방문하시는 네 사랑하는 주 하느님의 성체를 두려워하고 공경하며 사랑하는 마음으로 받아라. 너를 부른 이는 곧 나며, 영하라고 명령한 이도 곧 나다. 네게 부족한 것을 내가 보충해 줄 것이니 마음 놓고 와서 나를 영하라.

3 내가 정성을 갖출 은혜를 주거든 네 하느님께 감사하라. 이는 네가 그런 은혜를 받기에 합당하기 때문이 아니라, 오로지 내가 너에게 자비를 베풀었기 때문이다. 만일 신심이 깊지 않아서 영혼이 건조하면, 기도하고 탄식하며 문을 두드려라. 구원의 은총의 부스러기라도 은혜로이 받기 전에는 이를 그만두지 마라. 네가 내게 필요한 것이 아니라, 내가 네게 필요한 것이다. 네가 나를 거룩하게 하려고 오는 것이 아니라, 내가 너를 낫게 하고 거룩하게 하려고 가는 것이다. 네가 내

게 오는 것은 네가 나로 인해 거룩한 사람이 되고, 나와 결합하여 내 은총을 다시 얻고 힘을 내어 네 허물을 고치기 위해서다. 이 은혜를 소홀히 여기지 마라. 모든 힘을 다해 네 마음을 준비한 다음에 네가 사랑하는 분을 모셔라.

4 나를 영하기 전에만 준비하면서 신심을 닦을것이 아니라, 이 성사를 영한 후에도 그 신심을 보전하도록 온 힘을 다해야 한다. 나를 영하기 전에 신심을 다하여 준비하기보다 영한 후에도 그에 못지않게 신심을 보존하는 데 힘쓰는 것이 중요하다. 성체를 영한 후에 자신을 지키고 보호함으로써 더 훌륭한 은총을 받을 준비를 하게 되는 것이기 때문이다. 성체를 영한 후에 곧바로 쉽게 세속의 위로에 이끌리는 사람은 더 훌륭한 은총을 받기에 준비가 매우 부족한 사람이다. 말을 너무 많이 하지 말고, 고요한 곳에서 너의 진

정한 친구를 만나는 것을 즐거움으로 삼아라. 네게 오신 분은 온 세상이라도 너에게서 **빼앗아** 갈 수 없는 너의 진정한 친구다. 나는 너를 위하여 모든 것을 바쳤다. 너를 완전하게 바치게 되면 너는 너를 위해 사는 것이 아니라, 아무런 걱정도 없이 오직 나를 위해 사는 것이 될 것이다.

제13장 신심 있는 영혼은
그리스도와 결합하기를 원함

1\. **제자의 말** 주님, 어떻게 하면 제가 당신만을 찾아 모시게 되고, 당신께 온 마음을 바쳐 제 영혼이 원하는 만큼 한껏 당신만을 저의 즐거움으로 삼겠습니까? 그렇게 되면 누구도 저를 경멸하지 않고, 어떤 피조물도 제 마음을 흔들 수 없고, 저 또한 그것들을 쳐다보지도 않을 것입니다. 당신 홀로 제게 말씀하

시고, 저는 당신께만 말씀드릴 것이니, 이는 마치 사랑하는 사람에게만 말하고 친구끼리만 모여 잔치하는 것과 같습니다. 주님, 당신과 온전히 결합함으로써 모든 피조물을 끊어 버리고, 또 자주 영성체하고 미사를 드림으로써 천상의 것과 영원한 것에 맛들이게 되기를 바라며 이렇게 빕니다. 오! 주 하느님, 저는 언제쯤 당신과 완전히 결합하고 당신께 흡수되어 완전히 저를 잊게 되겠습니까? 당신께서 제 안에 계시고, 저는 당신 안에 있게 하시어, 당신과 제가 서로 합하여 하나가 되는 은혜를 허락하소서.

2 당신께서는 참으로 제가 사랑하는 분이시며, '만인 중에 뛰어난 분'(아가 5,10 참조)이시니, 제 영혼은 일생을 당신 안에 머물고 싶습니다. 참으로 당신께서는 제게 평화를 주시는 분이시니 당신 안에서만 완전한 평화와 참된 안정이 있지만, 당신을 떠나서는 끝없는 수고

와 고통과 불행만이 있을 뿐입니다. "정녕 당신은 자신을 숨기시는 하느님"(이사 45,15)이시니, 당신께서는 악인들과 상의하시지 않으시고, 겸손한 이들과 순수하고 정직한 사람들에게만 말씀하십니다. "당신 불멸의 영이 만물 안에 들어 있기 때문입니다."(지혜 12,1) 당신께서는 자녀들에게 당신의 즐거운 사랑을 드러내 보이시기 위하여 가장 달콤한 면병을 하늘로부터 내리시어, 그들을 은혜로이 기르십니다. '저희가 부를 때마다 가까이 계셔 주시는, 주 우리 하느님 같은 신을 모신 위대한 민족이 또 어디에 있겠습니까?'(신명 4,7 참조) 당신께서는 모든 신자들에게 가까이 계십니다. 당신께서는 그들에게 일용할 위로를 주시어 그들 마음을 천국으로 향하게 하시고, 당신 자신을 내어 주시어 그들이 먹고 누리게 하십니다.

3 그리스도의 백성처럼 훌륭한 백성이 세상에 또 어디 있겠습니까! 신심이 깊은 영혼처럼 당신의

사랑을 받는 피조물이 이 세상 어디에 또 있겠습니까! 하느님께서는 그런 영혼에게 오시어 당신의 영화로운 육신으로 그를 기르십니다. 오! 형언할 수 없는 은혜여! 오! 신기한 어지심이여! 오! 사람에게만 베푸신 무한한 사랑이여! 그 은혜에 대해서, 그렇게 탁월한 사랑에 대해서 저희는 무엇으로 주님께 갚아야 하겠습니까? 제 마음을 저의 하느님께 완전히 드려 하느님과 친밀하게 결합시키는 것보다 더 당신 마음에 맞는 것을 드릴 수는 없을 것입니다. 제 영혼이 하느님과 완전하게 결합하게 되면 제 안에 있는 모든 것이 기뻐 뛰놀 것입니다. 그때에 하느님께서는 제게 "네가 나와 함께 있고자 하면, 내가 너와 함께 있으리라." 하실 것입니다. 저는 "주님, 제가 즐겨 당신과 있고자 하오니, 은혜로이 저에게 머물러 계십시오. 제 마음이 당신과 결합하는 것이 저의 모든 소원입니다." 하고 대답할 것입니다.

제14장 신심 있는 사람들의 성체에 대한 열성

1 **제자의 말** "얼마나 크십니까! 당신을 경외하는 이들 위해 간직하신 그 선하심이. 당신께 피신하는 이들에게 사람들 보는 앞에서 이를 베푸십니다."(시편 31,20) 주님, 신심이 깊은 사람들이 지극한 신심과 사랑의 마음으로 당신 앞에 나아가 영성체하는 것을 생각할 때 저의 마음은 산란해지고 부끄러워집니다. 당신 제대나 영성체 난간에 나갈 때에 저의 마음이 이렇게 미지근하고, 냉랭하고, 사랑이 없고, 저의 하느님이신 당신 앞에서 완전하게 타지 않기 때문에 부끄러워집니다. 열정이 있는 사람들은 성체를 영할 때 당신에 대한 강렬한 사랑의 열망으로 눈물을 흘립니다. 또한 몸과 마음 깊숙이 생명의 샘이신 당신과 하나 되기를 열망합니다. 그러나 저는 그러하지 못합니다. 또한 저들은 큰 기쁨과 깊은 신심과 영적 열망으로 당신의 몸을

받아 모심으로써만 자신들의 허기를 채울 수 있습니다.

2   오! 그들의 진실하고 뜨거운 신앙! 그 신앙이야말로 당신께서 이 성사에 계신 것을 훌륭하게 증명하는 것입니다. 그들은 '빵을 떼실 때에 당신을 알아보고'(루카 24,35 참조), 더불어 길을 걸으시는 예수님 당신에 대한 마음 역시 매우 열렬합니다. 저에게는 그런 마음과 신심, 그런 뜨거운 사랑과 열심이 너무 없습니다. 달고 어지신 예수님, 제게 자비를 베푸소서! 이 불쌍한 걸인이 영성체할 때 가끔이라도 열렬한 사랑을 은혜로이 느끼게 해 주시어 저의 신덕을 튼튼하게 하시고, 당신 자비에 대한 망덕을 크게 자라게 하소서. 한 번이라도 제 애덕이 천상의 만나를 맛본 후에는 다시는 없어지지 않게 하소서.

3   당신께서는 인자하시니, 갈망하는 이 모든 은혜를 제게 베풀어 주소서. 또 당신께서 좋아하시는

날이 오거든 저를 찾아 주소서. 저에게는 신심이 깊은 사람들처럼 열렬한 마음이 없습니다. 그러나 당신의 은총으로써 그들의 크고 열렬한 사랑을 사모하고, 당신을 뜨겁게 사랑하는 그들 사이에 들고, 거룩한 그들의 반열에 들기를 바라며 이렇게 빕니다.

제15장 신심의 은혜는 겸덕과 자기를 끊음으로 얻음

1 **주님의 말씀** 신심의 은혜를 항구히 찾고, 간절히 청하고, 인내하고 의탁하는 마음으로 기다려야 하고, 고마운 마음으로 받고, 겸손하게 보존하고, 온 힘을 다하여 그 은혜에 협력해야 한다. 또 그 은혜의 기간과 정도는 하느님께서 오실 때까지 맡겨 두어야 한다. 네가 신심을 그다지 혹은 조금도 느끼지 못할 때에는 특별히 겸손한 마음을 지니는 것이 옳다. 너무 번민하

거나 너무 근심하는 것은 마땅치 못하다. 하느님께서는 오랫동안 거절하신 것을 가끔 짧은 순간에 주시고, 기도를 시작할 때에 주시지 않은 것을 기도가 끝날 때에 주기도 하시기 때문이다.

2 하느님께서 항상 지체 없이 은총을 베풀어 주시고, 또 사람이 바라는 대로 은총을 주신다면, 나약한 사람들의 약한 신심은 제대로 견디지 못할 것이다. 그러므로 좋은 희망과 겸손한 인내로 신심의 은혜를 기다려야 한다. 그러나 그 은혜를 하느님께서 주시지 않거나 혹 빼앗아 가시면, 그것은 너와 너의 죄 탓이라 생각하라. 어떤 때엔 사소한 것이 은총을 가로막거나 숨기기도 한다. 그러나 비록 작은 것이라 하더라도 귀한 은총을 가로막는 것은 큰 문제다. 그것이 작은 것이든 큰 것이든 네가 완전히 물리쳐 없앤다면 구한 것을 얻을 것이다.

3 온 마음으로 너 자신을 하느님께 맡겨, 무엇이든 네 마음이나 네 지향대로 바라지 않고, 오직 너를 하느님께 완전히 바치면 그분과 결합되어 평화로울 것이다. 하느님의 뜻처럼 맛있고 마음에 맞는 것은 없다. 누구든지 순수하고 정직한 마음으로 자기의 지향을 하느님께 향하게 하고, 절제 없는 사랑이나 피조물에 대한 모든 불만을 끊어 버린다면 은총과 신심의 은혜를 받기에 합당한 사람이 될 것이다. 그릇이 비면 하느님께서 당신 강복으로 채우실 것이다. 사람이 이 세상 사물을 끊어 버리고 자기를 하찮게 여겨 자기에게 완전히 죽을수록 은총은 더욱 빨리, 더욱 풍성히 마음에 들어오며, 자유스러운 마음은 더욱 높이 들어 올려진다.

4 그때에는 사람이 보고 크게 즐거워할 것이며, '너의 마음은 두근거리며 벅차오르리라.'(이사 60,5) 주님의 손길이 너와 함께 있고, 너는 영원토록 너 자신을

주님의 손에 맡길 것이다. 온전한 마음으로 하느님을 찾는 사람은 "이렇듯 복을 받으리라."(시편 128,4) 그런 사람은 쓸데없이 제 마음을 차지하려 하지 않는데 이는 영성체로써 하느님과 결합하는 위대한 은혜를 받으니, 자기의 신심과 위안을 좋아하지 않고, 모든 신심과 위로보다도 하느님의 영광과 영예를 귀하게 생각하기 때문이다.

제16장 곤궁함을 그리스도께 드러내어 은총을 구함

1

제자의 말 지극히 사랑스럽고 달콤하신 주님, 저는 지금 당신을 영하고자 합니다. 당신께서 보시는 것과 같이 저는 나약함과 가난함으로 신음하고, 많은 죄와 악습 가운데 살고, 가끔 짓눌리며 시련을 당하고, 번민하며 더러워집니다. 저는 치료를 받으러 당신께 왔습니다. 위로와 구원의 도움을 구합니다. 모든 것을 다 아시는 당신께 아룁니다. 당신만이 제 마음속을 명백하게 꿰뚫어 보시며, 당신께서 홀로 저를 완전하게 위로하고 도우실 수 있습니다. 당신께서는 저에게 특별히 어떤 덕행이 부족하고 어떤 선이 필요한지 아십니다.

2   보소서, 저는 가난하고 공로가 없습니다. 당신 대전에 서서 당신의 은총을 청하고 자비를 구합니다. 굶주리는 걸인을 먹이시고, 저의 차가운 마음을 당신의 불로 뜨겁게 해 주시고, 당신의 광명으로 저의 눈먼 처지를 비추소서. 이 세상의 모든 것을 쓴 것이 되게 하시며, 모든 어려움과 힘겨움을 인내의 덕으로 견디게 하시고, 모든 피조물을 업신여기고 잊게 하소서. 제 마음을 들어 올리시어 당신께 향하게 하시고, 땅에서 방황하지 않게 하소서. 당신만을 지금부터 영원히 흠모하려 합니다. 이는 당신 홀로 저의 양식이시며, 저의 사랑이시며, 저의 즐거움이시며, 저의 유일한 기쁨이시며,

저의 선이시기 때문입니다.

3 저와 함께 계심으로써 저를 완전히 불사르고 태우시어 저를 당신으로 변화시켜 주소서. 당신과 하나 되게 하는 은총을 주시고 뜨거운 사랑으로 당신과 한 정신이 되게 하소서. 배부르고 건조한 채로 당신을 떠나지 않게 하시고, 당신 성인들에게 오묘하게 행하신 것처럼 제게도 인자하게 행하소서. 당신께서는 항상 타면서도 절대로 꺼지지 않는 불이시며, 마음을 순수하게 하고 정신을 비추시는 사랑이시니, 제가 당신으로 말미암아 완전히 타서 제 자신을 완전히 없앨 수 있다면 무엇이 이상하겠습니까?

제17장 그리스도의 성체를 영하려는 지극한 사랑과 간절한 원의

1 **제자의 말** 많은 성인들과 신심 있는 사람들이 성체 영하기를 간절히 원한 것처럼, 주님, 저도 지극한 정성과 타는 사랑과 온전한 애정과 열정으로 당신을 영접하려 합니다. 성인들은 그들의 거룩한 생애로써 당신을 기쁘게 하였으며, 뜨거운 열정으로 살았습니다. 영원한 사랑이시요, 저의 온전한 선이시며 끝없는 행복이신 하느님, 저도 무수한 성인들이 늘 마음에 품었던 그 지극 정성의 원의와 공경으로 당신을 영하려 합니다.

2 제가 비록 열렬한 신심을 느끼기에는 부당한 처지이지만, 당신 마음에 드는 지극 정성의 원의로 제 마음의 모든 기쁨을 당신께 기꺼이 드립니다. 또한 경건한 마음으로 생각하고 사모할 수 있는 모든 것을 지극한 공경과 친밀한 열정으로 당신께 바칩니다. 저는 제게

아무것도 담아 두지 않겠으며 오직 저 자신과 저의 모든 것을 당신께 기꺼이 바치겠나이다. 저의 조물주시요, 저의 구세주시요, 저의 주 하느님, 천사가 구원의 신비를 전할 때에 당신 성모이신, 영화로운 동정 마리아는 겸손하고 신심 있게 "저는 주님의 종입니다. 말씀하신 대로 저에게 이루어지기를 바랍니다."(루카 1,38)라고 대답하시며 당신을 영접하고 사모하셨습니다. 저도 이와 같은 애정과 찬미와 존경과, 감사와 합당한 예비와 사랑과, 신덕과 망덕과 정결로 당신을 영접하고자 합니다.

3 또 당신의 복된 선구자며 모든 성인 중에 가장 뛰어난 요한 세례자가 아직 어머니의 태중에 있을 때에 주님께서 오신 것을 깨달아 기뻐하며 성령으로 가득 차 뛰놀았던 것과, 그 후에 당신께서 사람들 가운데 계신 것을 보고 겸손을 다하여 뜨거운 정성으로 "신랑 친구는 신랑의 소리를 들으려고 서 있다가, 그의 목소

리를 듣게 되면 크게 기뻐한다."(요한 3,29)라고 고백한 것처럼, 저도 크고 거룩한 원의로 온 마음을 다하여 저를 당신께 드리고자 합니다. 그러므로 뜨거운 마음을 가진 모든 영혼들이 갖고 있는 기쁨과 당신에 대한 열렬한 애정과, 그들의 정신적 환희와 초자연적 비추임과 천상적 환시와, 모든 피조물이 천상과 천하에서 당신께 드리는 모든 덕행과 찬미를 당신께 바칩니다. 이는 저 자신과 제게 기도해 주기를 부탁한 이들을 위한 것이며, 모든 이가 당신을 영원토록 합당하게 찬미하고 현양하기 위한 것입니다.

4 저의 주 하느님, 당신께 무한한 찬미와 찬양을 드리려는 저의 정성과 소원을 받아 주소서. 당신의 형언할 수 없는 광대무변廣大無邊하심은 찬미와 찬양을 받아야 마땅합니다. 매 순간 당신을 그렇게 찬미하고 감사를 드리게 해 달라고 천상의 모든 천사와 모든 신자와

함께 청하고 간구합니다.

5	모든 민족과 종족과 언어가 당신을 찬미하고, 또 당신의 거룩하고 사랑스러운 이름을 가장 지극한 즐거움과 정성으로 들어 높이게 하소서. 당신을 공경하는 신실한 마음으로 이 거룩한 성사를 거행하거나 굳은 믿음으로 성체를 영하는 모든 이가 당신 안에서 사랑과 자비를 얻게 하시고, 죄인인 저를 위해서도 기도하게 해 주소서. 그들이 당신 앞에서 간절한 소원의 응답을 받고, 당신과 즐겁게 결합되어 위로를 받고, 놀랍도록 새로워져서, 천상적 제대를 물러난 후에는 불쌍한 저를 생각하게 해 주소서.

제18장 성체성사를 호기심으로 연구하지 말고, 겸손하게 그리스도를 본받음

1 주님의 말씀 네가 의심의 구렁텅이에 빠지지 않으려거든 가장 오묘한 이 성사를 호기심으로 쓸데없이 연구하지 않도록 하라. 하느님의 위엄을 연구하는 사람은 그 영광에 눌리리라. 하느님께서는 사람이 깨달을 수 있는 것보다 더 많은 것을 하실 수 있다. 교훈을 받아들이고 또 교부들의 건전한 의견을 따라갈 마음으로 진리를 경건하고 겸손하게 연구하는 것은 괜찮다.

2 까다로운 문제의 길을 버리고 평평하고 안전한 하느님 계명의 길을 거니는 순진한 사람은 복되다. 많은 사람들이 거룩한 것을 연구하려다가 도리어 신앙을 잃어버렸다. 너한테 필요한 것은 예민한 지력과 하느님의 비밀을 깊이 아는 것이 아니라, 오직 신덕과 진실한 생활을 하는 것이다. 네가 네 아래에 있는 것도

깨닫지 못하면서 네 위에 있는 것을 어떻게 깨닫겠느냐? 하느님께 순종하고 네 생각을 신앙에 복종시키면 필요한 만큼 유익한 지식의 광명을 받으리라.

3 　어떤 이는 신덕과 성체성사 때문에 큰 시련을 겪는데, 이는 자기 탓이 아니라 원수의 짓 때문이다. 여러 가지 생각이 나더라도 상관치 말고, 그들과 논쟁하지도 말며, 또 마귀가 일으키는 의혹에 응답하지도 마라. 오직 하느님의 말씀과 성인들과 예언자들의 말을 믿어라. 그렇게 하면 사악한 원수가 도망가리라. 그런 일을 겪으며 참는 것이 하느님의 종에게 가끔은 매우 유익하다. 마귀가 불신자들과 죄인들을 유혹하지 않는 것은 이미 그들을 수중에 넣었기 때문이다. 그러나 마귀는 신자와 신심이 깊은 사람들을 여러 가지 방법으로 유혹하고 괴롭힌다.

4 그러므로 순진하고 굳은 신덕으로 나아가며, 지극한 존경심으로 성체성사를 영하라. 네가 깨닫지 못하는 것은 전능하신 하느님께 맡겨라. 하느님께서는 너를 속이지 않으시지만, 자신을 너무 믿는 사람은 속으리라. 하느님께서는 순진한 사람들과 동행하시고, 겸손한 사람들에게 당신을 드러내시고, 미천한 사람들에게 지력을 주시며, 소박한 사람들의 정신을 밝히시지만, 호기심이 지나치고 교만한 사람들에게는 은총을 감추신다. 사람이 이해력이 모자라서 그르칠 수는 있으나, 신앙을 따르는 사람은 결코 그르칠 수 없다.

5 사람의 추론과 연구가 신덕을 앞서 가서는 안 되며 오히려 신덕을 따라가야 할 것이다. 성체성사에는 신덕과 사랑이 넘친다. 가장 거룩하고 가장 높은 이 성사는 은밀한 방법으로 작용한다. 영원하시고 무한하신 권능의 하느님께서는 하늘과 땅에서 헤아릴 수 없

는 위대한 업적을 행하시는데, 사람이 그 경이로운 일을 연구하여 풀어낼 수는 없다. 하느님께서 행하시는 업적을 사람의 지능으로 쉽게 통달하여 풀 수 있다면 그것을 경이롭다 할 수 없고, 형언할 수 없는 것이라 할 수도 없다.

지은이 **토마스 아 켐피스**

독일의 사상가이자 종교 저술가이다. 독일 쾰른 부근 켐펜에서 출생했으며 13세에 네덜란드 데벤타의 학교로 진학했다. 학업 기간 동안 라데빈스의 집에 거주하며 그의 지도 아래 신학을 공부하고 경건하며 모범적인 삶을 살았다. 이후 1399년 아우구스티노회 수도원에 들어가 33세인 1413년에 사제품을 받았다. 1471년 이 수도원에서 92세의 나이로 선종할 때까지 후진 양성을 위한 지침서를 쓰는 등 신앙에 대한 설교와 저술 활동을 했다. 대표적인 저서로는 《준주성범》, 《그리스도의 생애에 관한 기도와 묵상》 등이 있다.

옮긴이 **윤을수**

인보 성체 수녀회 창설자이다. 충남 예산군에서 출생하여 용산 예수성심신학교를 졸업하고 1932년 사제로 서품되었다. 서품 후부터 1938년까지 장호원(현 충북 감곡) 본당 보좌 신부로 지내며 〈가톨릭 청년〉지에 많은 글을 발표했다. 1938년 프랑스로 유학, 소르본 대학에서 가톨릭 사제로서는 처음으로 문학 박사 학위를 취득한 후, 1948년 귀국하여 교황청 전교회 한국 지부장, 성신대학(현 가톨릭대학교) 학장 등을 거쳐 1953년 인보회 한국 지부장으로 임명되었다. 이후 사회 복지 사업에 주력하며, 1957년 인보 성체 수녀회를 창설했다. 1964년 서울대교구 부주교를 역임했고 신병 치료차 도미했다가 1971년 지병으로 선종했다. 《준주성범》 번역, 《나한사전》 발간 등으로 가톨릭 학계에서 학문적 성과를 널리 인정받고 있다.

윤문 **박동호**

서강대학교를 졸업한 후 가톨릭대학교에 입학, 1990년 2월 사제로 서품되었다. 사당동, 길동 성당 보좌 신부와 서울대교구 선교국 차장을 거쳐 4년간 미국에서 사목 신학을 공부했다. 귀국 후 평화신문 주간과 상계2동 성당 주임, 명동 성당 부주임, 신수동 성당 주임, 신정동 성당 주임, 이문동 성당 주임 등 활발하게 사목 활동을 해 왔다.